U0107183

| 论 衡 |

张仲民

著

叶落知秋

清末民初的史事和人物

上海人民出版社

目　录

自　序

　　这本书是我过去十几年中写过的若干考证文字的汇集——它们主要依据笔者从清末民初报刊上读到的一些"新"材料，再结合其他有关文献所做的一些拾遗补阙性质的史实重建工作，关注的大都是严复、梁启超、刘师培、陈寅恪、胡适、阎锡山、南桂馨等人不太被后来研究者注意或为历史烟尘所遮蔽的面向。不过，较之最初发表时的情况，收入本书中的篇章均被重新增补修正过。饶是如此，也当藏拙，不该再祸枣灾梨，毕竟因个人自身学识、见识有限，加上材料的限制，诸文中存在的问题定会不少。然而这些文字作为自己过去习史生涯的见证与记录，自感其仍具有一定的学术价值，且不至于太难读，故将之汇编成书，权当野人献曝，也不无敝帚自珍和反躬自省之意，同时借以纪念这段势必要载入史册的非常状态。

　　现届暮春，落花有日，开学无期，举世仍在抗疫、防疫、避疫。忐忑不安的疑惧中，明天真能重新开始吗？然而无论如何总应该保有希望，正像面对过去的历史我们应有信心、有责任去"我手写我心"、不曲学阿世一样。就此而言，历史学家的工作意义是无与伦比的，一如巴特勒（Samuel Butler）所言："据说连上帝都不能改变过去，但历史学家能。"现在书稿即将付梓，未敢以"忧患之书"自许，但愿以"求真"之作自期。而本书得以问世，要特别感谢张钰翰兄的玉成，他细心的编辑工作又纠正了我原文中存在的不少误失。

最后依然需要附上一句必须的"老生常谈",本书所收之各篇文章在撰写、发表和重行增补汇集成书的过程中得到很多人的指点、帮助,唯书中存在的任何疏失,概由作者本人负责,与其他人无关。

2020 年 4 月 3 日
改定于复旦光华楼办公室

附记:本书出版后,曾蒙社科文献出版社徐思彦老师、扬州万仕国先生、上海中医药大学裘陈江兄及江西胡迎建先生指出若干错字、错讹之处,令人又惭愧又感谢。借此次重印之机,笔者进行了纠正,并顺带更正了已发现的其他一些问题。谨此向读者致歉,并向以上诸位师友致谢。

张仲民识于 2021 年 1 月 6 日

胡适何以"暴得大名"？*

——关于"五四新文化运动"史研究的再思考

近年来，学界关于"五四新文化运动"史的研究又取得了长足进展，然而关于五四新文化运动前史的研究，特别是"五四新文化运动"与基督教关系等相关问题，依旧少为学者关注。[1]十余年前，笔者在查阅新文化运动时期舒新城的资料时曾发现这一现象，一直想对此进行研究而力有未逮。此次利用纪念"五四"运动百周年的机会，不惮浅陋，特草此文，提出四个方面的问题和想法，算是笔者对前些年阅读有关史料和研究成果时的一点心得，其中难免存在自以为是或言不及义之处，敬乞读者谅解，也期待大家的指教。

一、天主教会的反孔教努力

第一是关于"五四新文化运动"中的反孔问题。以往大家最为熟知的是陈独秀、易白沙、吴虞、鲁迅等人的反孔论述，而对于发端更早、声势更大、影响更广的天主教会发起的反尊孔教运动，学界一直未加关注。至于《新青年》反孔同天主教会反尊孔教之间的关联与异同，仍有待揭示。[2]

---

* 本文曾蒙上海社科院徐佳贵、华中师范大学周月峰、上海大学杨卫华、中国社科院彭春凌等学者指教，特此致谢。

其实，天主教会的反尊孔教论述在其机关杂志《圣教杂志》上体现得非常明显。该杂志创刊于 1912 年 1 月，"专登教中信道学说、事实，凡不涉教事者，概不采入"。[3] 早在 1913 年 5 月，面对一些民间团体与组织、个别媒体尊孔的言行以及呼吁定孔教为国教的声音，"非以孔教为国教，不足以正人心而维国本也"，为此"皖北曹司铎"特意撰文《论倡设孔教之非》，[4] 对之进行反驳。但由于此时孔教成为国教一事尚无定论，故其反驳的方式更多的只是简单的类比归纳，认为孔教并无宗教性质，孔子也非宗教家，在当今"信仰自由之世"，"信仰乃个人之事"，作为"真正宗教"的罗马"公教"之吸引力早为无数信徒证明，"今者吾国凡百建设，尽以欧美为则效"，于宗教信仰上当亦遵奉罗马公教会。

当袁世凯以大总统身份在 1913 年 6 月 22 日颁布崇祀孔子的命令后，孔教会会员陈焕章等人又借机上书参众两院，以信仰自由名义请愿，吁请制订新宪法时应该增加定孔教为国教的条文。[5] 相互关联的两件事情立即引发舆论的关注和讨论，一时之间，"风动全国而未有已"。[6]《圣教杂志》即对此特别关注，连续发表评论，认为袁世凯此令同约法中的信仰自由内容相悖，"而况命令中所引诸学说，悉出于康有为之《孔子改制考》，比附穿凿，久为名人所訾议，岂可定为孔教之定论耶"？[7] 该论还认为，读孔子书和信奉孔子为教主者，仅仅是中国本部一部分人而已，周边民族则多信仰佛教、回教，即便中国本部的许多人，也多信仰佛老，如果强令这些人更改信仰，则有违信仰自由，假若不令更改，则失却孔教为国教本义。不惟如此，该评论还断言陈焕章等人请愿定孔教为国教的目的一旦达成后，"必至非奉孔教者不得为官吏，不得入学堂……阳以定国教为名，而阴以取消信教自由及任官考试之两大权利"。[8]当新约法草案公布后，其中第十九条规定"国民教育以孔子之道为修身大本"，这让天主教会方面非常不满，认为所谓的"孔子之道"实际是偷换概念后的"孔子之教"，"特欲巧避一'教'字，而易以一'道'字"，"直借宪法以行其愚民政策也"。[9]

除了不断刊出类似内容的文章进行反驳外，各地天主教会还多次发起"天主教中华全体公民"请愿运动，通电通告大总统袁世凯、参众两院、宪法起草委员会、各媒体，并加派各地代表入京请愿，同时上书或谒见各地地方都督、省长，据理力争，希望能阻止在正式的宪法条文中增添此条款，切实保障信仰自由。像马相伯这样著名的天主教信徒也公开呼吁，要维护信仰自由，反对尊孔教为国教。[10]可以看出，天主教会反对尊孔教为国教的立足点在于他们认为袁世凯政府将孔教定为国教，会影响信仰自由和有违于政教分离原则，有妨于中国民众信仰天主教，不便于天主教会势力的扩张。

最后，孔教入宪法一事归于失败，[11]当不无包括天主教会及其会众在内的基督教势力的努力。[12]如《新青年》的一个读者刘竞夫在致陈独秀的信中所言：

> 虽举孔子之天经地义、尽纳于中华民国宪法中，亦不能使全社会胥蒙利益也。孔子毕生未尝与平民一接触，而亦未尝有是心。彼耶稣则何如？耶稣之所以思，即以其专爱贫民而与在高位者抗也。耶教之盛，其真因不外乎此？欧史具在，可以证之，固非吾之谰言矣。[13]

对此读者的来信，陈独秀也表赞同，认为："吾之社会，倘必宗教，余虽非耶教徒，由良心判断之，敢曰推行耶教胜于崇奉孔子多矣。以其利益社会之量，视孔教为广也。"[14]

二、青年会的先导作用

除了天主教会外，当时极力反对孔教入宪法的还有创办于19世纪末年的中国基督教青年会，由此这也牵涉到以下要谈的第二个问题，就是关于基督教青年会与"五四新文化运动"的关系。其实，陈独秀也好，胡适也好，《新青年》也好，他们倡导的新文化运动为什么能在青年中产生影响？这跟之前基督教青年会提倡的道德教育和打下的读者基础有很大关系。当时中国全国基督教青年会自我标榜为"铸造国民之工厂"，对于知识分子尤具诱惑力，会员总数有六万余人，[15]成员"强半为学界中人"——主要是学生，五四新文化运动中的众多积极分子有不少是基督教青年会会员，因青年会在许多学校均建有支部，直接吸收学生会员，像当时的北京大学即是如此，有许多学生按照省籍分别加入了各省的青年会。[16]

青年会上海总会办有两个杂志——一个是《青年》月刊、一个是《进步》月刊，两刊均颇有名气，发行量广，影响也很大，相当于基督教青年会的机关刊物。旧官僚恽毓鼎即曾订购有《进步》杂志及《东方杂志》，"一岁所费不过五元，而月得各一册阅之，大可知所未知，以解劳闷"。[17]而根据青年会的自述，1912年创刊的《进步》杂志共出版64期，"每回出版或四五千册，或二三千册，约其总数在二十万册以上"。[18]1917年3月，这两个杂志被合并为《青年进步》月刊继续出版，在第 1 期中，北洋政府要员如黎元洪、王正廷、徐谦等皆曾为该刊撰写祝词，嘉许其以德、智、体三育并进的办会宗旨，以及在培养青年人才方面和为中国的"进步"事业方面所作的巨大贡献。[19]青年会上海总会更是期待作为全国青年会之机关报的《青年进步》发行后，"雄鸡一声天下白"。[20]

相较之下，陈独秀在上海创办的《青年杂志》，名字同基督教青年会办的《青年》相仿，当不无模仿攀附之意，饶是如此，其影响力仍然有限。后来正是由于青年会的抗议，陈独秀才不得不将《青年杂志》更名为《新青年》。[21]

为后世看重的新文化运动中的所谓主流论述，包括民主、科学、道德及其派生论述体育、讲求卫生、推行注音字母、反对缠足与早婚等，在《青年进步》及其前身刊物和其他基督教刊物中均常有出现。当然，这些教会刊物关注此类论题的主要意图是借此传教和吸引青年人的注意力。后来参加新文化运动的很多青年中坚，像恽代英、舒新城、余家菊等，皆是基督教青年会会员。恽代英曾不断参加青年会的活动，并订阅《青年》《进步》《青年进步》等杂志。恽代英还经常给青年会的这几个杂志投稿，被录用后他觉得这是很大的荣幸，不仅可以拿到一些稿费和免费赠送的杂志、图书券，还有机会参与青年会的活动。而舒新城则受当时长沙基督教青年会负责人美国牧师饶伯师（Roberts）的帮助和影响尤多："他那种治事锲而不舍的精神，与待人的诚恳态度……我对他有种不可言喻的崇敬。"[22]

除了发行刊物，基督教青年会每年夏天还会在庐山定期举办夏令营活动，借以吸引来自全国的优秀青年参加——恽代英和舒新城等人就是在一起参加 1917 年 8 月的庐山夏令营时认识的。不愿意加入基督教会的恽代英特意于日记中记录了自己参加是次夏令营的感受以及对基督教的评价："连日聚会颇有受益。彼辈虽宗教徒，终不失为善人，嘉言懿行，颇多可观感者。然谓耶教为惟一之真理，吾固不信，此中人亦不能自圆其说。"[23]稍后，恽代英又在现场的"定志会"上表示："身心均受夏令会之益，凡非基督徒应互相勉励以胜过基督徒。"[24]

此外，基督教青年会还出版有大量新学书籍，舒新城即曾自谓其文字功夫深受谢庐隐（即谢洪赉）的《致今世少年书》影响，而谢氏此书系其发表在《青年》月刊上的"几篇通讯"汇集而成，由基督教青年会于1917年出版，"其中论及的大概为求学处己、待人的诸方面，均系针对青年而发"。[25]舒新城这里表示因为谢的文章"本流利可读，而他又为教会中人，因而对于他更加崇拜，对于《青年》月刊看得特别仔细，对于基督教也发生好感"。[26]不过，舒新城最终并未加入基督教，成为基督徒。

与之相关的，是毛泽东（署名"二十八画生"）在《新青年》杂志上发表的《体育之研究》一文，[27]该文的独特价值与象征意义为不少后世研究者极力强调。实际上，该文可能是毛泽东受到基督教青年会倡导的德智体三育并进影响的产物，因为在毛泽东致黎锦熙的信中，曾把所谓中国古之"三达德"——智仁勇并举，并将之同德智体联系起来发挥："今之教育学者以为可配德智体之三言，诚以德智所寄，不外于身；智仁体也，非勇无以为用。且观自来不永寿者，未必其数之本短也，或亦其身体之弱然尔。"毛泽东认为，个人的德智无论多高，"一旦身不存"，德智将会随之而灭。他又援引古人"卫生"观念，劝诫"德智美矣"的黎锦熙重视体育，"宜勤加运动之功"。紧接着毛又以自己经验来现身说法，向黎锦熙证明讲究体育的好处，其中还征引了三个外国名人讲求体育健身的例子："弟身亦不强，近以运动之故，受益颇多。闻之至弱之人，可以进于至强。东西大体育家，若罗斯福，若孙棠，若嘉纳，皆以至弱之身，而得至强之效。"[28]毛泽东这时不但劝黎锦熙注重体育锻炼，自己更是身体力行，在湖南一师期间，非常重视锻炼身体，积极进行各种体育活动，以此来锻炼自己的意志。[29]

当时《青年》《进步》《青年进步》杂志上倡导体育的论述非常之多。早前青年会更曾在上海发起举办运动会，还筹备创办中国第一次运动会，"首创""以西方之体育方法，教授华童"，附设有健身房，其余如"华人之第一游泳池、中国第一商业夜校"也是青年会创办的，"中国全国演说会及卫生会俱由青年会发起"。[30]青年会也设立了体育部，"以提倡全国青年体育及运动事宜"。[31]尤注重针对学生成员展开体育工作，要其"注重个人健康，矫正体格上之习惯，竭力提倡体育"。[32]天津青年会还特设有体育专门高等练习班。

除了青年会外，教会学校也非常重视体育，流风所及，北京大学所办的预科也受到影响，"那时候预科中受了教会学校的影响，完全偏重英语及体育两方面；其他科学比较的落后……"为此曾引起校长蔡元培的不满，下决心要改变北大预科这种受到教会学校影响偏重体育及英语的特色。[33]当然，这并不意味着蔡元培不重视这两门课程，而是他还要发展两门之外的高等学术研究。

这时还有专门的英文 *Physical Culture*（《体育》）杂志在发行，其他一些中国人自办的杂志如《教育杂志》《妇女杂志》

等也有谈及体育的论述。像恽代英就受到青年会与上述杂志中刊载的体育论述的影响，自己购阅这些杂志之外，还专门通过伊文思书馆去订购 *Physical Culture*，间或去写作谈体育的文章如《学校体育之研究》在《青年进步》杂志上发表等，[34]并且身体力行去实践有关的理念，"近来体育太不讲究，殊属非是"。[35]

后来湖南黄醒等人也受到时人倡导体育论述的影响，联合湖南教育界的新派青年，于 1918 年底在长沙创办了一个名叫《体育周报》的杂志，宣传倡导体育事业。[36]该杂志在当时颇有影响，蔡元培曾亲自为之撰写周年祝词，进行表彰和祝贺：

> 近日得读黄醒先生之《体育周报》，乃举各种工作，而说明其裨益体育之条件；以体育专家而注意及此，其必能为体育界开一新纪元，可无疑也。故值《周报》有周年纪念之举，而敬致欢喜赞叹之忱。[37]

如果我们回到历史的脉络里，较为全面地了解当时的情况，或更容易定位毛泽东《体育之研究》一文的语境、价值与意义。

以上案例，很大程度上可管窥基督教青年会对当时青年群体或隐或显的影响力，如时论对基督教青年会上海总会的评价："前后二十年，德、智、体三部事业于以大备，会员已达三千人，声誉所播，各界称扬，其渐移默化之力足以影响全沪，亦可为进步之速矣。"[38]无怪乎英美烟公司在为该会募捐所刊登的广告中声称："青年会为青年人得受良好（教育）唯一之机关，所以有青年会即有好青年，青年与国体有绝大之关系。凡青年人欲强盛国家，不可不使青年会发达……"[39]到了 1920

年初，青年会计划在天津召开全国代表大会庆祝在中国立会二十五周年，北洋政府知晓此事后试图敦促英美领事阻止此会的召开，因其认为"青年会之人物多抱危险思想"，"所宣传之思想大不利于现政府"。[40] 可惜的是，青年会对于五四新文化运动的介入和影响情况，目前仍缺乏细致深入的研究。[41]

三、英雄造时势

第三个是关于新文化运动的传播方式与受众反应问题。过去有学者讨论过陈独秀等人故意制造对手、利用炒作的方式激怒林纾以扩大《新青年》影响的问题。[42] 这的确是一个非常值得注意的面向。事实上，虽然《新青年》北上同北京大学结合，并采取炒作手段制造敌人与话题，但其销路也难说多广，甚至一度被停办。直到五四运动发生后，借助于此次风潮，《新青年》的影响才真正传播广泛，成为各地趋新人士的首选读物，风靡一时。正如钟敬文后来回忆"五四"对其"旧式士人的候补者"生活的影响时之言：

> "五四"的轰雷惊醒了我的梦。在这之前，我虽然见过《新青年》这种刊物，但并没有放在心上。"五四"运动廿始以后，情况突然改变了，它成为我不可缺少的心爱读物，我千方百计要弄到它。一卷到手，每每由第一页看到最后一页，一点不让遗漏。后来胃口更大了，订购《小说月报》，爱看《时事新报》的《学灯》。对于新诗，尤感兴味。[43]

这时连商务印书馆及其销量更广、影响更大、立场更为中立的《东方杂志》也不得不折节投诚，模仿《新青年》，迎合青年读者，出版新思潮书报、宣传新文化，并在《新青年》杂志上刊登广告。五四运动的影响随着新思潮势力的壮大与日俱增，或许正是鉴于此，北大图书馆开始留心收集"五四"前后有关的出版品，并打出广告向社会各界募捐；

> "五四"前后各处刊行之定期出版物，骤然增加，为出版界开一新纪元。惜本馆所收甚少，且多不完全，不足供参考，而欲补购，又多苦于无从（下手）。本校同人或校外人士有以此类出版物慨捐本馆，俾供众览者，最所欢迎。如蒙随时代为搜集，尤所感祷。敬告。[44]

转言之，当时所谓新旧两派之间的对立其实并没有多么严重，后来之所以被上升为新旧之争，同新派善于挑起话题、制造对手、利用大众传媒扩大自身影响很有关系，尽管这样英雄造时势的行为被时人视为态度"佻薄"，"实足以自作敌派反唇相讥之榜样也"。[45]像刘半农和钱玄同唱双簧宣传白话文、故意人身攻击林纾，以及此后的问题与主义之争、科玄论战等发生于新派之间的两次大论争，就是绝佳的例证。反观旧派，随着张勋复辟失败，以康有为为首的孔教会一派势力趋于式微，其他旧派多是暗中活动，处于守势，他们一般不愿意或不会采用在大众媒体上发言或宣示的方式。[46]如为《新青年》中刘半农《复王敬轩书》一文所激怒的林纾借助媒体、小说对《新青年》、蔡元培等人展开攻击和回应的做法，[47]在旧派里面其实不太常见——被"王敬轩"（即钱玄同）点名的旧派文人不少，唯有"中了""文以载道""毒"的古文家林纾站出来进行了反击。可以说，旧派人物一般不太愿意借助大众媒体批评新思潮、白话文或进行辩论，他们对这种传播方式不够重视，反而觉得有失身份与斯文，有什么不满和批评意见，私下里日记记录或相互间写信、聊天交流就可以了，不太倾向于将其公之于众。时论也曾指出这一情况："新派之主张多散见于新闻杂志之间，旧派之主张亦但见诸书函之内。"[48]这样大相径庭的传播方式，自然使得颇有些危言耸听的新文化派论说较之于旧派的主张，传播得更广，受众更多，也更具有影响力。

换言之，即便旧派去创办一些杂志发声，也多半是跟国粹、国故、诗文雅集之类有关，完全属于同人性质的刊物，发行量有限，影响力不太大。饶是如此，这种举动也为新派所异常注意。如当坊间传出刘师培即将纠合旧派创办《国粹丛编》杂志同新派抗衡之时，鲁迅即痛骂刘师培及其打算主编的《国粹丛编》为"放屁"：

> 中国国粹，虽然等于放屁，而一群坏种，要刊《丛编》，却也毫不足怪。该坏种等，不过还想吃人，而竟奉卖过人肉的侦心探龙做祭酒，大有自觉之意。即此一层，已足令敝人刮目相看。而猘犹羞哉，尚在其次也。敝人当袁朝时，曾戴了冕帽（出无名氏语录），献爵于至圣先师的老太爷之前，阅历已久，无论如何复古，如何国粹，都已不怕。但该坏种等之创刊屁志，系专对《新青年》而发，则略以为异，初不料《新青年》之于他们，竟如此其难过也。然既将刊之，则听其刊之，且看其刊之，看其如何国法，如何粹法，如何发昏，如何放屁，如何做梦，如

何探龙，亦一大快事也。《国粹丛编》万岁！老小昏虫万岁！[49]

事实上，最后刘师培、黄侃等人联合部分北大教员、学生只成立了《国故月刊》社，准备出版《国故月刊》杂志——该杂志经蔡元培首肯，由北京大学提供经费资助和办公场地，计划1919年3月20日出版第一期。即将出版之时，北京的《公言报》上发表了一篇评论《请看北京学界思潮变迁之近状》，该文除了标举陈独秀、胡适和代表新学界的《新青年》《每周评论》《新潮》之外，还特意举出以刘师培为首的北大教员中的"旧文学一派"联合学生创办《国故月刊》，以与新派对垒，"二派杂志，旗鼓相当，互相争辩"。看到此报道后，刘师培马上致函《公言报》（且将此文同时送登校内《北京大学日刊》）辩白，并让《国故月刊》也致函《公言报》进行解释，表示自己无意与新派争衡，只打算以保存国粹为宗旨："鄙人虽主大学讲席，然抱疾岁余，闭关谢客，于校中教员素鲜接洽，安有结合之事？又《国故》月刊由文科学生发起，虽以保存国粹为宗旨，亦非与《新潮》诸杂志互相争辩也。"[50]

较之刘师培及时的退却，早时被钱玄同、刘半农当作靶子的林纾却展示出另外一种文人意气。当林纾对《新青年》中对他的批评进行反击且以小说《荆生》《妖梦》影射北京大学和蔡元培、陈独秀、胡适、钱玄同等人以"禽兽自语"、为"无五伦之禽兽"时，[51]其"名誉也一时扫地了"，于是"人人都有了骂林先生的权利"。[52]特别是鲁迅，更是屡次发表评论对林纾、刘师培、黄侃等人进行刻薄的讽刺挖苦，其中针对林纾批评其"走了暗路"，"用了小说盛行人身攻击"，"以为小说是一种泼秽水的器具"，[53]稍后甚至干脆称林纾（字琴南）为"禽男"。[54]陈独秀则回击林纾为"婢学夫人"。[55]

可以说，被动应战的林纾不管如何立论，其言论不可避免会被放大，进而被作为旧派的代表负面化：

> 如最近林琴南先生所作之《荆生》小说，竟恃一武夫之蛮力与人狠斗，以逞忿快意。又称人之说为狗声，何其态度之佻薄乃尔耶？我儒教受数千年专制君主之侮弄，一般小儒规规然惟以排斥异己为能事，然未闻有假武力以相狠斗也……林先生立言之态度如此，不足以辱人，适足以自辱，不啻自辱，且为我先儒辱也。[56]

实际上，林纾在小说中的影射充其量只是一种不恰当的书写策略，是一种文人意气的"游戏笔墨"，不但没有起到打击新派的效果，反而被新派视为其反动与守旧的证据，希图以武力消灭新文化人。[57]在被新派这样的围击之下，[58]林纾自己不得不出面公开写信致各报馆，"承认他自己骂人的错处"。[59]饶是如此，此时的林纾已经被新派视为妨碍"学问独立、思想自由"的头号大敌，彻底被污名化，沦为"学术界之大敌、思想界之蟊贼"。[60]

实际上，有点大言吓人的林纾并不能算守旧，只是在后来如鲁迅、陈独秀、胡适这样的新青年导师看起来已经落伍于时代罢了。林纾早年在澳门《知新报》上发表的《闽中新乐府三十二首》，[61]实可被视为开启清末"诗界革命"和"五四新文化运动"中白话新诗的先声，连论敌胡适也承认这是"很通俗的白话诗"：

> 林先生的《新乐府》不但可以表示他的文学观念的变迁，并且可以使我们知道，五六年前的反动领袖在三十年前也曾做过社会改革的事业。我们这一辈的少年人只认得守旧的林琴南，而不知道当日的维新党林琴南；只听得林琴南老年反对白话文学，而不知道林琴南壮年时曾作过很通俗的白话诗，——这算不得公平的舆论。[62]

不仅如此，林纾使用古文所作的翻译文章，其中用语并不乏使用新名词之例。[63]林纾所批评的只是民初知识界盲目趋新的风尚，他认为这样或会导致国未亡而文字先亡的局面："民国新立，士皆剽窃新学，行文亦泽之以新名词。夫学不新而唯词之新，匪特不得新，且举其故者而尽亡之，吾甚虞古系之绝也。"[64]

本来主要是有关白话文学的讨论，随着北洋政府的外交失败和武断颟顸地对学生运动的干预，新派论述中的新旧之争开始别具意义。如陈独秀伊始之际所言："必不容反对者有讨论之余地，必以吾辈所主张者为绝对之是，而不容他人之匡正也。"[65]处于敌对方的旧派不但处于弱势和守势地位，而且根本就未能组织起有效的反击，这殊出乎胡适等人预料，当时胡适给女友韦莲司的信，以及正在中国访问的杜威的观察和记载均提供了证据。[66]面对新派的勃兴，旧派中有人同林纾一样按照旧式思维请求当局采取强力的方式介入或干涉新思潮的发展，"校外的反对党竟想利用安福部的武人政客来压制这种新运动"。[67]如视《新青年》《新潮》为"纲常名教之罪人"的旧官僚张元奇就曾请求北洋教育总长取缔这些出版物，并能免去蔡元培北大校长、陈独秀文科学长职务。[68]只是其要求非但未被当局落实，反而留下口实，造成新派更大的反弹。恰如胡适后来的回忆所言："我必须指出，那时的反对派实在太差了。在1918和1919年间，这一反对派的主要领导人便是那位著名的翻译大师林纾（琴南）"，他实在是"一个不堪一击的反对派，我们的声势便益发强大了"。[69]

其实除了林纾，康有为也曾被胡适当作靶子拿出来批评，胡适讽刺"没有皇帝可保"的康有为可以效法叶德辉编《翼教丛编》，再做一部《翼教续编》，"来骂陈独秀"，[70]然而康有为并未应战。这也正像胡适日后曾说过的："今日所谓有主义的革命，大都是向壁虚造一些革命的对象，然后高喊打倒那个自造的革命对象。"[71]当时新派发起的文白之争、新旧之争，其真相何尝不是如此？

四、吴宓和《民心周报》

其实在当时说得上《新青年》真正的对手方的是后出的《民心周报》和《学衡》两个杂志，两个杂志的撰稿主体主要是留学生，核心发起人则是对胡适和新文化运动不断进行批评的吴宓。过去我们比较关注《新青年》《新潮》这些杂志及新派中人，偶尔会稍微关注下《东方杂志》，而对除《学衡》学人群外的《新青年》对手方和竞争方关注不是特别多，甚至连与《新潮》唱对台戏的《国故》等杂志都重视不够。[72]其实"五四新文化运动"后期在宣传新思潮方面同样有极大影响的，还有《新青年》《新潮》的竞争者四大副刊，眼下似乎只有《时事新报·学灯》副刊才有学者比较认真的关注，[73]至于其他副刊与《国民公报》《解放与改造》（《改造》）《民铎》《星期评论》《建设》等杂志，尚缺乏比较有质量的研究成果。此外，值得关注的还有吴宓实际主持的上海《民心周报》。

《民心周报》的创办者和作者，包括吴宓、梅光迪等留美学生，"系留美学生及国内学者素具言论救国之志愿者所创办"，由留学美国麻省理工归国的张幼涵（贻志）担任总编，吴宓负责在美国留学生中组稿，他们原计划是创办月刊，事未成而改办周报，[74]是为《民心周报》的来源。除了少数来稿及小说外，该杂志不用白话和所谓新式标点，全用文言，被吴宓誉为"新潮方盛之时"的"砥柱中流"。发刊伊始，学界和商界名流如唐文治、严修、张謇、范源濂、张伯苓、黄炎培、余日章、聂云台、王正廷、叶景葵等人即曾联名推介该杂志。[75]该杂志还曾在《时事新报》等新思潮刊物上作《〈民心周报〉出版预告》，[76]其第 1 卷第 1 期甫出版，即颇引时人注意，上海《南洋周刊》就发表了一篇未署名的评论，针对该期刊载的诸人推荐词及有关文章，逐一批评。[77]张东荪也在《时事新报》上对《民心周报》进行批评，但遭到《民心周报》的反驳，这个反驳又引来张东荪的回应。[78]此后，《民心周报》又同《学生会日刊》发生了关于何谓国粹的论战，张东荪也曾就两方争论中何谓国粹的问题进行了点评。[79]后来鉴于吴宓及《学衡》杂志秉持的反对新文化运动立场，鲁迅也在批评吴宓时连带涉及《民心周报》。[80]不过该杂志并非全是为批评新文化运动创立，内中也有肯定和呼应的部分。以往研究者只注意吴宓等人在编辑《学衡》杂志时期的立场和论述，而几乎不注意这个可以被视为《学衡》前身的杂志。若希望深入研究吴宓和《学衡》乃至当时所谓的文化保守主义思潮，《民心周报》就应该被纳入考察范围——尽管吴宓对张幼涵撰写的该杂志发刊词、征文条例很不满意，"笼统杂抄，毫无定旨"，[81]不过为该杂志组稿对吴宓来说意义仍然重大，如其自白："明知《民心》报之无益，然宓特借此一自收心，而解除痛苦而已。宓但自尽心，不问其有效与否。宓之为此，并非为国，只图自身宽慰分毫耳。"〔82〕

不过，在后世从"进步"角度所撰写的新旧之争历史中，旧派也被进一步负面化、符号化，成为不在场的"在场者"，由此掩盖了"五四新文化运动"的主要论争方实为新新之争的现实，内中充满为打造思想权威和争夺"文化霸权"的较量，如《新青年》和《时事新报》之间的论争、胡适和梁启超之间的争辩、世界语支持者与反对者之间的争论、吴宓对《新青年》与《新潮》的批评、《新青年》同《民心周报》之间的矛盾，以及《新青年》同人和研究系之间对青年力量和思想主导权的争夺，均是如此。

事实上，如果站在当时青年的立场看"五四新文化运动"，对很多知识分子尤其是学生来说，它可能无关新旧之争或民主、科学、道德、爱国等理念，仅仅是关乎个人的机会与出路而已。随五四运动而来的新思潮，让各地的青年人能够方便地吸收接受，他们并能借此"刷存在感"，同外界尤其是北京、上海互通声气，借助报纸杂志、通信互相声援、交流，借此获得去中心城市读书、工作的机会，乃至获得出国留学的机会，即便留在当地，他们对由此得来的"象征资本"（symbolic capital）的运用，也更具优势。

对于胡适这帮新文化运动的领袖来讲，新文化运动除了为他们提供成为导师和思想学术权威的机会，也为他们提供了一个争夺和建构自己话语霸权的契机。洪宪帝制失败，特别是张勋复辟失败后的中国，旧的学术权威和思想领袖如章太炎、康有为、刘师培、严复、梁启超、章士钊、林纾等人虽然还在产生影响，然而已经不能满足更多趋新青年人的需要，时代需要新的偶像出来。尤其是清末以来趋新媒体的崛起、基督教会的连续努力、知识精英的启蒙宣传，已经感染与培养了大量的青年读者和受众，同时制造了大量更"文明"、更"进步"也更具争议性的话题。恰逢其时的胡适留学美国七年归来，出任北京大学教授，凭借在《新青年》等新思潮类报刊上发表的多篇文章、通信与评论，特别是其率先揭橥白话文运动和文学革命的大旗，又自我标榜为自由主义与实验主义信徒，公开宣示二十年不谈政治的立场，广受舆论和青年关注，远比吴宓和《民心周报》得风气之先。加之其留美"博士"头衔以及美国哲学大家杜威门徒身份的"加持"，又被北大校长蔡元培故意误其为所谓汉学"世传"正统"绩溪三胡"之后，"禀有'汉学'的遗传性"，"虽自幼进新式的学校，还能自修'汉学'，至今不辍"。[83]蔡元培赞扬胡适不但治西洋哲学、文学，又能兼治汉学。而陈独秀、钱玄同等人也为胡适呐喊助阵、揄扬有加，自身形象上佳的胡适遂"暴得大名"，万众瞩目，成为思想导师和诸多趋新青年崇拜的偶像。如不喜欢白话文和新诗的章士钊稍后对胡适及其追随者的讽刺："以适之为大帝，以绩溪为上京，遂乃一味于《胡适文存》中求文章义法，于《尝试集》中求诗歌律令。目无旁骛，笔不暂停……"[84]本来自信不足的胡适也利用此机会积极同来自全国各地的青年互动，进而拓展自己的人脉与声望，左右逢源，顺利地取代梁启超、章太炎、章士钊等人成为当时思想界、学术界的最大明星。在此层面，"五四新文化运动"的意义，对于胡适这样的后起新星尤其重要，他的崛起正是利用了这样的条件，而他的成功也为很多青年知识分子提供了出路、榜样和追随偶像的机会——一个在"日常生活"中实现身份蜕变与上升性流动的机会。

当胡适崛起后，其主张与立场不但影响了诸多的学生和同事，也影响到梁启超、章士钊乃至章太炎这样的前辈学人，甚至波及对手方吴宓、梅光迪等人特意另起炉灶办《学衡》与之对垒。非惟如此，胡适自己更是通过系列追忆和撰写"五四新文化运动"的历史或白话文文学史、近五十年中国文学史之类的文本，以及诸多自传式、总结式的书写和批评性的回应文字，强化和塑造了自己及陈独秀等人在新文化运动中的地位与贡献，借此也重新梳理了新文学运动乃至新文化运动的源流和定位，进而再造传统，将其视之为中国的文艺复兴运动，[85] 从而极大提升了新思潮"再造文明"的创新意义与启蒙效果，实则也由此自我偶像化——强化了胡适自身新文化运动领导者的形象，无形中也遮蔽或贬低了当时其他派别或要角如梁启超派对于新文化运动的参与和影响情况。[86]

五、结　　语

法国文化史家夏特里埃（Roger Chartier）在《法国大革命的文化起源》一书第四章讨论法国大革命同启蒙哲士的著作之间关系的时候曾指出，后来的研究者可能夸大或单一化了这些著作对法国大革命的影响，大革命前夕最为流行的作品中，多是色情书和八卦册子等"低俗作品"，即便一些政治类书籍的确比较流行，但它们也多非启蒙哲士表达哲学理念和政治关怀的经典文本，而是抨击国王、宫廷和贵族的通俗书籍，尽管这些文本确实如达恩顿（Robert Darnton）的研究所表明的那样，它们承载着启蒙理念，极大伤害了国王的形象，破坏了君主制的基础。但在夏特里埃看来，读者在阅读这些书籍过程中并没有将其中的言说和批评太当回事，读者往往是从休闲娱乐的角度来阅读，读后很快将之抛诸脑后，"阅读未必导致崇信"；另外一方面，即便是阅读相同的读物，比如被视为同大革命关联密切的卢梭著作，读者的反应也是千差万别的，很多读者均不赞成其激进的面向，同样情况亦发生在《百科全书》的读者那里。可以说，启蒙哲士的著作虽然提出了很多新的思想，然而读者在阅读接受过程中，并没有太在意与法国旧制度相对抗的内容，没有贸然相信书中的言说，更没有以同样一种（即导向革命）方式在阅读这些书籍，或者把这些书籍化约为同一种简单的意识形态论述。职是之故，启蒙运动或启蒙思想家的著作同法国大革命之间的关联可能并没有那么密切，之所以后来大家认为它们之间存在密切联系，乃是因为法国大革命成功后革命者对启蒙思想家的"选择性重构"造成的，标志即是把卢梭和伏尔泰视为大革命先驱选入先贤祠，在此意义上，是法国大革命"发明"了启蒙运动与启蒙哲士的著作：

> 在一定意义上，是大革命"造就"了书籍，而非相反。正是法国大革命赋予了某些特定书籍具有先见之明与可昭法式的意义，在事情发生之后将其精心结撰，追认为大革命的源头。[87]

夏特里埃的上述结论或可商，但其讨论问题的路径和方式却颇值得我们效法与思考。反观过去这些年的"五四新文化运动"史研究，一些研究者已经认识到当事人如胡适等人事后对

"五四新文化运动"经验的修改和再发明的问题，愈加重视当事人的追忆对于后世撰写"五四新文化运动"历史的影响，也注意到陈独秀、胡适、钱玄同、刘半农等人的"炒作"表现，注意到晚清民国的关联延续情况和梁启超、研究系乃至江苏教育会、国民党在新文化运动中的作用，认识到五四运动、商务印书馆等出版机构和北京大学对于新文化运动扩散的影响，以及"五四运动""新文化运动"等概念的形成和传播问题。然而如果对比夏特里埃的思路，我们会发现关于"五四新文化运动"源流的讨论，仍然是在《新青年》一系的线性脉络中来讨论相关问题，即先有新文化运动，后有五四运动，先有《新青年》的宣传，然后才有新文化运动的开展。如此操作会很容易将新文化运动的来源与影响单一化和线性化，不但会无视基督教会特别是青年会的先导作用与巨大影响，还会轻视其他派别和力量参与这个运动的情况与效果，进而忽略五四运动对新文化运动扩大的作用与对《新青年》的再造和追认情况，正如当事人常乃惪的观察："《新青年》时代，新文化运动只在酝酿，尚未成熟……直到民国八年的五四运动起后，春雷一声，才将新文化运动从摇篮中扶养成熟起来。"[88]在常乃惪看来，之前《新青年》的影响只是局限于一少部分人，大部分对此并无感觉，但"五四"之后就形势大变：

> 全国的罢课、罢教、罢工、罢市种种风潮，层见迭出，全国的小刊物，用白话撰成的小刊物，风起云涌，普及于各地……新文化运动已经不是仅仅咬文嚼字的书生运动了，他成了一种潮流，一种猛烈无前的潮流，将旧社会的权威席卷而去。这是谁的功劳，是五四运动的功劳。[89]

类似常乃惪所见，另一当事人罗家伦也早已指出"五四这个大刺激"让时人"不能不受影响"：

> 譬如五四以前谈文学革命思想革命的不过《新青年》《新潮》《每周评论》和其他两三个日报，而到五四以后，新出版品骤然增至四百余种之多……又如五四以前，白话文章不过是几个谈学问的人写写，五四以后不但各报纸，大概都用白话，即全国教育会在山西开会，也都通过以国语为小学校的课本，现在已经一律实行采用……[90]

职是之故，我们固然要重视受《新青年》（包括此前的《甲寅》杂志）系刊物感染的趋新受众，但也不应该忽略受到其他渠道影响的"新青年"和企图融合新旧的梁启超、吴宓和江苏教育会一类人士；同样，我们也不能不关注"新"如何建构"旧"，以及旧派的具体反应情况与回应方式等问题，尤其是需要留意五四运动及与之有关的后设追忆和书写对于新文化运动乃至之前历史的重塑效果问题。参考夏特里埃的问题意识即是：新文化运动是否该有一个"五四"起源？或模仿一下王德威教授的提问方式[91]：没有"五四"，何来新文化运动？

注释

[1] 曾有学者关注了五四后新文化运动同基督教的关系，特别是"五四新文化运动"对基督教的影响，参看杨剑龙：《五四新文化运动与基督教文化思潮》，上海人民出版社 2012 年版；刘畅：《"五四"语境中的基督教新文化运动》，《江西社会科学》2012 年第 6 期；等等。

[2] 关于陈独秀等新文化运动派反孔论述与清末革命派及民初章太炎等人反孔教论述的关联异同，陈万雄、杨华丽、彭春凌等学者曾进行

过一些讨论。参看陈万雄：《五四新文化的源流》，三联书店 1997 年版，第 117—124 页；杨华丽：《"打倒孔家店"研究》，人民出版社 2014 年版，第 28—60 页；彭春凌：《儒学转型与文化新命：以康有为、章太炎为中心（1898—1927）》，北京大学出版社 2014 年版，第 266—287 页。

〔3〕《甲简章》，《圣教杂志》第 1 年第 1 期（1912 年 1 月），第 2 页。（2010 年，线装书局影印出版了《圣教杂志》，以下会标注影印本页码。）

〔4〕皖北曹司铎求是稿：《论倡孔教之非》，《圣教杂志》第 2 年第 5 期（1913 年 5 月），第 168—170 页，影印本第 1 册第 386—388 页。

〔5〕有关民初孔教会的活动情况，可以参看裘陈江的博士学位论文《民初孔教会研究》，华东师范大学思勉人文高等研究院博士论文，2015 年 5 月。

〔6〕南通张百禄司铎：《孔子非宗教家论》，《圣教杂志》第 2 年第 12 期（1913 年 12 月），第 441 页，影印本第 2 册第 151 页。

〔7〕秉直：《崇祀孔子命令》，《圣教杂志》第 2 年第 9 期（1913 年 9 月），第 358 页，影印本第 2 册第 42 页。

〔8〕秉直：《请定孔教为国教》，《圣教杂志》第 2 年第 10 期（1913 年 10 月），第 397 页，影印本第 2 册第 89 页。

〔9〕《天主教中华全体公民二次请愿书》，《圣教杂志》第 2 年第 12 期（1913 年 12 月），第 454 页，影印本第 164 页。

〔10〕马相伯属草、英敛之校订：《书请定儒教为国教等书后》，马相伯：《保持约法上人民自由权》，《圣教杂志》第 6 年第 1 期（1917 年 1 月），第 355—371 页。

〔11〕参看《专电》，《申报》1917 年 1 月 30 日，第 1 张第 3 页。

〔12〕有关天主教（公教）反对尊孔教的论述和实践，除了可以参考《圣教杂志》之外，也可以参考山西孔教会 1916 年 11 月编辑出版的《宗圣学报》，内中除收录尊孔者的言说外，还收录有天主教会和天主教徒诸多（也包括个别基督教青年会分会）反对尊孔的言论。

〔13〕刘竞夫来信，《新青年》第 3 卷第 3 号（1917 年 5 月 1 日），第 7—8 页。

〔14〕陈独秀：《通信》，《新青年》第 3 卷第 3 号（1917 年 5 月 1 日），第 8 页。

〔15〕《青年会之二十五周年祝典》，《兴华》第 17 年第 7 册（1920 年 2 月 18 日），第 21 页。

〔16〕参看《直籍愿入青年会学生会员证已到》，《北京大学日刊》1919 年 12 月 5 日，第 2 版。

〔17〕恽毓鼎 1916 年 3 月 2 日日记，史晓风整理：《恽毓鼎澄斋日记》第 2 册，浙江古籍出版社 2004 年版，第 761 页。

〔18〕参看丽海撰文：《青年进步发刊辞》，《青年进步》第 1 册（1917 年 3 月），第 3 页。

〔19〕参看《青年进步》第 1 册，插页。

〔20〕参看《青年进步》第 1 册，第 10 页。

〔21〕参看汪原放：《亚东图书馆与陈独秀》，学林出版社 2006 年版，第 33—34 页。

〔22〕舒新城：《舒新城自述》，安徽文艺出版社 2013 年版，第 122 页。该书实即舒新城 1945 年由上海中华书局出版的回忆录《我和教育》一书。

〔23〕恽代英 1917 年 8 月 25 日日记，中央档案馆、中国革命博物馆、中共中央党校出版社编：《恽代英日记》，中央党校出版社 1981 年版，第 136 页。

〔24〕恽代英 1917 年 8 月 30 日日记，《恽代英日记》，第 140 页。

〔25〕《舒新城自述》，第 93 页。

〔26〕《舒新城自述》，第 94 页。

〔27〕二十八画生：《体育之研究》，《新青年》第 3 卷第 2 期（1917 年 4 月 1 日），第 1—11 页。该文亦被收入中共中央文献研究室、中共湖南省委《毛泽东早期文稿》编辑部编：《毛泽东早期文稿》，湖南出版社 1995 年版，第 65—78 页。

〔28〕《致黎锦熙信（1916 年 12 月 9 日）》，参看《毛泽东早期文稿》，第 59—60 页。

〔29〕参看中共中央文献研究室编：《毛泽东年谱》上卷，中央文献出版社 2013 年版，第 24 页。

〔30〕《上海青年会之大计画》，《时事新报》1918 年 6 月 10 日，第 3 张第 2 版。

〔31〕《中华基督教青年会第七次大会组合之报告》，《青年》第 19 卷第 1 号（1916 年 2 月），第 8 页。

〔32〕李琼阶：《青年会与学生之关系》，《青年进步》第 4 册（1917 年 6 月），第 8 页。

〔33〕蔡元培：《我在北京大学的经历》，收入中国蔡元培研究会编：《蔡元培全集》第 7 卷，浙江教育出版社 1997 年版，第 502 页。

〔34〕恽代英：《学校体育之研究》，《青年进步》第 4 期（1917 年 6 月），第 1—6 页。

〔35〕参看恽代英 1917 年 2 月 15 日、20 日日记，《恽代英日记》，第 34、37 页。

〔36〕参看刘苏华：《前言》，湖湘文库编辑出版委员会：《体育周报》影印本，湖南师范大学出版社 2010 年版，第 1—12 页。

〔37〕《〈体育周报〉周年纪念祝词（1919 年 11 月 13 日）》，收入《蔡元培全集》第 3 卷，第 729 页。

〔38〕《青年会二十年来之小史》，《时事新报》1918 年 4 月 21 日，第 3 张第 3 版。

〔39〕《英美烟公司赠登》广告，《时事新报》1918 年 6 月 22 日，第 1 张第 4 版。

〔40〕《青年会与政治》，《民心周报》第 1 卷第 17 期（1920 年 3 月 27 日），第 366—367 页。

〔41〕已经有论者揭示了基督教青年会对于五四期间山东反日运动的介入情况。参看高莹莹：《反日运动在山东：基于五四时期驻鲁基督教青年会即英美人士的考察》，《近代史研究》2017 年第 2 期，第 138—151 页。

〔42〕参看王奇生：《新文化是如何"运动"起来的——以〈新青年〉为视点》，《近代史研究》2007 年第 1 期，第 21—40 页。

〔43〕钟敬文：《"五四"——我的启蒙老师》，收入杨哲编：《钟敬文生平、思想及著作》，河北教育出版社 1991 年版，第 154 页。

〔44〕参看《图书馆征求"五四"前后各处定期出版物启》，《北京大学日刊》1919 年 12 月 4 日，第 1 版。

〔45〕匡僧：《辩论者之态度》，《时事新报》1919 年 3 月 20 日，第 3 张第 3 版。

〔46〕有关旧派在民初的一些表现与对白话文的反应，可以参看林志宏：《民国乃敌国也：政治文化转型下的清遗民》，联经出版公司 2009 年版。

〔47〕有关的讨论可参看罗志田：《林纾的认同危机与民初的新旧之争》，
《历史研究》1995 年第 5 期，第 117—132 页。更详细的讨论可参看
樽本照雄：《林纾冤案事件簿》，李艳丽译，商务印书馆 2018 年版，
第 1—209 页。

〔48〕《新旧思想冲突平议》，《民治日报》1919 年 4 月 1 日，第 2 版。

〔49〕参看鲁迅：《致钱玄同（1918 年 7 月 5 日）》，人民文学出版社编：
《鲁迅书信集》上册，人民文学出版社 1976 年版，第 17 页。

〔50〕参看万仕国：《刘师培年谱》，广陵书社 2003 年版，第 270—272 页。

〔51〕参看林纾：《荆生》《妖梦》，收入薛绥之、张俊才编：《林纾研究资
料》，知识产权出版社 2010 年版，第 69—70、71—73 页。

〔52〕参看开明（周作人）：《林琴南与罗振玉》，《语丝》第 3 期（1924
年 12 月 1 日），第 5 版。

〔53〕参看鲁迅：《孔乙己》，《新青年》第 6 卷第 4 号（1919 年 4 月 15
日），第 377—378 页。

〔54〕参看鲁迅：《致周作人（1919 年 4 月 19 日）》，《鲁迅书信集》上
册，第 24 页。

〔55〕参看只眼（陈独秀）：《婢学夫人》，《每周评论》1919 年 4 月 6 日，
第 4 版。

〔56〕匿僧：《辩论者之态度》，《时事新报》1919 年 3 月 20 日，第 3 张第
3 版。

〔57〕参看陈平原：《新文化运动中"偏师"的作用及价值——以林琴南、
刘师培、张竞生为例》，《北京大学学报》第 56 卷第 3 期（2019 年 5
月），第 18 页。

〔58〕趋新各报刊对林纾的批评可集中参看《每周评论》1919 年 4 月 13
日、27 日两期转载和发表的各评论。

〔59〕只眼（陈独秀）：《林琴南很可佩服》，《每周评论》1919 年 4 月 13
日，第 2 版。

〔60〕渊泉（陈溥贤）：《警告守旧党》，《每周评论》1919 年 4 月 13 日，
第 1 版。

〔61〕参看闽中畏庐子：《闽中新乐府》，《知新报》1898 年第 46 册（光绪
二十四年二月二十一日），第 1—2 页；第 47 册（光绪二十四年三月
初一日），第 3—4 页；第 48 册（光绪二十四年三月十一日），第
5—6 页；第 50 册（光绪二十四年闰三月初一日），第 7—8 页；第

55 册（光绪二十四年四月二十一日），第 9—11 页。

〔62〕胡适：《林琴南先生的白话诗》，收入严云绶整理：《胡适全集》第
12 卷，第 66 页。

〔63〕参看钱锺书：《林纾的翻译》，收入氏著《七缀集》，三联书店 2016
年版，第 101 页。

〔64〕林纾：《论古文之不宜废》，《大公报》1917 年 2 月 1 日，第 1 张。
《民国日报》1917 年 2 月 8 日原文转载。胡适读了《民国日报》转
载的该文后，将之全文收录于日记中，胡适：《胡适留学日记》上
册，安徽教育出版社 2006 年版，第 342—344 页。

〔65〕陈独秀：《再答胡适之》，《新青年》第 3 卷第 3 期（1917 年 5 月 1
日），第 6 页。

〔66〕参看江勇振：《舍我其谁：胡适》第二部《日正当中》上篇，浙江
人民出版社 2013 年版，第 209、213—214 页。

〔67〕胡适：《五十年来中国之文学》，收入郑大华整理：《胡适全集》第 2
卷，第 335 页。

〔68〕《新旧思潮之冲突》，《时事新报》1919 年 4 月 1 日，第 2 张第 1 版。

〔69〕唐德刚：《胡适口述自传》，收入沈寂整理：《胡适全集》第 18 卷，
第 328 页。

〔70〕胡适：《归国杂感》，《新青年》第 4 卷第 1 期（1918 年 1 月 15 日），
第 26 页。

〔71〕胡适：《我们走那条路》，郑大华整理：《胡适全集》第 4 卷，第
467—468 页。

〔72〕参看石井刚：《〈国故〉月刊——夭折的"古学复兴"》，收入王德
威、宋明炜编：《五四@100：文化，思想，历史》，联经出版公司
2019 年版，第 73—76 页。

〔73〕参看彭鹏：《研究系与五四时期新文化运动——以 1920 年前后为中
心》，中山大学出版社 2003 年版，第 162—206 页；周月峰：《从批
评者到"同路人"：五四前〈学灯〉对新青年态度的转变》，《社会
科学研究》2015 年第 6 期，第 197—204 页。

〔74〕吴宓 1919 年 12 月 2 日日记，吴学昭整理注释：《吴宓日记》，三联
书店 1998 年版，第 98 页。

〔75〕《介绍民心周报》，《民心周报》第 1 卷第 1 期（1919 年 12 月 6 日），
封二。有关《民心周报》创办的情况，沈卫威教授根据《吴宓日

记》等材料也曾稍加关注。参看沈卫威：《面对"新潮流"的顺势与逆反》，《中山大学学报》2016 年第 4 期，第 35—36 页。

〔76〕《〈民心周报〉出版预告》，《时事新报》1919 年 12 月 3 日等期论前广告。

〔77〕《〈民心周报〉!》，《南洋周刊》第 12 期（1918 年 12 月 12 日），第 14—15 页。

〔78〕参看士心：《答某日刊对于本报之批评》及《本社致〈时事新报〉记者张东荪书》，《民心周报》第 1 卷第 3 期（1919 年 12 月 20 日），第 46 页。

〔79〕东荪：《国粹与保存》，《时事新报》1920 年 1 月 18 日，第 2 张第 1 版。

〔80〕参看鲁迅：《"一是之学说"》，《晨报附刊》1922 年 11 月 3 日，第 3—4 版。

〔81〕吴宓 1919 年 12 月 2 日日记，《吴宓日记》，第 98 页。

〔82〕吴宓 1920 年 1 月 31 日日记，《吴宓日记》，第 126 页。

〔83〕参看蔡元培：《〈中国哲学史大纲〉序》（1918 年 8 月 3 日），收入《蔡元培全集》第 3 卷，第 374 页。

〔84〕章士钊（行严）：《评新文化运动》，原连载于《新闻报》1923 年 8 月 21 日，第 1 张第 3 版；《新闻报》8 月 22 日，第 1 张第 4 版；引文在 8 月 21 日号。该文又见《甲寅周刊》第 1 卷第 9 号（1925 年 9 月 12 日），第 4—11 页，引文在第 7 页。参看胡适：《"老章又反叛了！"》，收入严云绥整理：《胡适全集》第 12 卷，第 75—80 页。

〔85〕关于胡适"中国文艺复兴"的论述，可参看江勇振：《舍我其谁：胡适》第二部《日正当中》下篇，第 156—177 页。

〔86〕有关梁启超一系在新文化运动中的作为及其后来如何淡出新文化运动历史记忆的情况，可参看周月峰：《另外一场新文化运动——梁启超诸人的文化努力与五四思想界》，《中研院近代史研究所集刊》第 105 期（2019 年 9 月），第 49—89 页；周月峰：《五四后"新文化运动"一词的流行与早期含义演变》，《近代史研究》2017 年第 1 期，第 42—47 页。

〔87〕Roger Chartier, *The Cultural Origins of the French Revolution*, Translated by Lydia G. Cochrane, Cambridge：Polity Press, 1999, p. 89.

〔88〕常乃惪：《中国思想小史》，中华书局 1922 年版，第 184 页。

〔89〕常乃惪：《中国思想小史》，第 185 页。近来已有论者指出即便是
      "新文化运动"一词的流行，也是缘于"五四"学生运动的刺激，
      而围绕此词，时人也多有讨论争议。参看周月峰：《五四后"新文
      化运动"一词的流行与早期含义演变》，《近代史研究》2017 年第 1
      期，第 31—33 页；郑师渠：《"五四"后关于新文化运动的讨论》，
      《北京师范大学学报》2010 年第 4 期，第 5—21 页。
〔90〕参看罗家伦：《一年来我们学生运动底成功、失败和将来应取的方
      针》，《新潮》第 2 卷第 4 号（1920 年 5 月），第 848 页。
〔91〕参看王德威：《没有五四，何来晚清？》，收入王德威、宋明炜编：
      《五四@100：文化，思想，历史》，第 37—42 页。

（原发表于《广东社会科学》2019 年第 6 期）

少年胡适在上海时史料补遗[*]

我们对胡适早年在上海特别是在中国公学求学时情况的了解，主要是其《四十自述》，而学者对胡适早年在上海求学时期的研究，主要依据也在此。如江勇振教授所言："胡适青少年时期在上海的六年，是他一生思想发展的一个极其重要的阶段。从某个角度来说，我们对上海时期的胡适有相当程度的了解，是多亏了他所写的《四十自述》。然而，也正由于《四十自述》的关系，我们对这个阶段的胡适的认识，到今天为止，一直逃不出他为我们铺陈出来的故事。"[1]江先生此语，可谓一针见血，而他的新著《舍我其谁：胡适》第一部《璞玉成璧，1891—1917》，对胡适在上海求学这段时期的叙述，较之前贤，不为《四十自述》所限，于资料使用方面，发掘很细，超越了既有研究者；在解读方面，有考证，有辨析，也有不少新见。该书对于我们更为深刻和全面地了解这段时期的胡适，可谓有不少助力，笔者从中受益匪浅。幸运的是，在既有材料（包括《四十自述》、胡适早年日记、《胡适早年文存》等）和研究（包括江著）提到的与注意到的地方之外，笔者亦有关于胡适的新材料发现，可以提供胡适在上海特别是在中国公学时的其他一些信息。

第一则材料是《神州日报》上刊登的一则《收捐报告》。[2]

---

* 本文特别感谢台北胡适纪念馆馆长潘光哲先生无保留地惠赐有关资料。

1906年夏秋之际，皖北发生水灾，延续到冬天，更加严重，灾民需赈甚急，"自周口以至滁、泗，上下八九百里，宽广四五百里间"，"十室九空"。[3]到了1907年6月中旬，皖北接着又发生水灾，"暴雨怒倾，连朝不已"。[4]皖北灾情进一步恶化，上海官绅商学各界，纷纷为之捐款，连正留学日本的安徽人士也纷纷为此次水灾捐款。[5]中国公学也起而响应，为皖北水灾进行了募捐。这则《收捐报告》中的捐款清单即是中国公学此次募捐的结果——"中国公学第一次助捐皖北水灾共大洋三百六十四元，小洋二百三十五角"。根据清单的详细记载，此次共有中国公学的教职员22人捐款，教职员中捐款最多的为王仙华和吴葛永，各捐了二十四元，王抟沙等六元；有134名学生捐款，捐款最多者为黄绍周，捐了十元，胡洪骍（即胡适）捐了二元，朱经为一元；此次捐款的主要经手人共有4位——胡洪骍、钟文恢、夏裕番、朱经，其中经胡洪骍一人之手的捐款为22位教职员所捐的235元，另外还有包括胡本人在内的38位学生所捐的74元，共309元大洋，约占此次捐款总数的84%。不过在稍后中国公学为云南旱灾捐款的活动中，就只有王仙华、王敬芳（抟沙）、胡梓方、张邦杰等一些教职员参与了，胡适等中国公学的学生似乎没有参加，因为名单上没有胡适他们的名字，此次捐款共捐大洋206元。[6]

可以说，在当时人才济济的中国公学的学生中，出过中国近代史上的不少著名人物，像任鸿隽、朱经农（朱经）、杨铨（杏佛）等，而以当时公学学生的年龄、人脉及活动能力来讲，时尚16岁的胡洪骍能募捐到这么多钱，远超出其同辈，确能见其社会活动能力之强与人脉之广，不愧是之前"做惯班长的人"，[7]富有领导才能与社交能力。只是关于这次捐款的情况，胡适在回忆录里并没有提及，别的有关他早年的资料中也没有提及，这里特为拈出，以供研究胡适的方家参考。

实际上，在稍早上海各界发起的为旧金山地震灾害中受难的华侨捐款时，胡适正在其中求学的澄衷学堂也曾为之捐款："闰四月初四日收……澄衷学堂校长十元，又教员、管理员二十一元，又学生全体大洋七十一元（内铜洋一元），小洋二百八十一角……"[8]而在同期"特别广告"里，还列有为湖南水灾捐款的捐款人信息，同样有澄衷学堂的捐款："闰四月初三日收……澄衷学堂校长十元，又教员、管理员十六元，又学生大洋十六元，小洋二百十二角……"[9]这两则捐款单虽然没有列出详细的捐款人名单，只说"学生全体"与"学生"，其时正积极参与学生活动的胡适，又身为班长，应该是其中的一个捐款人。

或许是小胡适在中国公学时忙于社会活动及主持《竞业旬报》的编辑工作，其学习成绩却不是很好。我们通过当时一次报上公布的中国公学学生的测验成绩，可了解这个情况。此成绩单亦发表在《神州日报》上，名为《中国公学年终试验成绩表》，[10]这则成绩单中有言："本埠中国公学已开两年矣！其中教科颇为完善，除今年十月间师范毕业一班外，尚有八班，昨初十日已放假，兹访得年假考试各班学生等第名姓如下……"根据名单，我们可知中国公学当时共有八班学生，胡洪骍这个时候是在高等预科甲班。[11]该成绩单首列胡适该班 21 位同学的成绩，这 21 人中包括后来大名鼎鼎的任鸿隽、朱经农（朱经）等，他们的成绩都比同班同学胡适要好，其中，朱经等 2 人为最优等，任鸿隽等 4 人稍次，为优等，接下来有 6 位同学为中等，5 位同学为下等，未及格的同学只有胡洪骍等 3 人。

在这不及格的三人中，胡适位于中间，也就是说在该班 21 位同学中，胡适成绩为倒数第二。

这则成绩单说明，胡适当时在功课方面，并没有太用心，而他在写给胡近仁的信中曾言"今年工课繁重，殊无暇及此（指作诗）",[12]大概也只是一种最可引以为理由的托辞；我们结合上文所讲胡适的募捐活动，可以推测出胡适这时期并不像在澄衷学堂那样用功学习，学业之外的活动可能花费了他更多的时间。这些情形正契合他在回忆中所讲的："在中国公学住了两年多，在功课上的进步不算怎样快，但我却在课外学得了几件东西……"[13]胡适这里所说的学得的东西，包括学会了国语，认识了许多年龄比他大的朋友，学会了作中国诗词，学会了作白话文，但他并没有说中国公学的经历也让他提高了自己的社会活动能力。[14]不过，在《四十自述》的改定稿里，胡适却说"公学的英文、数学都很浅，我在甲班里很不费气力",[15]这就同上引成绩单中的呈现有些出入了。

简言之，在中国公学这两年时间里，胡适在学业上的收获尽管不大，但却练就了以后领导中国学术界、思想界的诸般本领。特别是学会做白话文，更是胡适日后能在五四新文化运动时期"暴得大名"的主要凭借，"白话文从此成了我的一种工具。七八年之后，这件工具使我能够在中国文学革命的运动里做一个开路的工人"。[16]

关于胡适早年著作的收集整理，在周质平、欧阳哲生、《胡适全集》的编者等先生的努力下，已经取得不菲的成就，不过，依旧有一些可以拾遗补阙的空间。

胡适在《四十自述》里曾讲到："光绪、宣统之间，范鸿仙等办《国民白话日报》，李莘伯办《安徽白话报》，都有我的文字，但这两个报都只有几个月的寿命。"[17]根据胡适这句话，我们明确可知胡适在《安徽白话报》《国民白话日报》上发表过文章，但遗憾的是，众多的胡适研究者，以及胡适文集、文选、早年文存的编者，都不甚注意胡适这句话，他们一般只是去查了胡适所言的在《安徽白话报》上发表的文章，找到了《论承继之非理》[18]、《绩溪二都校头巨棍周星之历史》（胡适之、许棣棠，戊申第四期）、《徽州谈》（适之，戊申第五期）、《国殇》（适之译述，己酉第一期）等四篇文章。他们并没有根据胡适所言，去查找胡适在《国民白话日报》上发表的文章，尽管胡适还曾在《竞业旬报》上专门发表文章介绍该报。[19]事实上，《国民白话日报》并不是一个很难找的报纸，它的缩微胶卷在北京的国家图书馆和上海的上海图书馆，都很容易找到，前不久还被影印出版。[20]它每日一期，每期四版，第一、四版为广告，第二、三版刊载演说、新闻、小说、唱歌、选电、消化、闲谈、插画、旧话等栏目。可惜的是，保留下来的《国民白话日报》残缺比较严重，饶是如此，在保存下来的43期《国民白话日报》中，至少存有胡适以笔名发表的四篇文章。如在第30号，即有铁儿的《上海的中国人》一文，[21]在接下来的一期报纸里，还有"适广"的《算题》一文。[22]在第33、34号报纸上，还连载有"适广"的《顾咸卿》一文。[23]在第36、37号，还连载有"适广"的《中国第一伟人杨斯盛传》。[24]有意思的是，这几篇文章也都曾在《竞业旬报》上发表过，内容几乎一样，并非全新的文章，只是发表时的署名不完全相同。

除此之外，在《南洋兵事杂志》上，还发表了胡洪骍译述、李铎评注附有插图的"爱国小说"《国殇》，[25]而且此版本的《国殇》与《安徽白话报》上刊登的《国殇》并不完全一样，大概是因为"李铎"加入的缘故。

根据有关材料可知，胡适曾经用过的名字有希疆、铁儿、期自胜生、适庵、适广、藏晖、毅斋主人、天风、铁、笑、骅、蝶、蝶儿、冬心、冬友、胡天、H. S. C. QV. GWT、WHO、胡定安等。[26]除了上述这些笔名，根据台北胡适纪念馆提供的信息，胡适还以"与存"的笔名在《竞业旬报》上发表有二十三篇文章，胡适的这个笔名及以此笔名发表的文章，也并不为以前的研究者所知。有关目录如下：

1. 与存：《时评：二辰丸的军火日本赢呢？中国赢呢？》，《竞业旬报》第 11 期，1908 年 4 月 11 日，第 24—25 页。

2. 与存：《时评：苏杭甬的铁路拒款呢？借款呢?》，《竞业旬报》第 11 期，1908 年 4 月 11 日，第 25 页。

3. 与存：《劝戒文：戒游手》，《竞业旬报》第 11 期，1908 年 4 月 11 日，第 37—38 页。

4. 与存：《劝戒文：戒迷信》，《竞业旬报》第 12 期，1908 年 4 月 21 日，第 37—38 页。

5. 与存：《文苑：海上竹枝词》，《竞业旬报》第 12 期，1908 年 4 月 21 日，第 49—52 页。

6. 与存：《时评：资政院果有上议院之体制乎抑无下议院之资格也》，《竞业旬报》第 13 期，1908 年 4 月 30 日，第 31—33 页。

7. 与存：《劝戒文：劝国人宜多结小团体》，《竞业旬报》第 13 期，1908 年 4 月 30 日，第 35—37 页。

8. 与存：《文苑：徂东杂感节录》，《竞业旬报》第 16 期，1908 年 5 月 30 日，第 42 页。

9. 与存：《杂俎：德晓峰》，《竞业旬报》第 16 期，1908 年

5月30日，第57页。

10. 与存：《杂俎：恩晓峰》，《竞业旬报》第16期，1908年5月30日，第57—58页。

11. 与存：《杂俎：廋词》，《竞业旬报》第17期，1908年6月9日，第60页。

12. 与存：《杂俎：廋词》，《竞业旬报》第18期，1908年6月19日，第52页。

13. 与存：《新智囊：豺狼与狐狸负责》，《竞业旬报》第19期，1908年6月29日，第47页。

14. 无作者名：《新智囊：水母与龟鳖争能》，《竞业旬报》第19期，1908年6月29日，第47—48页。（此篇文气及栏目与《新智囊：豺狼与狐狸负责》相似，应同为"与存"所写。）

15. 与存：《杂俎：廋词》，《竞业旬报》第19期，1908年6月29日，第52页。

16. 与存：《杂俎：吹箫不用竹》，《竞业旬报》第20期，1908年7月9日，第50—51页。

17. 与存：《杂俎：廋词》，《竞业旬报》第20期，1908年7月9日，第54页。

18. 与存：《杂俎：廋词》，《竞业旬报》第21期，1908年7月19日，第50页。

19. 与存：《滑稽文：欢迎政界诸公颂》，《竞业旬报》第21期，1908年7月19日，第51—52页。

20. 与存：《杂俎：犬德进化》，《竞业旬报》第22期，1908年7月28日，第55页。

21. 与存：《杂俎：蟾蜍活埋不死》，《竞业旬报》第22期，1908年7月28日，第55页。

22. 与存：《谐文：论江西九南铁路米船捐钱不如捐米》，《竞业旬报》第 24 期，1908 年 8 月 17 日，第 49—50 页。

23. 与存：《滑稽文：二百五解》，《竞业旬报》第 25 期，1908 年 8 月 27 日，第 31—32 页。

而之所以说"与存"为胡适笔名，其原因如下：《竞业旬报》第 12 期发表的《劝戒文：戒迷信》，文章开始署名为"与存"，最后在文末又署名"铁"，已经表明"与存"和"铁"为同一人；再如《竞业旬报》第 12 期"文苑"栏发表的《海上竹枝词》一文，竹枝词完毕后继续附有"铁曰""铁书"，唯附言后有"铁书此毕……今与存乃以官场比戏场……始怪与存恶作剧……"等语，这应该为当时报刊编者惯用的自导自演策略，系胡适用第三者身份来评论此竹枝词，避免完全自说自话，同时加深对读者的警示与提醒作用。

同胡适的"与存"笔名相类似，根据本人的查阅发现及胡适纪念馆提供的信息，"济民"应是胡适不为后来研究者所知的另外一个笔名。"济民"这个笔名在《竞业旬报》上发表的文章共有六篇：

1. 济民：《演说：实行放足会演说》，《竞业旬报》第 12 期，1908 年 4 月 21 日，第 24—26 页。

2. 济民：《文苑：送吴铁秋南游序》，《竞业旬报》第 13 期，1908 年 4 月 30 日，第 49—52 页。

3. 济民：《演说：放足十论》，《竞业旬报》第 15 期，1908 年 5 月 20 日，第 39—42 页。

4. 济民：《演说：放足十论（续）》，《竞业旬报》第 16 期，1908 年 5 月 30 日，第 33—36 页。

5. 济民：《演说：放足十论（续）》，《竞业旬报》第 19

期，1908 年 6 月 29 日，第 17—20 页。

　　6. 济民：《社说：论人之起源》，《竞业旬报》第 20 期，1908 年 7 月 9 日，第 1—6 页。

在这六篇文章中，其中《演说：放足十论》（第 15 期）文后，径加有"铁曰"的"自白"，与上文承接，继续展开议论，这在某种程度上已经表示"铁"的作者身份。接下来在 16 期《演说：放足十论（续）》一文最后，又有署名"铁"，表明这篇文前作者署名"济民"的文章，其作者亦是"铁"，这在接下来的续篇中还有证明。在第 19 期的《演说：放足十论（续）》中，第五论、第六论最后都出现"铁"的署名，第七论并未刊完，全文即戛然而止，前后文也未署作者名，后来的八、九、十论也未见在《竞业旬报》上续刊。综合这几篇署名"济民"和"铁"的文章，表明"济民"与"铁"为同一人，都应该是胡适的笔名。故此，这里将《竞业旬报》上署名"济民"的文章都归于胡适名下。

　　不止于此，即便胡适以后来为人们熟知的笔名"铁儿""铁"在《竞业旬报》上发表的文章，仍有未为研究者注意的，仍有未收入有关胡适的各种文集的。这些文章至少有两篇，包括署名"铁儿"的两幅画，目录如下：

　　1. 铁儿（录）：《词苑：所见诗录（五）》，《竞业旬报》第 37 期，1908 年 12 月 23 日，第 21—22 页。诗前有短序，署名"铁"，则该短序应出自胡适之手。

　　2. 铁儿：《滑稽画：时世妆（一）、（二）》，《竞业旬报》第 37 期，1908 年 12 月 23 日，第 51 页。

　　另外，胡适还在《庄谐杂志》上发表有《摆伦年谱》，[27]也未被以前的研究者注意。《庄谐杂志》第一卷第一号出版于己酉二月二十六日，编辑所在上海西门外敦润里三弄二十三号，发行所为上海棋盘街中国图书公司，"每五日出版一期，积若干期为一卷，每一卷终印订汇编一册，另行发售"，[28]杂志名庄谐，是因为"庄谐曷取乎尔？曰庄与谐，其体裁则然耳，以学术、政治、风俗种种之材料，而杂用庄谐两体著述之，如时政之得失，则加以正确之批评"。[29]杂志栏目主要有"五日大事记""时事短评""征文""史谈""爽籁阁诗话""艺林"等，还汇编出版有《庄谐杂志附刊》《庄谐杂志汇编》等，为其撰稿的有陈三立、王锡祺、朱剑青、屠寄、俞恪士等人。胡适在《庄谐杂志》"史谈"栏目发表的这个年谱，早在1913年即被胡怀琛特意收入其《海天诗话》中，"予于他本得《摆伦年谱》一卷，编者曰胡适之，为录于此，以贻吾国人之慕伦者"。[30]

胡适纪念馆还在《女学生》杂志上发现一篇疑似胡适的文章，蒙馆长潘光哲先生惠允，让笔者这里录出，以供研究者参考，其信息如下：

适：《对于刺绣之臆见》，《女学生》第14期，己酉十一月初一日，"艺术谈"，第3版。

有必要说明一下的是，《女学生》为上海城东女学社编辑出版，创刊于1909年，是用于赠送的非卖品，由中国图书公司印刷，主要负责人为上海城东女学社创办人杨白民，撰稿人除了城东女学社师生外，还有包天笑、张元济、王立才、江亢虎等，亦有一些留美女生。《女学生》杂志每期印数"不过数百，实非所以广传布而副诸君子提倡之特诚，用特汇为成书，亟以付梓，以供教育家之采择，并望本杂志日以发达，女子教育之程度，亦渐增高"。[31]汇辑出版后名为《女学生杂志》，由时中书局和中国图书公司代为发行，现在上海图书馆保存有三卷，出版时间分别为 1910、1911、1912 年。故此，这篇疑似胡适的文章又见《女学生杂志》第 1 卷（宣统二年庚戌三月发行），第 72—73 页。

1909 年底，胡适在中国新公学和中国公学合并后，便辞职离开中国新公学，"余自十月一日新中国公学沦亡以来，心绪灰冷，百无聊赖"。[32] 再加上兄弟析产导致的矛盾及身处上海面临的经济窘境，使得胡适感觉"前途茫茫，毫无把握"。[33] 随后，胡适过了一阵潦倒、堕落的日子，直到 1910 年 3 月 22 日晚发生醉打巡捕事件后，胡适幡然醒悟，"已经过了一次精神上的大转机"。[34] 此后，胡适开始决心备考留美庚款官费生，闭户读书二月，之后考中。同时考取者包括竺可桢、赵元任、张彭春、胡明复（胡达）等人，当时媒体曾有较为详细的报道。[35] 从此，胡适的人生道路彻底发生了转变，从一个日趋堕落、潦倒的穷学生、上海文人，再经过留美七年的锻造，逐渐成长为 20 世纪中国思想史、学术史上的要角。

以上这些材料中所涉及的，主要是少年胡适在上海尤其是进入中国公学求学之后的一些情况，包括他以前未被注意的一些佚文，还有其早年著作的重复发表情况。这些新发现的材料不但可以同胡适的《四十自述》相参证，还可以补充其未逮，为我们提供了更为多面与详细的细节，进一步揭示出少年胡适阅读和思考的范围之广，精力之充沛，创作力之丰富，对社会现实问题之关心，以及他在当时的白话文启蒙运动中的活跃，当然某种程度上，这亦展现出他"为稻粱谋"而发文的窘境。

注释

〔1〕江勇振：《舍我其谁：胡适》（第一部），新星出版社 2011 年版，第 102 页。

〔2〕《神州日报》1907 年 6 月 20 日，第 1 页。

〔3〕李经义、李经方等：《劝募皖北急赈启》，《中外日报》1907 年 5 月 24 日，第 3 张第 2 版广告；同期《神州日报》《时报》等皆有此广告。

〔4〕《追纪皖省水灾之惨剧》，《神州日报》1907 年 7 月 6 日，第 2 页。

〔5〕《捐款清单》，《神州日报》1907 年 6 月 19 日，第 1 页。

〔6〕《中国公学助捐云南旱灾》，《神州日报》1907 年 8 月 12 日，第 1 页。

〔7〕《四十自述》，《胡适全集》第 18 卷，安徽教育出版社 2003 年版，第 66 页。

〔8〕《本馆特别广告·旧金山华侨振款》，《中外日报》1906 年 5 月 27 日，第 1 版。

〔9〕《本馆特别广告·湖南水灾振款》，《中外日报》1906 年 5 月 27 日，第 1 版。

〔10〕《神州日报》1908 年 1 月 18 日，第 5 页。

〔11〕江勇振先生根据一些间接资料，也推测出胡适该在中国公学高等普通预科甲班。参看氏著《舍我其谁：胡适》第一部《璞玉成璧，1891—1917》，第 69 页。

〔12〕胡适：《致胡近仁》（1908 年），收入《胡适全集》第 23 卷，第 1 页。关于胡适该信撰写时间，原编者署为 1907 年，但据研究者考订，当为 1908 年。参看吴元康：《〈胡适全集〉第 23 卷若干中文书信系年辨误》，《近代史研究》2011 年第 4 期，第 133—135 页。

〔13〕胡适：《四十自述残稿六件》，见耿云志主编：《胡适遗稿及秘藏书信》（5），黄山书社 1994 年版，第 520 页。

〔14〕胡适：《四十自述残稿六件》，见耿云志主编：《胡适遗稿及秘藏书信》（5），第 520—522 页。

〔15〕《四十自述》，《胡适全集》第 18 卷，第 66 页。

〔16〕《四十自述》，《胡适全集》第 18 卷，第 77 页。

〔17〕《四十自述》，《胡适全集》第 18 卷，第 77 页。

〔18〕适之：《论承继之非理》，《安徽白话报》第 1 期，戊申九月上旬，

十月廿日再版，"演说三"，收入《中国早期白话报汇编》（7），第
239—243 页。该文又名《论承继之不近人情》，《竞业旬报》第 29
期，戊申年九月十一日。转见周质平编：《胡适早年文存》，台北远
流出版公司 1995 年版，第 171—174 页。

〔19〕适：《绍介新书：〈国民白话日报〉、〈须弥日报〉》，《竞业旬报》
第 26 期，1908 年 9 月 6 日，第 43—44 页。

〔20〕收入《中国早期白话报汇编》（7），全国图书馆缩微复制中心，
2008 年，第 533—709 页。

〔21〕铁儿：《上海的中国人》，《国民白话日报》第 30 号，戊申七月三十
日，第 3 版，《中国早期白话报汇编》（7），第 620 页。此文又见
《竞业旬报》第 24 期，戊申七月二十一日，作者署名为"适广"。
转见周质平编：《胡适早年文存》，第 198—199 页。

〔22〕适广：《算题》，《国民白话日报》第 31 号，戊申八月初一日，第 3
版，《中国早期白话报汇编》（7），第 624 页。此文又见《竞业旬
报》第 24 期，戊申年七月二十一日，作者署名为"适广"，附在
《上海的中国人》后面。转见周质平编：《胡适早年文存》，第 199—
200 页。

〔23〕适广：《顾咸卿》，《国民白话日报》第 33、34 号，戊申八月初三日、
初四日，皆在第 3 版，《中国早期白话报汇编》（7），第 632、636
页。此文又见《竞业旬报》第 24 期，戊申年七月二十一日，收入
"适庵平话"。转见周质平编：《胡适早年文存》，第 97—99 页。

〔24〕适广：《中国第一伟人杨斯盛传》，《国民白话日报》第 36、37 号，
戊申八月初六日、初七日，皆在第 3 版，《中国早期白话报汇编》
（7），第 644、648 页。此文又见《竞业旬报》第 25 期，戊申年八月
一日，署名为"适之"。转见周质平编：《胡适早年文存》，第 79—
81 页。

〔25〕《南洋兵事杂志》第 40 期，"军事小说"，第 1—6 页。

〔26〕参看《胡适姓氏、别号、笔名录》，华东师范大学图书馆编：《胡适
著译系年目录与分类索引》，上海人民出版社 1984 年版，第 188 页；
《胡适名、号、笔名笺注》，收入陈金淦：《胡适研究资料》，北京十
月文艺出版社 1989 年版，第 792—795 页。

〔27〕《摆伦年谱》，《庄谐杂志》己酉年第 14 期，"史谈"，第 15 页；《摆
伦年谱（续）》，《庄谐杂志》己酉年第 15 期，"史谈"，第 16 页。

〔28〕《庄谐杂志》第 1 卷第 1 号，己酉闰二月二十六日。

〔29〕羲人：《本志宗趣之说明》，《庄谐杂志》第 1 卷第 2 号，己酉三月初一日。

〔30〕胡怀琛：《海天诗话》（广益书局 1913 年版），收入张寅彭主编：《民国诗话丛编》（5），上海书店出版社 2002 年版，第 310 页，所录年谱见第 310—312 页。该书接下来的内容（第 312 页），还移录胡适所译亥纳诗一首及序言的节略："又尝见适之《译德国诗人亥纳诗一章》云：'高松岑寂羌无欢，独立塞北之寒山。水雪蔽体光漫漫，相思之梦来无端。梦中东国之芭蕉，火云千里石欲焦。脉脉无言影寂寥，欲往从之道路遥。'原有序，略谓亥纳生于一七九七年，卒于一八五六年。善为小诗，敦厚悱恻，感人最深云云。"该诗胡适译于 1912 年，原见 1913 年 1 月《留美学生年报》，收入《胡适全集》第 42 卷，第 481 页。

〔31〕杨白民：《序言》，《女学生杂志》第 1 卷，第 4 页。《女学生》杂志曾寄送给一些像吕碧城、吕惠如这样的女性读者，并得到她们的阅读与致谢反馈，如该杂志曾至少寄给吕碧城四期，并向其约稿，她特意致函表述感谢："承赐《女学》杂志四期，俱一一披诵，虽仅一二页，而辞旨宏远，且能由女界琐屑之务，发为精湛之论，令人读之兴味醰醰，所谓尺幅中具千里之势者此也。惜鄙人校务劳形，不暇撰稿襄助，为歉仄耳！兹特专函致谢，藉颂《女学生》前途之发达。"《吕碧城女士来函》，《女学生》第 11 期，己酉年九月初一日，第 3 版。

〔32〕《藏晖室日记·己酉第五册》，《胡适全集》第 27 卷，第 59 页。

〔33〕《四十自述》，《胡适全集》第 18 卷，第 91 页。

〔34〕《四十自述》，《胡适全集》第 18 卷，第 96 页。

〔35〕《考试留美学生草案》，《申报》1910 年 8 月 5 日，第 5、6 版；《考试留美学生草案》，《时报》1910 年 8 月 1 日，第 5、6 版；《神州日报》1910 年 8 月 6 日、7 日，分别在第 3 页。其中包括胡适、竺可桢、赵元任等 70 名成绩较好者，直接出洋赴美。

（原发表于《清史研究》2012 年第 2 期）

陈寅恪与复旦公学 *

有关陈寅恪先生在复旦公学读书时的情况，现在所依据的资料主要是蒋天枢先生选录的陈寅恪先生在"文革"中的"交代稿"，及蒋先生的一些推测："光绪三十一年乙巳（1905），先生十六岁，在日本……先生患脚气病，须异地疗养，遂回国，在家休养年余。"（1967 年第七次交代稿）"先生十八岁。先生插班考入复旦公学，似在本年春（引者按：即光绪三十二年丁未）。""光绪三十四年戊申（1908），先生十九岁。读书上海吴淞复旦公学。""宣统元年己酉（1909），先生二十岁。复旦公学毕业。"[1]实际上，陈先生的这些自述颇有记忆不准之处，蒋天枢先生 1970 年代末在编辑陈先生年谱时，囿于当时档案的开放情况，几乎没有利用旁证资料，直接以此为依据，也没有进行仔细的核准与考证，致使陈先生在复旦公学读书时的叙述依旧存有疏漏和舛误。后来诸多的研究者，包括卞僧慧先生的《陈寅恪先生年谱长编（初稿）》，[2]以及其他一些著作，都以讹传讹，沿袭了这里的疏失，只有陆键东先生利用了中山大学档案馆藏陈寅恪 1956 年所填的《干部经历表》，说陈先生是"次年（1905）秋天因脚气病回国，旋进入上海吴淞复旦公学攻读"。[3]

---

* 本文曾蒙复旦大学校史馆钱益民兄、复旦大学档案馆杨家润先生提供研究信息及惠赐相关资料，并承广东省委党校张求会教授详加斧正，特此致谢。

以下笔者根据在清末报刊上收集的有关资料，结合复旦大学、中山大学所藏有关档案资料，对陈先生在复旦公学读书这段时间的若干史实进行一些钩沉考辨，对学界更准确和翔实地了解在复旦公学求学时的陈寅恪，当有些许帮助。

一

要讨论陈寅恪与复旦公学的关系，必须先要讲陈先生父亲陈三立同复旦公学的关系。谈陈三立同复旦的关系，势必要从陈三立与复旦公学校董熊季廉的关系讲起。

根据陈三立为熊季廉写的墓志铭可知，熊季廉原来只是为罢官居南昌的陈宝箴所赏识，"叹为重器"，以弟子视之。后陈宝箴去世，熊季廉来吊唁，这是熊季廉与陈三立的首次相见，"由是交日密，言议意趣，益符契无间。两人者，交相引重，世亦颇知之"。[4]陈三立对熊季廉评价非常之高，"欲得志高而学勋、识沉而魄毅、砥德业堪世变如君，其人邈未之屡睹也"。[5]大概在 1900 年秋，熊季廉二十三岁时，熊曾找陈三立商量，决定到上海找严复，"执贽严先生门下"，陈三立特意写诗为之壮行。[6]之后，熊季廉在上海还写信向陈三立通报俄国对东北的侵略，陈三立了解后非常悲愤，又专门写诗志之。[7]

到了上海，熊季廉先给严复写信表达拜师之意，之后又登门造访，求严复收其为弟子。严复见熊季廉"丰采玉暎，言论泉涌"，"灼然知其为非常人也。叩其学，经史而外，历举明张太岳、王船山以对。讲道籀学，相得甚欢"。[8]严复对熊季廉非常欣赏，认为在四五知己之中，"就中爱我最真挚，屈指先数南昌熊"。[9]这时，严复同陈三立虽未谋一面，但应该是在熊季廉的介绍下，开始有了书信往还。[10]1903 年，熊季廉"赴会试河南，不第归。浸寻复去，居上海，从严先生游处讲肄"。[11]此后，应该是在严复推荐下，在南昌有过创办乐群学堂经验的熊季廉担任了新创办的复旦公学的校董。

1905 年底复旦公学正式开学一学期后，校舍与经费紧张，校董之间亦存在矛盾。恰恰又在阳历年末岁初，复旦校长马相伯奉江督周馥之命，先到南京劝谕学生停止罢课，稍后东渡日本，调停留学生反对取缔规则事，复旦出现一时无人负主要责任的局面。[12]鉴于此，校董袁观澜一度主张暂时停办复旦公学，后经过学生与各方面力争，复旦公学 1906 年初照常开学运营，并由"学界巨子"熊季廉接手复旦校事，"校务已公请熊季廉先生竭力主持"。[13]

但可惜的是，熊"于正月初四日设席于九华楼，邀请同人集议校务。是晚，未及赴席，而腹痛大作，不图一病不起，竟于三月廿九日晏然长逝矣"。[14]数天后，陈三立看到了熊季廉的绝命书，信中除了提及老母家人，还提到严复与陈三立这两位关系异常亲密的师友，于此可见熊季廉同严复、陈三立的交情。[15]陈三立曾形容熊季廉死后自己的感受："自君不幸而早死，郁郁谁语？精荒惚若有亡，感天道之茫茫，睨士趋之弥戾，益使余心腐气绝，侘傺颓放，一往而不反。呜呼！其非以君死之故耶？"[16]为此陈三立还写下一首沉痛的七律哀诗《哭季廉》，表达自己的痛苦："万鬼狰狞巨海隈，真成一夕碎琼瑰。平亭学术归孤愤，侘傺乡间见此才。听讲只余残月在，寻亲应带怒潮回。遗笈重叠藏尘箧，后有千秋未忍开。"[17]实际上，除了上引文之外，在诗文中，陈三立还曾多次提及或回忆熊季廉。[18]他甚至爱屋及乌，曾一并高看熊季廉之弟熊季贞，称赞其"器业匹难兄"。[19] 1906 年 7 月，陈三立见到同回上海休假的严复，"相见怅触，凄凉可知"，[20] 愈加思念熊季廉。

而熊季廉的去世，也让复旦公学的经济问题雪上加霜，几乎难以维持。[21] 于是，在为熊季廉"用情醲至"的陈三立发起下，[22] 包括严复、郑孝胥等与熊季廉关系深厚的热心人士，将复旦校事当作熊季廉未了的志业，开始商讨维持复旦之计。据郑孝胥记载，1906 年 7 月 19 日晚，严复与郑孝胥、张元济往愚园赴陈三立（伯严）之约，商讨维持复旦公学的事情，复旦学生代表、庶务长叶景莱等也参加了此次会议。[23] 经过与会诸人的努力，特别是依赖陈三立的热心奔走，复旦的此次"危业"得以化解，陈三立"为筹维持之术，既资以款，复为之解纷，使龃龉者无，遂至（止）于冲突"。[24] 大概正是在陈三立、严复等人的集体努力下，复旦公学获得了一宗物质捐助及三笔金钱资助，暂时缓解了经济危机。据当时的一则《复旦公学广告》所言，陈三立实际是先替复旦垫款使其度过危机的：

> 本公学蒙庞青城先生捐助物理、化学仪器十四箱，已照数祗领，敬此鸣谢。本公学因上学期经费稍有不敷，蒙陈伯严先生借垫洋一千元，顷又收到两淮赵渭卿都转筹拨库银二千两；江宁朱菊尊方伯筹拨库银三千两。除分别禀复外，谨登报鸣谢。[25]

后来在陈三立等努力下，复旦公学又获得时任两江总督端方的常年经费支持，从 1907 年农历正月开始，每月拨款洋两千元，约合银一千四百两。[26] 但据叶景莱叔父叶瀚所言，此次复旦所获拨款是"陈三立感景莱等之苦志"，向江督端方请求拨"助校费岁二万金"。[27]不过，很明显，陈三立愿意出手相助复旦，是为了安慰亡友熊季廉，所以先替复旦校方代表叶景莱在端方那里作了疏通，然后再由叶景莱等人提出拨款请求，叶瀚这里有些夸大叶景莱的作用。[28]

二

明白了陈三立与熊季廉、熊季廉同复旦公学的关系，我们就可明白，在当时上海诸多学校中，陈寅恪为何会到稍显偏远的吴淞复旦公学读书了，主要是因为父亲的至交好友熊季廉在复旦分担管理之责的缘故。但陈寅恪是什么时候进入复旦公学读书，又是什么时候离开的呢？杨家润先生根据复旦大学档案馆珍藏档案及中山大学档案馆所藏陈寅恪自填"本人简历"等资料互证，认为陈寅恪是1905年秋季（乙巳七月）进入复旦，1909年秋季离开复旦，其间并未获得毕业文凭。[29]对于陈寅恪先生离开复旦的时间，在没有发现更多新资料之前，笔者基本赞同这个考证。但对于陈先生在自述中所言的一些事情，还有必要进行一番考辨。

陈寅恪先生自谓他1905年在日本患脚气病回国，"在家休养年余"，那么似乎不大可能在1905年9月中旬复旦开学时，就进入复旦读书，而他那时确实已经在复旦了。因之，陈先生此处的自述或属误记，他并没有在家"修养年余"。其实陈寅恪先生1956年在填写"本人简历"时，就没有说自己曾在家养病"年余"，也没有说自己是从复旦公学毕业的："1904年春起，1905年秋止，在日本东京巢鸭弘文学院高中读书，因脚气病回国。1905年秋起，1909年秋止，在上海吴淞复旦公学读书。"[30]

那么陈先生是正式考入复旦的学生吗？根据笔者看到的资料，复旦公学立校后，它最早的招生广告刊载在《时报》《中外日报》等上海报刊上。[31]据有关广告可知，在张园复旦公学事务所，严复和马相伯共同主持了复旦公学的招生考试，以补录四十名新生。[32]这是复旦公学的首次招生，实际录取了五十名新生，比原来计划的招生名额多了十人，复旦校方同样将录取名单登报公布。[33]再者，根据《复旦公学考试等第名册》，[34]这五十名新生应该被分为"丙班"——高陈寅恪的"丁班"一级，如金氏三兄弟（问泗、问源、问洙即通尹）等。故此似可推测，陈寅恪应该没有参加这次招生考试。如果他真的能够在该年秋季开学就进入复旦，那只存在一种可能，他是半路进去的、没有经过正式考试而补录的"插班生"。但这个"插班"却非陈先生自述中讲的——他是"插班考入上海吴淞复旦公学（高中程度）"（第七次交代底稿）。[35]事实上，复旦公学开始有正式的插班生考试是在1906年夏季，此为复旦公学的第二次正式招生，因为"课堂不敷，暂停招新班"，计划只招收三十余名插班生，根据程度分插到各班学习。[36]此次插班生招考的录取名单亦在报上公布，同样没有陈寅恪的名字。[37]而最晚在1906年上半年的复旦师生捐款清单中，陈寅恪的名字已经出现（详后），这也说明陈寅恪并非是通过学校正式的插班生考试入校的，有可能是在开学一段时间后参加临时的插班考试而进入的。

笔者同样没有在复旦公学任何一次的录取名单备案中发现陈先生的同班同学、著名科学家竺可桢的名字，他入读复旦公学的情况可能与陈寅恪类似，同样没有经过正式的考试，亦没有到毕业就提前离校了。这也表明当时上海各校招生其实并不严格，而且录取学生中经常有不报到情况，而学生提前离学别去的现象更是比比皆是，复旦即存在此类问题——招生人数虽多，能够坚持到毕业的则寥寥无几。由此，我们或可推断，像陈寅恪和竺可桢这样能够进入复旦就读，可能经过一些与校方熟悉的亲友推荐、说项，面试即可，或许并不需要太过正式的"插班生"考试。与复旦公学关系密切的陈三立好友熊季廉，应该是陈寅恪就读复旦公学的主要因素。

三

接下来，我们要谈论一下陈寅恪在复旦就读时的一些情况。道及陈先生在复旦公学情况的最直接资料，笔者共发现有三处。

先说第一处资料。1906年4月9日起，湖南各处阴雨连绵，湘江泛滥，各地开始遭遇水灾威胁，"百年以内所未有者"。[38]基督教会开始呼吁为湖南募捐救灾，并希望报馆宣传水灾情形，再请"开募捐款"。于是包括上海在内的各媒体及商界、慈善界，纷纷在报上刊登声明响应，号召捐款；湖南巡抚、湖南农工商务局、湖南士绅等纷纷致电全国各界，呼吁救援。上海乃至全国各界人士也积极回应，为之捐款，复旦校董曾少卿也是一个积极的募捐组织者。具体捐款情况及湖南灾情报告，《中外日报》都进行了很详细的登录与报道。不过，在这一时期的募捐活动中，热心捐助的人主要是绅商两界及各善堂善会，包括基督教会，学界中人并不很积极，只有尚贤学堂捐了59元，[39]其他学界领袖及各学堂并未参与。稍后，办学经费紧张的复旦公学作出了自己的贡献，包括陈寅恪在内的复旦师生113人也向湖南水灾进行了捐款，捐款清单亦刊登在《中外日报》的特别广告栏。[40] 从清单中可以看出，包括叶景莱、于右任、李登辉、张汝楫、林孟沧、陈寅恪、钱智修（经宇）等在内的复旦师生，为湖南水灾捐款 108 元，其中教务长李登辉捐款最多，为 15 元，教师叶景莱、张汝楫各 2 元，林孟沧、于右任、邵力子（仲辉）等 1 元，陈寅恪、钱智修等学生各 1 元，金问洙等半元。复旦公学捐款清单在报上刊出后，上海其他学堂如圣约翰书院、南京达材学堂、养正学堂、浙江高等学堂等也纷纷为湖南水灾捐款，捐款清单同样登录在《中外日报》的"本馆特别广告"栏。

第二处关于陈寅恪的材料，同样是《中外日报》上刊载的一则捐款清单，这次是为 1906 年年底发生的淮徐海——淮安、徐州、海州（即今连云港、盐城、宿迁一带）水灾捐款。这次，李登辉、周益卿、张汝楫等八位复旦教师各捐助"十一月修金一成"，共 130 元大洋，庶务长叶景莱捐款 12 元，林孟沧等各 3 元，邵力子、金问洙、孙建寅、陈寅恪、钱智修等人各捐一元；复旦师生员工 106 人，共捐款 302 元。[41]

这两次捐款发生时，正是监督马相伯淡出复旦，[42] 学校财政处于危难之际，甚至可能已经出现欠薪问题。[43]但在叶景莱、林孟沧等一批教师带领下，师生共济危局，亦积极参与社会公益事业，以为复旦换取更多外部社会的支持。这两次的水灾捐款，或是证明。这两则捐款清单还可以表明，少年陈寅恪与复旦师生对于复旦校事及社会公益事业也是比较热心的。

第三处材料是陈寅恪在1908年夏考时的一则成绩单。根据复旦大学档案馆藏的《复旦公学考试等第名册》，[44]此时陈寅恪、竺可桢、钱智修同在丁班，丁班生共21人。陈的夏考成绩九十四分二，竺为八十六分六，钱为七十七分九，其余18人的成绩分别为，曾宝权九十四分二，[45]万培基八十八分九，高丙炎八十五分九，夏传洙八十五分八，刘本初八十一分二，刘伯雄八十分八，任传鹤七十九分三，张兴祖七十七分八，张纪常七十六分六，丁邦藩七十六分三，吴贻椠七十五分五，金镇海七十四分九，张锦诚七十四分八，任传薪六十九分五，沈文六十五分八，施允尧六十四分九，陆敬修六十二分六，苏杰四十分八。

有意思的是，上述这则资料及所谓《复旦校刊》第108期（1984年2月24日）上刊出的陈寅恪、竺可桢的成绩单，都没有说这是他们的毕业成绩，但《陈寅恪先生年谱长编（初稿）》的作者却据此判断陈寅恪"是年（1909），先生以第一名毕业于上海复旦公学"。[46]这样的表述就有点问题了。从光绪三十四年（1908）复旦公学有第一次毕业生起，到宣统三年（1911），共有四批次毕业生57人，其中没有陈寅恪、竺可桢的名字。而陈寅恪、竺可桢的丁班同学如钱智修、任传鹤、任传薪、万培基、张锦诚、金镇海、高丙炎、夏传洙等，另外还有陆懋功、沈机、朱景宽、李宗棠等没有1908年夏考成绩的丁班同学，他们都属于第四次毕业生，在宣统三年夏毕业，最后共毕业 12 人。[47]综合相关材料可知，陈寅恪其实并没有完成在复旦的学业，而是提前于 1909 年夏天离开复旦，这也与其所填写"本人简历"相符。因此，在宣统二年（1910）下学期的《江苏省宝山县公立复旦学堂一览表》中，就不会有陈寅恪的名字，却有他的丁班同学钱智修、夏传洙、高丙炎、金镇海、陆懋功、沈机、朱景宽、任传薪、任传鹤、万培基、张锦诚、李宗棠的名字，还有陈坚的名字，他们这届同属于最高级——高等三年级。[48]

在当时陈寅恪的先后同学中，颇有知名于世者，除了竺可桢、钱智修、金通尹（1908 年夏考成绩为九十八分二）外，著名者还有周越然（之彦），他是 1907 年夏季以第一名的成绩录取的，[49]但 1908 年这次夏考却没有他的考试成绩，前四届毕业生中也没有他的名字。另外还有梅光迪，他在庚班，考试成绩为八十九分八，是 1908 年初被复旦录取的。[50]梅光迪亦没有完成在复旦的学业，他于 1910 年即考取留美学生，赴美留学，同时考取者共 272 名，包括竺可桢、胡适、赵元任、张彭春、胡明复（胡达）等人，还有处在"丙班"的复旦公学学生杨维桢等。[51]

在陈寅恪的这些先后同学中，写有回忆曾忆及复旦生活的有竺可桢、周越然、金通尹、朱德高（彦卿）、"戊班"学生薛祐辰等人，其中竺可桢 1947 年底在参加完原复旦公学教务长暨原复旦大学校长李登辉的追悼会后，于回忆中提及陈寅恪："余至青年会四楼参加复旦同学会发起之李登辉先生追悼会……余在复旦时间甚短，只一年，在第四班。而李先生时为总教习，即教务长，严几道及夏晋（应为"敬"，引者注）观相继为校长……时在宣统元年、光绪卅四年之交……当时余同班有陈寅恪、钱智修（经宇）、曾昭权，余人已不能记忆。金通尹昆仲似比余等较高一班……"[52]结合前文的讨论，可以说，竺可桢这里的回忆基本没有错误。

再据丁班学生的姓名册上的记载，我们可知竺可桢等人的确切字号、年龄、籍贯、曾祖父及祖父父亲名、住址、入校时间等信息："陈寅恪，十九，江西义宁，伟琳、宝箴、三立，南京中正街，乙巳七月；高丙炎（嵩山），二十四，江苏丹徒，士洪、同庚、汝楫，扬州苏唱街，丙午正月；钱智修（经宇），二十六，浙江嵊县，宏道、谟楷、崇鼎，长乐镇，乙巳七月；竺可桢（烈祖），十九，浙江会稽，宏毅、大冈、嘉祥，东关镇，戊申正月；任传鹤（守梅），二十，江苏震泽，振勋、酉、兰生，同里镇，丁未七月……"[53]

复据前引《江苏省宝山县公立复旦学堂一览表》中的各生入学时间说明，我们也可以知道有关各生的入学时间等信息，如钱智修、夏传洙、陈坚三人是"光绪三十一年七月入堂"，他们应该与陈寅恪是同期入学，高丙炎、金镇海、陆懋功是"三十二年正月入堂"，沈机是"三十三年正月入堂"，朱景宽、任传薪、任传鹤是"光绪三十三年七月入堂"，万培基、张锦诚、李宗棠更晚，是"三十四年正月入堂"。再据不同时间报上刊载的复旦公学录取新生名单可知，金镇海是1906年8月录取的，[54]曾宝权是1907年3月录取的，[55]张纪常、朱景宽是1907年8月录取的，[56]张锦诚、万培基、苏杰等是1908年2月录取的，[57]他们都和陈寅恪同在丁班。这些录取广告同姓名册上的记载，除金镇海的入学时间矛盾待考外，其他并无出入。

四

讨论及此，问题又出来了，为什么早入学的陈寅恪能与不同时间入学的同学，甚至较他晚入学两年半的竺可桢等人同班呢？如上所述，陈寅恪应是 1905 年秋季"插班入学"，按理，他当时应该跟随金通尹所在班学生一起就读，就是所谓的"丙班"，但可能是因为陈先生入学时被认为程度不够，故而才能与晚他两年半入校的竺可桢、李宗棠、万培基、张锦诚、苏杰同班。[58]由此，也涉及当时复旦公学的分班依据问题。

据宣统元年（1909）公布的《复旦公学章程》所说："本公学之设不别官私，不分省界，要旨乃于南北适中之地设一完全高等学校，俾吾国有志之士得由此研究泰西专门学术，底于有成，应定为公立高等学校，一切章程详请两江总督宪咨。"[59]事实上，虽然这里标榜研究"泰西学术"，但在复旦公学实际的课程建制及规划中，它都是以传统经史之学与外语为主，招收的学生像于右任、邵力子等，颇不乏有秀才功名者，十六岁的陈寅恪在这样的学校环境中，自然优势不大。而查阅不同时间的《复旦公学章程》，均有如下的分班标准："本校各班课程系按照进步等差，预行编定。学生于入校之时，由教务长及各教员察看程度，分别插班，所有编定各学科，学生不得随性所好要请变更。"[60]又据复旦公学 1905 年 8 月的招生广告所言："本校学程现定预科四年（一为实业专门之预备，一为政法专门之预备，期可直接大学），专科二年。"[61]这样的学制规划主要应该出自校董严复及监督马相伯的规划，之后在 1907年严复担任复旦监督后得以沿袭。陈寅恪以先入学的资格进入的班级应该是"预科四年"班，或表明当时他在有关教员那里看来，程度不高，"就其所学程度插班，不限先后资格"，[62]所以他不得不与后来的同学同在丁班，而在丁班，他的成绩名列前茅，如果正常的话，就该在1909年秋入"专科"，在1911年毕业，正符合复旦招生广告中所言的"预科""专科"共六年的说法。

较之竺可桢等先后同学都参加复旦校友会活动、撰文回忆复旦生活的行动，陈寅恪在离开复旦后几十年时间，则绝少道及他的复旦求学经历，且未成为复旦同学会的会员（竺可桢等人则是会员），亦未参与过复旦校友会的活动，[63]但在晚年由夫人代填的"本人简历"中，陈先生却清楚记得自己在复旦的读书时间，还在证明人栏列出"竺可桢"的名字，说其任职"中国科学院副院长"，系自己"在复旦同班同学"。陈先生在"文革"期间的交代稿中，也大致记得复旦时的一些求学情况，只可惜已经有点不够准确了。交代稿中的叙述被蒋天枢先生写进《陈寅恪先生编年事辑》，流传甚广，影响了后来诸多的研究者。希望这里的补正能有助于学界更准确地认识陈先生在复旦公学求学时的这段历史。

注释

〔1〕以上引文均见蒋天枢：《陈寅恪先生编年事辑（增订本）》，上海古籍出版社1997年版，第23—27页。

〔2〕卞僧慧：《陈寅恪先生年谱长编（初稿）》，中华书局2010年版，第53—54页。

〔3〕陆键东：《陈寅恪的最后20年》，三联书店1995年版，第14页。

〔4〕陈三立：《南昌熊季廉墓志铭》，《散原精舍诗文集》下册，上海古籍出版社2003年版，第875页。标点有所更改，下引文同。该文原

名为《清南昌熊季廉解元墓志铭》，曾被收入《清南昌熊季廉先生墓志铭》（上海图书馆藏，具体出版信息不详，应为民初版，无页码）。

〔5〕陈三立：《南昌熊季廉墓志铭》，《散原精舍诗文集》下册，第875页。

〔6〕马卫中、董俊珏：《陈三立年谱》，苏州大学出版社2010年版，第253页。

〔7〕陈三立：《得熊季廉海上寄书言俄约警报用前韵》，《散原精舍诗文集》上册，第13页。

〔8〕《熊生季廉传》，王栻主编：《严复集》第2册，中华书局1986年版，第273页。

〔9〕《赠熊季廉》，《严复集》第2册，第364页。

〔10〕《与熊季廉书》（五），孙应祥、皮后锋编：《〈严复集〉补编》，福建人民出版社2004年版，第232页。

〔11〕陈三立：《南昌熊季廉墓志铭》，《散原精舍诗文集》下册，第875页。

〔12〕马相伯是1905年12月底到南京，在1906年年初受周馥委派赴日，"安抚三江留学生，劝令照常上课，勿附和罢学归国之议"。参看《江督派员赴日安抚学生》，《中外日报》1905年12月31日，第2版；《纪苏绅莅宁劝谕学生事》，《时报》1906年1月5日，第3张。

〔13〕《复旦同学诸君公鉴》，《时报》1906年2月1日等期，论前广告；《中外日报》1906年2月1日等期，论前广告第1版。

〔14〕《追悼会员》，《寰球中国学生报》第1期（丙午五月），第38页。

〔15〕陈三立：《南昌熊季廉墓志铭》，《散原精舍诗文集》下册，第875页。

〔16〕陈三立：《南昌熊季廉墓志铭》，《散原精舍诗文集》下册，第875页。

〔17〕陈三立：《哭季廉》，《散原精舍诗文集》上册，第182页。该诗原名《哭南昌熊季廉》，发表在《寰球中国学生报》第2期（丙午七月），第48页。两处字句略有出入。

〔18〕《散原精舍诗文集》上册，第68、79、81、137、195、239页。

〔19〕陈三立：《熊季贞过宿赠其北行》，《散原精舍诗文集》上册，第587页。

〔20〕《与熊季贞书》（1906年7月20日），《〈严复集〉补编》，第276页。

〔21〕关于复旦办学经费的收支及缺口情况，可参看《复旦公学丙午上学期收支报告》，《中外日报》1906年7月11日，论前广告第1版。

〔22〕严复：《与熊季贞、熊文叔书》（六）（1906年8月5日），《〈严复集〉补编》，第278页。

〔23〕劳祖德整理：《郑孝胥日记》（第2册），中华书局1993年版，第1049页。

〔24〕《与熊季贞书》（1906 年 8 月 5 日），《〈严复集〉补编》，第 278 页。标点略有更动。

〔25〕《中外日报》1906 年 8 月 20 日等期，论前广告第 1 版。

〔26〕《江督端致复旦公学电》，《中外日报》1907 年 3 月 26 日，第 1 张第 4 版。

〔27〕参看叶瀚：《叶景莱行略》（续），《神州日报》1909 年 11 月 27 日，第 4 页。

〔28〕有关陈三立同端方关系，可参看马卫中、董俊珏：《陈三立年谱》，第 282—283 页。张求会教授提醒我：陈三立与朱昌琳、朱菊尊父子为戊戌湖南维新时期之旧友、同志，且陈三立可能加入过端方幕府。

〔29〕参看杨家润：《陈寅恪复旦公学求学考》，复旦大学校史馆编：《校史通讯》2008 年 9 月 8 日，第 2 版。

〔30〕中山大学档案馆藏陈寅恪档案，蒙杨家润先生提供。

〔31〕《复旦公学广告》，《时报》1905 年 7 月 22 日，第 1 张第 1 页；此广告亦见《中外日报》1905 年 7 月 23 日，论前广告第 1 版。这些广告在报纸上都是多日重复刊登的。

〔32〕《复旦公学广告》，《中外日报》1905 年 8 月 18 日，论前广告第 1 版；此广告又见《时报》1905 年 8 月 21 日，第 1 张第 1 页。

〔33〕《复旦公学考取新生全案》，《中外日报》1905 年 8 月 29 日，论前广告第 1 版。

〔34〕复旦大学档案馆藏，ZH0101-2。

〔35〕蒋天枢：《陈寅恪先生编年事辑（增订本）》，第 25 页。

〔36〕《复旦公学招考公告》，《中外日报》1906 年 7 月 11 日，论前广告第 1 版。

〔37〕《复旦公学录取新生案》，《中外日报》1906 年 8 月 20 日，论前广告第 1 版。

〔38〕《西访函述湖南水灾情形》，《中外日报》1906 年 5 月 23 日，第 3 版。

〔39〕《湖南水灾赈款》，《中外日报》1906 年 5 月 21 日，第 1 版。

〔40〕《湖南水灾赈款》，《中外日报》1906 年 5 月 25 日，第 1 版。

〔41〕《淮徐海水灾赈款》，《中外日报》1907 年 1 月 8 日，第 1 版。

〔42〕这时的马相伯仍为复旦名义上的监督，但根据马相伯自谓，他在 1905 年底即不实际参与复旦事，辞职时间当在 1906 年年末："复旦公学去秋开校至年终，仆于银钱言定不问不用，所有修屋置器及教

员俸等九千余两，均由曾少卿先生津贴，理当代为鸣谢，今年校事一切均未过问。马良启。""马相伯通信处"广告，《时报》1906年11月18日，论前广告。

〔43〕据《申报》后来的报道，有曾任教复旦的西洋女教习控告马相伯欠其薪水三千金。参看《教员追索束修》，1907年4月14日，第19版。

〔44〕参看复旦大学档案馆馆藏：《复旦公学考试等第名册》，ZH0101-2。

〔45〕据复旦的录取名单可知，曾宝权是1907年初被录取的。参看《复旦公学录取新生案》，《中外日报》1907年3月8日，论前广告第1版。

〔46〕卞僧慧：《陈寅恪先生年谱长编（初稿）》，第54页。

〔47〕参看《复旦公学章程》，复旦大学档案馆藏，ZH0101-6。

〔48〕复旦大学档案馆藏，ZH0101-4，第1—2页。

〔49〕《复旦公学取录新生》，《中外日报》1907年8月24日，论前广告第1版；《复旦公学取录新生》，《神州日报》1907年8月24日，第1页；周越然：《追忆先师严几道》，《杂志》1945年8月号，第15卷第5期，第15—18页。

〔50〕参看《复旦公学录取新生广告》，《时报》1908年2月21日，论前广告。

〔51〕其中，胡适、竺可桢、杨维桢等70名成绩较好者直接赴美，梅光迪等200人先进预备学堂学习，次年留美。《考试留美学生草案》，《申报》1910年8月5日，第5、6版；《考试留美学生草案》，《神州日报》1910年8月6、7日，分别在第3页。

〔52〕《竺可桢日记》，1947年12月21日条，《竺可桢全集》（10），上海科技教育出版社2006年版，第615—616页。

〔53〕复旦大学档案馆珍藏档案，无编目。杨家润先生提供。

〔54〕《复旦公学录取新生案》，《中外日报》1906年8月20日，论前广告第1版。

〔55〕参看《复旦公学录取新生案》，《中外日报》1907年3月9日，论前广告第1版。

〔56〕根据当时的录取名单，张应该在该年9月入学。参看《复旦公学取录新生》，《中外日报》1907年8月24日，论前广告第1版。

〔57〕参看《复旦公学录取新生广告》，《时报》1908年2月21日，论前广告。此张锦诚应该是胡适在澄衷学堂时的同学兼契友，当时胡适在复旦还有一密友郑仲诚（璋），胡适自己还去吴淞复旦游览过、

会过郑仲诚。参看胡适：《澄衷日记》，曹伯言整理：《胡适全集》
（27），安徽教育出版社 2003 年版，第 47、51、6、39 页。陈寅恪和
胡适这一时期也许就已经认识，或在生活中有了一定的交集。

〔58〕但据这时报上公布的新生名单，有梅光迪、苏杰、万培基、张锦诚
这些人名字，却没有竺可桢、李宗棠的名字。参看《复旦公学录取
新生广告》，《时报》1908 年 2 月 21 日，论前广告。

〔59〕《咨送复旦公学厘定章程，请察核转详准予咨部立案由》，复旦大学
档案馆藏，ZH0101-3，第 1 页。

〔60〕分别见《复旦公学预行声明简章》，《中外日报》1908 年 2 月 19 日，
第 3 张第 1 版；《咨送复旦公学厘定章程，请察核转详准予咨部立案
由》（1909），复旦大学档案馆藏，ZH0101-3，第 2 页。此分班原则
也基本被延续到民国初年的《复旦公学章程》中，参看《复旦公学
章程》（1913），复旦大学档案馆藏，ZH0101-6，第 1 页；《复旦公
学章程》（1915），复旦大学档案馆藏，ZH01101-5，第 1 页。

〔61〕《复旦公学广告》，《中外日报》1905 年 8 月 18 日，论前广告第 1 版。

〔62〕《复旦公学章程》（1905），收入复旦大学校史编写组编：《复旦大学
志》，复旦大学出版社 1985 年版，第 68 页。

〔63〕参看刘百年编：《复旦同学会会员录》，1933 年，其他出版信息不
详；《复旦同学会会员通讯录：三十六年夏》，1947 年，其他出版信
息不详，上海图书馆藏。

（原发表于《中国文化》2013 年春季号）

言行之间[*]

——严复与复旦公学

在已往关于严复的研究中，有一些著述涉及严复与复旦公学的关系问题，[1]但这些著作（也包括很多学者所编的严复年谱、年表，乃至复旦大学的校史）对严复任职复旦的情况及辞去复旦公学监督的具体原因，皆语焉不详；对严复信函和行迹的日期也未加详细考辨，有不少的误用、误引。笔者这里根据新发现的几篇严复佚文，以及严复在复旦公学任监督时的相关资料，在既有研究的基础上，来重新审视严复与复旦公学的关系。[2]借此希望能纠正以往严复研究中存在的多关注其言论表达而不注意结合其实际行动、以严复之是非为是非的情况，亦可为严复的若干信函及行迹考订时间，进一步深化对严复的研究，同时还可以弥补复旦大学校史记载和研究中的空白。

一、复旦肇建

在官场发展不顺，暂居沪上的严复早有办一学校的打算。

* 本文主要内容先后曾发表于《历史研究》2009 年第 2 期、《复旦学报》2014 年第 1 期。这里利用最近几年新发现的材料，作了大规模的补充修正，文字增加近一倍。另外，文章曾蒙《历史研究》《复旦学报》两刊的匿名审查人及上海社科院历史所周武教授、中国社科院近代史所马忠文教授、"中研院"近史所黄克武教授等师友的指点与斧正。在此一并致谢。

1904 年 8 月 3 日，他曾写信给爱徒熊季廉诉说眼下志向，"复之私心，则欲于东南择地，自立私学，与百十同志为入穴得子之计"。严复并透露他的计划得到张元济、夏曾佑等人的大力支持，"菊生、穗卿、香海诸公，皆极欲赞成此事也"。他打算"先立团体，次议办法"后，大家"分头募化，择地起堂"。[3]1905 年 3 月 1 日，受到张翼怂恿而去欧洲为之诉讼的严复在巴黎时写信给张元济，认为当下就其本身能做的事情来讲，"只有开报、译书、学堂三事，尚可奋其驽末"。[4]此办学心愿，严复应该也向一些友人如蒋维乔等提起过。

1905 年 3 月初，因教会"废英文重法文，教育各权皆掌之西教习"，[5]加之震旦学院华人教员内部发生倾轧，全体学生退校，震旦学院解散。蒋维乔立刻想起严复"渠本有在沪组织一学校之意"，遂马上提醒张元济此事，张也觉得"乘学生未散"，的确为不错的办学机遇，就"驰函"给尚在欧洲漫游未归的严复，述说此事，"嘱其回来办一学校，以使震旦学生无失所"。为此，蒋维乔、张元济还游说蔡元培去找马相伯商量此事，蔡元培在"往与马计议此事"后，才了解"震旦学生代表叶某欲仍向教会商议要求英法文并重，而以马湘伯依旧总持教育权"。[6]

从马相伯带学生脱离旧震旦开始，上海各界就非常关注此事。[7]陈景韩在《时报》上还专门发表评论说："此为学界公益之事，国家前途之望"，"凡有子弟者，无一不宜协助，凡有人心者，无一不宜协助，财者助以财，能者助以能，力者助以力"，鼓励各界合力建成新震旦学院。[8]在各界鼓励支持下，马相伯带领学生准备抛开天主教会另立新学校，并发电报给严复，希望严复返国后能"合办新学院"。[9]

震旦退学事也引起两江总督周馥注意，周馥为此专门发电报给苏松太道袁树勋（海观），询问有关情况："震旦生退学，闻因教习不允添课，马欲另建一校，确否？如该生等，果系可造，或拨官款，暂赁校舍，俾免逃散"，并要袁树勋查明后回复。袁树勋也迅速回电，将震旦事件的来龙去脉告诉周馥：

> 震旦生退学事，饬员查复。该学堂设已两年，课程中西并重，教习系教士充当，所授格致、化炼各科，均用英法两国文字。学生程度颇高，主张爱国宗旨，不肯入教。近因法文教习南君忽议裁去英文，专以法文教授，意欲以教务侵入。学英文者既无所适从，习法文者亦惧教会侵入，颇不满意。后马因此辞退，遂亦退学。现该教习允复英文，惟不许马进院干预学务。诸生以学堂由马创，非马势难久持，乃散各处，意图重建改良等语。

袁的电文最后且说："查震旦生能知爱国，恪守宗教，实为难得，自应遵谕设法维持，晤商马君，如何定办，再禀。"[10]

或许是受到时论、周馥及上海道（苏松太道）对震旦退学事件态度的影响，或许是出自自发的组织，时在上海之绅商如张謇、王丹揆、曾少卿等，也纷纷关注该事件，计划成立新震旦解决问题。他们于二十日（1905 年 3 月 25 日）一起在一品香聚会，推选马相伯为新校校长，并讨论筹措资金办法，商借吴淞陆军公所为暂时校舍，且立即电请两江总督周馥等人，希望得到批准，而周馥等也立即回电，答应会就借用事同军方进行讨论。稍后不久，军方即答应将驻军一律迁走，公所暂借与学生。[11]只是鉴于"行台为外海各营会议之区，不便久假，而学堂则因屋宇住舍嫌少，本系暂为之计"，军方同马相伯、张謇、王丹揆等商定，只借一年，学校需要赶快购地扩建学堂。[12]这时允诺担任新震旦董事的张謇，已"为震旦已散学徒筹款得万元"。[13]随后，新震旦之创办进展迅速，上海道及各绅商亦表示愿意出钱资助，[14]并打算在四十亩吴淞公地上为之建设新校舍；江督周馥且派陈季同前来上海，筹划有关事宜；主事者一度有将之改名为"乐群公学"之议。[15]

目睹此情形，陈景韩在《时报》上又赞扬道："此次新震旦之成立，官与绅俱有力焉，不争意见，不生疑忌，上下一心，更近日新事业中所寡有者。苟能事事如此，中国前途未必无望！"[16]但也有时人在旧震旦解散之初，震旦师生及诸热心绅商向江督请求援手之时，即发表评论对此行为不以为然：

> 诸君独立之精神，与向学之苦衷，当无人不佩服者矣。然余谓有百余英锐青年之团体，有何事不可为，况区区觅一校舍？（有百余学生，有热心教师，无形之学校已成。）而必赖官场为赞助，甚不可解，得毋为经济之故乎？

进而，该评论还以之前南洋公学退学师生另立爱国学社为例子，表明办学"未尝借官力为之引援"，也可以成功，现在新震旦接受官方资助，与震旦师生退学之志"未合"，预言将来"必自予官场以干涉之路"。[17]

之后，候补道曾铸、施则敬等人禀请周馥，请求为新震旦拨款每年一万金，以保障复旦收入的"经久"，而周馥根据袁树勋的回复，也认为"该书院办理数年，颇著成效，自应力与维持"，批复江藩司会同上海道、学务处迅速为新震旦之建设筹措经费。[18]但上海道库并无款可拨，后袁树勋又禀请周馥，让南京、苏州两藩司、学务处迅速合拨一万两白银，给新震旦作经费。[19]

新的震旦本计划改名为复旦，但新震旦突然呈给周馥一份震旦学堂章程，致使周馥产生疑惑，在复旦公学开学之际，专门发电向上海道询问新震旦与复旦的关系。[20]事实上，马相伯带领学生脱离震旦之时，曾一度宣布"震旦学院"停办，[21]经"全体签名解散，旧时院名同日消灭"。[22]但仍有部分震旦教习出面维持学校，不点名批评马相伯带学生出走之行为，号召学生返校继续求学。[23]只是效果似乎不佳，故此，天主教会主动同代表新震旦的张謇、曾少卿等人沟通、商议，建议新震旦学校仍由徐汇天主教会办理，并草拟九条合同表达合作诚意，但未得到张、曾赞同，久决不下。最终，由副主教丁出马，"再四熟商"，张謇也认为"多一学堂，未始无益"，答应帮助原震旦公学复校。丁主教询问张謇这样做是否意味着新复旦不再开办，张謇则回答说会继续创办复旦公学，而此公学"系中国自办学堂，更责无旁贷，必合力图成，与教会乐与人为善之宗旨，当不相背"，由此决定教会继续袭用原震旦校名，新震旦另改为"华人自主之学校"——复旦公学。[24]

确定两校分办后，复旦校方随即发布告白，宣布作为酬谢，原震旦校舍赠予教会；其余一切文具、书籍、标本等物品也早已带走，"一应器具暨书籍、标本早经迁出"，与教会"毫无杯葛"；且震旦公学名字已经不再使用，在原址新建之学校是否沿用旧名，与原震旦公学丝毫无关，"旧时院名，久已消灭，此后倘有就旧基重行建设者，无论袭用旧名与否，与旧时震旦殆毫无关"。[25]

同时，天主教会方面也运动张謇、曾少卿等成为新震旦的校董，并主动让步，与校董会"公订校章，申明不涉宗教，西人专司教授，管理则归华人"。[26]随即，新震旦公学立即刊登广告表示，学校已经新请"教育之人"为本院"名誉赞助"，学校会继续以震旦名义开学。[27]稍后，又发布了震旦学院招考广告。[28]作为回应，复旦方面也立即登报，声明震旦名义已经被人袭用，之后与己无关，所有海内外函件，不要再寄往新震旦公学，而改寄复旦新址。[29]

依靠官绅商合力，复旦公学顺利创设。立校伊始，马相伯便请包括张謇、严复在内等二十八位名流担任复旦公学校董，以便让他们为学校募集资金，筹建新校舍，提高学校声望，并能参与到复旦校务的管理。

而在5月从欧洲回到上海后，严复也积极参与了复旦公学的创办。他不但答应亲自担任复旦校董，还可能成功推荐了在南昌有过创办乐群学堂经验的得意门生南昌人熊季廉（元锷）成为复旦校董。随后，严复还居首署名，同其他二十七位复旦校董发出《复旦公学集捐公启》，述说复旦成立之来由及其意义，号召各界为复旦建造新校舍募捐。[30]严复这时还从落实办学经费方面考虑，为复旦拟订了复旦公学管理办法、课程即《复旦公学章程》文件，尽管严复担心章程未必"切于事情"，只能"备发起诸公采择损益而已"，可他还是认真负责，感觉"须作到如此，方为正办"。[31]而据当时《时报》《中外日报》等报刊上刊载的《复旦公学广告》也可知，严复与马相伯一起为复旦"评定"了教授法、管理法，"本学教授法、管理法由严几道、马相伯两先生详定；并请校董熊季廉、袁观澜两先生分任管理之责"。[32]在张园对面爱文牛路复旦公学事务所，严复还和马相伯共同主持了复旦公学的招生考试，"上午八点钟至十二点钟考汉文，已习西文者下午两点至五点加考一次"，以补录四十名新生。[33]这期间，鉴于严复的办学志向和在复旦创校过程中所扮演的角色，曾有不少人建议严复担任复旦公学"总教"，然而严复担心"主意人太多，恐力不下"，故辞而不受。[34]

新复旦本预计 8 月 31 日（八月初二）开学，但因"教员寝室尚未修整"，"学生亦未到齐"，故改到 9 月 4 日（八月初六）开学，另外由于屋舍不够，还拟再租住附近房屋。[35]然而 9 月初的一场雨灾，让"复旦学院寄宿所坍墙一堵"。[36]直到 1905 年 9 月 10 日，一度又因月初风灾、雨灾延迟的复旦校舍修复工作，终于竣工。[37]校方遂决定于 14 日下午两点正式开学，[38]并在开学当日刊登广告进行确认和宣传："本公学于本日下午二句钟行开校式，敦请名流演说，并蒙校董萨鼎铭假军乐全部，务请学界同人暨热心教育诸君子惠然贲临，藉增光宠。谨此代东诸希公鉴。"[39]为了庆祝复旦此次开校、开学，为观礼之人提供便利，淞沪铁路方还为此进行了调整，特意在客运火车来回经过复旦时，均停车五分钟。[40]

综合当时亲历现场的《南方报》《时报》记者对复旦开学典礼的报道可知[41]：复旦此次"开校典礼"在下午二时举行，先由萨鼎铭部军乐队奏"开校军乐"，接着校长马相伯发表了演说，马相伯以泰西来沪的马戏团作比喻，说虎豹狮象犹可教育，人难道不如虎豹狮象？借此来阐述教育的重要性。随后，作为校董及"名誉教员"的严复也发表了演说，大意为"中国员幅日狭、民族日凋，不畏外强之侵凌，须忧吾人之不振，所望全校学生，须勉力勤学，万不可有告假偷闲之举，庶几日异

月新，为将来之国用云云"。最后，复旦公学"英文正教员"、
寰球中国学生会会长李登辉亦发表了英文演说，"谓中国之衰
弱，皆由教育之不兴，欲为中国前途造幸福，则必以广推教育
为主，所愿在学诸生，各励尔志，是则鄙人之所厚望云云"。
演说完毕后，复奏军乐，"到四时始由校员袁观澜摇铃散会"。
参加此次开学仪式的复旦学生约有一百六十人，加来宾及职员
共约三百人。

为感谢周馥的大力支持，复旦校方在开校成功后即致电周
馥，表示感谢："两江制台钧鉴：复旦十六日已开校，仰赖成
全，敬电谢，全校公叩。"周馥也回电表示期望："复旦公学开
学伊始，愿教员实心训导，诸生锐意潜修。谨为全校贺，并为
学界贺。馥。"[42]

由上可以看出，刚刚创建的复旦公学是众人合力创办的
"公立"之校，[43]其程度相当于大学预科。在创办过程中，代
表官方力量的江督周馥的支持和资助，起到非常关键的作用。
但这种官方的高调介入，也为以后复旦不断受到官方的干涉，
并逐渐官办化埋下了伏笔，正如前引《大陆》杂志上的评论所
预言。另外，张謇等在上海的绅商也为新复旦的建成贡献颇大。
1905 年 11 月 22 日（农历十月二十六日），张謇还邀请刚从广
西来到上海的郑孝胥参观复旦，伴随参观的还有陈宝琛、王季
樵、赵凤昌等人，他们并拜会了马相伯。[44]郑孝胥大概对这次
参观感觉不错进而希望其子"佛德"入考复旦。[45]

二、开 学 风 波

脱离震旦、另立新校，马相伯自然是行动的领导者，然而

这背后，一批爱校学生也起到了重要的助推作用，其中就包括深受马相伯器重的震旦旧生叶仲裕（景莱）（1879—1909），马相伯脱离震旦，他和沈步洲带领学生坚决支持，还于报上发表声明号召同学追随马相伯，并与之联系有关事宜。[46]复旦之成立和得以继续维持，他和于右任（即刘学裕）出力不少。[47]

复旦正式开学一学期后，鉴于校舍与经费紧张，时为庶务长的校董袁观澜（希涛）遂在《南方报》《时报》《中外日报》等上海报纸上刊出《复旦公学广告》：

> 本公学于夏间禀借吴淞提辕先行开校，屋少不足容来学之众，地复潮湿，校外借寄书社七处，益形散漫，于卫生、管理二者多所妨碍。现拟就炮台湾拨定地亩，赶筑校舍，一俟落成，即当改定章程，召集生徒来校就学。其提辕借设之校，明年暂不开课，特此广告。[48]

假若照广告所言，复旦暂停招生，这对于刚创办的新学校来说，不啻是自掘坟墓，不仅不孚外来学子之期望，亦大伤害从震旦以来一直追随的学生，还会影响复旦初创之际在舆论界留下的爱国向学形象，辜负社会各界的支持。更何况该广告所言事出突然，不符合官绅商学各界创立复旦之目的，更导致追随学生无书可读局面出现。

因之，在《中外日报》上刊出的该广告立即遭到复旦住校学生的关注，他们第二日即登出《复旦住校学生公启》质询：

> 本日贵报告白，有《复旦公学广告》一则，云本公学明年停止开学云云。同人阅之，深为诧异，比即走询各校

董，亦皆同深感疑惑，莫明其故。俟查探明确，再行奉阅。此事关系本校者甚大，同人不能默然，先此布陈，乞登入贵报为幸。[49]

这些留校学生在叶仲裕（叶此时大概为复旦学长，角色或类似后来的学生会主席）带领下，马上质询校董，以图挽回。他们分别以叶仲裕与复旦留校学生名义在《时报》《南方报》《中外日报》等报纸上登出广告，谴责袁氏这种擅作主张之行为，并希望想要负笈复旦的学子不受其迷惑和误导。其中以叶名义所发的《复旦同学诸君公鉴》启事言：

报登公学明年不开课云云，其中另有枝节。校董不会议，校长不在沪，学生毫不与闻，而谓可独断停学，景莱不才，窃未明公理何在？现竭力禀商各校董，妥筹一切。愿我远近同学，毋遽惶惑。叶景莱敬白。[50]

以复旦留校学生名义所发启事分别为《袁观澜先生鉴》《复旦同学诸君公鉴》，其中《袁观澜先生鉴》曰：

昨报告白，复旦明年停课云云，殊深骇异。走询校董，皆不知为谁主持。往谒少卿（即曾少卿，时为复旦校董，引者注）先生，则云稿由先生拟就送登。学生等劳燕分飞，甫有生趣，忽又丁此意外波折，先生素号热心教育、深明事理之人，而忍出此？除商各校董作正当之交涉外，并请莅临开示一切。同深叩祷。复旦留校学生公启。[51]

《复旦同学诸君公鉴》则公布了同学们质问袁观澜的结果：

> 昨请观澜先生莅临开示一切，来函因病未能到，故对付办法未便即决，当随后续布。留校同学公启。[52]

袁观澜也立即登出广告《袁观澜告复旦同学》，回应复旦留校学生的质疑，表示暂时停课的决定不是他一人做出，乃是听命于学校董事会，由他执行而已。他不满学校董事会在学生压力下居然前后不一、立场反复，有委过于人嫌疑，并表示之后不再与闻复旦校事：

> 前登复旦明年赶筑新校、暂不开课之广告，系仆闻诸校董。仆深恐年假已过，迟不发布，有妨诸同学求学之计，故特拟就广告，询诸校董，由仆分登各报。今阅诸同学广告，云校董均言未知，则前广告似仆误登。至究竟如何办法，请还问诸校董，仆已辞明年校务，不敢预闻，特此更正。[53]

之所以发生此停课事件，据这些留校学生分析，是因为校董袁观澜和曾少卿存在矛盾，而校长马相伯在年底恰恰奉江督周馥之命东渡日本，[54]遂有因两校董私人意见不合而致登停课广告事。为了挽回大局，他们还分别致电两江学务处总办沈凤楼、校董张謇、驻日公使杨枢，请求援手，两江学务处随即回电表示支持。《中外日报》《时报》上同时刊载的《复旦公学致各处电文》为我们提供了有关的记录。[55]其中复旦学生致两江学务处总办沈凤楼的电文为：

两江学务处沈凤楼先生钧鉴：复旦蒙通人提倡，甫见萌茁。今校长不在沪，校董不会议，竟以私人意见，登报明年停学，深骇闻听，乞鼎力维持。复旦留校学生公叩。

致张謇的为：

通州张季直先生钧鉴：少卿先生与袁先生龃龉，登报明年停学，校董不会议，校长不在沪，竟贸然出此，学生等断不忍坐待瓦解，有负诸先生提倡初心，敬乞竭力维持，详情请季廉先生函达。复旦留校学生公叩。

致马相伯的为：

东京清国杨钦使转马相伯先生：校事有奇变，众情愤激，乞公毕速归。学生公叩。

两江学务处沈凤楼的复电为：

复旦留校学生来电悉，复旦设立，甚费经营，湘伯先生赴东，不久即归，断无停学之理，已禀督宪，竭力维持。望诸君努力勤学，以光学界。桐。

可能是受到学生、官方及社会各方面的压力，复旦校董会的立场马上出现改变。旋即，《中外日报》《南方报》《时报》等出现了以复旦公学名义发出的醒目大字黑体启事，表明复旦在积极筹建新校舍，会正常开学：

本公学明年照常开学，并即行筹画建筑新校，敬此布告。复旦公学启。[56]

该广告旁边还附有《复旦同学诸君公鉴》启事，表明同校董及袁观澜的沟通获得效果，误会已经消除，各方会通力合作，停课问题得到解决，得以如此之原因，大家要牢记不忘：

> 明年停课问题，已由各校董主持撤销告白。昨仲辉、仲裕、叔和共谒观澜先生。先生躬自厚责，并多勖勉语。君子之过，如日月之食焉，系铃解铃，深感大德。前事已了，诸同学函电，不一一驰复。停课告白出诸意外，蒙沈凤楼、熊季廉诸先生函电筹挽回。曾少卿先生有一面开学，一面筹建设，此校不成，将笑中国人不能办事之论。李登辉诸先生有倘因经费不数，则教员愿减薪水，必竭力共争，不使学生失所之论。热心毅力，至可歌泣。我同学宜永志勿谖，力求进步。谨布告以慰远系。留沪留校学生公启。[57]

除登广告声明之外，复旦留校学生亦致电两江学务处总办沈凤楼，向其表示感谢，《中外日报》亦在"紧要新闻"栏刊载了这则《复旦公学学生致南京学务处电》：

> 南京学务处沈凤楼先生钧鉴：明年停课事，已由各校董和平商了，学生等同处惊风骇浪之中，纵遇极不平，不敢不委屈含忍，已电禀马师静待开学，仰蒙维持，敬电谢，并乞转禀帅座。复旦留校学生公叩。[58]

春节刚过，两江学务处即回电，表示官方的努力已有结果，原来复旦借住的校舍暂时不必搬迁，大家静等开学可也：

> 复旦留校生，现复旦新校未成，提镇行辕，暂缓迁让，已由督院电商杨军门，允再暂借，明正仍开校，望诸生勉力向学。桐。艳。印院代印。[59]

人在日本而从《中外日报》和《时报》的报道中了解此次风波的钱玄同，曾在 1906 年 1 月 27 日的日记里对此次事件评论道：

> 至兄处见《中外日报》《时报》，知复旦公学以曾少卿及袁观澜两人闹意见，险致解散，幸学生急电两江学务处，又与袁开谈判，磋商再四，风潮始平，今岁仍续办矣！我国人公德心缺乏，常有若干人惨淡经营而成之事，以一二私人堕之，良可慨也。[60]

但此事还有余音，春节过毕，复旦公学并未准时开学，一些同学遂发出函电质问复旦管理层。于是复旦留校者不得不再发通告《复旦同学诸君公鉴》，安抚大家情绪：

> 校务已公请熊季廉先生竭力主持，校长临行，改定章程亦已付印。诸同学来函，迫于公愤，自不免过激。在校同人，仍以暂时隐忍为宗旨，静待开学为义务。一切应行公告、学校函件，俟公决再刊布，不欲一时多腾口说，使得以嚣凌，借口畏葸云云。非惟不甘，劳亦不能，愿勿过虑开学日期及预算表等，校中当即登报，请各少安，以续

东装。敬布告，即希公鉴。留校同人公白。[61]

随后，复旦校方即刊出"复旦公学公告"，宣布延期开学时间及收费方案：

> 本公学展期于二十六日（指农历光绪三十二年正月二十六日，即 1906 年 2 月 19 日，引者注）开学。凡旧生务于二十二以前到齐（迟到不留位置，有特别事故者须先函报）。本公学以屋舍不敷，一时势难增扩，设有徐（余）额，届时介绍选补，不再招考，远道已报名诸君，请勿跋涉。凡寄宿生，无论校内校外，概收洋一百二十元，通学生七十元（另一律缴校友会费两元，随学费分缴），细章已发刊并白。复旦公学启。[62]

开学一事尘埃落定，可两位校董曾少卿、袁观澜之间业已存在的矛盾却激化了。曾少卿在《南方报》上刊布声明，指责袁观澜渎职，有侵蚀复旦公款嫌疑：

> 奉书不一答，岂有所见怪耶？复旦开课不过三月，校费用至二万余金。捐款者欲知用法，所以三次奉函，请将帐籍交下，以便应人查阅，乃延不送来，且又不见一复。仅于年杪接学生叶景某函，云已函达袁先生来淞取送，且有吴淞木行欠款三百余元，袁先生未清付，已出账，催索甚急等语。该校财政乃执事专责，钱由执事手支，账应执事手交，此乃天下通例。若以校务已辞，经手之账即可不（原文此处缺字，疑当为"顾"，引者注），恐尤如此办法，

尊意云何？尚希明教。曾少卿言。[63]

袁观澜马上刊出答复，反击曾少卿的指责：

> 阅广告，知曾三次赐函，仆均未接到。复旦总核清册
> 一本，已早交上，其余簿籍，均存淞校，叶君之函亦未达，
> 固不知公之促交也。一切出账之款，去年无不付清者，至
> 所用二万零五百余元之款目，不但当报告助款诸君，并当
> 以决算之数，请学界公览。[64]

面对袁观澜的回应和诿过于人，被牵连其中的叶景莱也立即登
报声明，解释其中原委，表示事情源于信件未达的误会，而非
自己在其中的挑拨，但暗中亦将矛头指向袁观澜：

> 十五日曾少卿先生告白催袁观澜先生交送帐籍中叶景
> 莱函述云云，谨将详情声布如下：廿五，景莱得少卿先生
> 赐函（廿三付邮），嘱将校中帐籍送往。当即至淞检取，
> 惟册籍纷如。会计张君又以总核册系前会计陈君经手，不
> 详悉其中头绪，势不能冒昧迳送，以致别生意见。故于廿
> 六函达观澜先生取送云云。三十饬人投送。
> 　木行欠款云云，则登报停学后，宝大木行曾屡至校催
> 问，皆由阍人支吾答复。廿九晨十钟，该行汪沛云突至会
> 计处询索。当时不得已，会计员即以十三已出账回复，呶
> 呶而去。上少卿先生函曾附及，并言见观澜先生请提及，
> 以时值年关，恐再催索也。
> 　十五下午，至淞，询阍人冷桂，知少卿先生寄观澜先

生三信均未由淞校转。

　　十六见观澜先生，云宝大款已于廿九午后清付，已商该行登报以祛人惑，并云曾信均未收到。景莱当即请观澜先生详询少卿先生寄信处所。观澜先生并言即将收支各款刊布云。景莱谨启。[65]

当事方之一的吴淞宝大木行也登报声明，证明袁观澜已经将钱款付清：

　　昨阅《南方报》登曾少卿先生询袁观澜先生之告白，内有年抄接学生叶君函，云吴淞木行欠款三百余元，袁先生未曾付等语。查复旦修理所用敝行木料各价，概由袁先生付楚，并无欠款。特此声明。[66]

　　经过此番广告战，袁观澜就此淡出复旦管理层，其掌管复旦财政的职位——"庶务长"一职，稍后也由叶景莱出任。[67]
　　历经曲折后，复旦终于正式开学，然而毕竟是借地上课，为长远发展计，复旦必须花费大量金钱建筑新校舍。故此，复旦校方派代表到南京向江督周馥游说此事，《中外日报》以《复旦公学总代表来宁》报道了此事：

　　上海现办之复旦公学，公推马湘伯先生为校长，已有学生二百余人。其经费先由教员、学生倡捐，集有万金左右。唯建筑校舍，推广规制，需款浩繁。顷特举刘君郁之为总代表，来宁谒见江督，面禀办法，商请匡助，以维盛举。[68]

可能这次游说并没有取得好的结果，校舍问题一直困扰着复旦，直到辛亥革命后。

在这次的复旦开学风波中，以叶仲裕为代表的主张维持复旦正常运作的力量，依靠各方面的帮助，最后胜出，且推举了热心的熊季廉单独主持复旦校务。于此事即可见叶仲裕对于复旦的爱护以及他在学生中的影响力，当然亦可管窥当时复旦公学境况的尴尬与管理上的混乱，[69] 以及舆论界和官方的重视，乃至学生对校事的高度关心。

不止如此，1906 年夏，叶仲裕还与同为学长的温州林孟沧为弥补学校办学资金不敷的状况，[70]"四出号呼，为入捐助。值炎焰甚厉，景莱等触盛暑，至金陵，又至淮杨，又至清江，奔走累月。比归沪时，则面目黧黑，状若鬼薪。幸得款甚夥，校事得以不败"。[71]

三、就任监督

这一时期，严复不断与担任管理该校之责的熊季廉通信，关注熊季廉及复旦情形。如上文所知，熊季廉大概是 1906 年 1 月底才开始主管复旦公学事。但实际上，熊对于复旦的事务参与不多，因为他"于正月初四日（1906 年 1 月 28 日）设席于九华楼，邀请同人集议校务。是晚，未及赴席，而腹痛大作，不图一病不起，竟于三月廿九日（1906 年 4 月 22 日）晏然长逝矣"。[72] 寰球中国学生会、青年会、复旦公学联合在报纸上刊登广告，表示星期六（4 月 28 日）下午二时在上海颐园为熊季廉举行追悼会，届时会有郑孝胥、严复到场发表演说，"宣示其生平，以励薄俗，且以表哀悼之情于万一"，希望同熊季廉有旧或景仰其"遗徽"者"莅临",包括郑孝胥、严复、复旦学生等在内,与会者大约有 200 余人。[73]严复除送了挽联外,[74]还发表了一个沉痛演说,追述熊季廉家境状况、病逝经过,及情同父子的严熊交谊等情况。[75]

严复之后致信熊季廉之弟季贞,解释熊季廉为复旦事所累情形,其中对复旦校事评论道:"又复旦公学去年为索观澜侵蚀公款,至数千金,反以此为学生罪,天下不平无过此者。季廉知之,故在日力以维持复旦为己任。"[76]在该信里,严复还对复旦的内部矛盾和人事变动作了评述,认为复旦校董张謇、曾少卿等沪学会人士过多干涉复旦校务,原监督马相伯"老不晓事,为人傀儡,已携行李离堂矣"。眼下复旦公学大局岌岌可危,复旦学生在学长的"勉自楷柱下","幸团体尚坚,未即分散",他们迫切希望能"得贤为之校董"。严复还向熊季贞通报了 1906 年 7 月 19 日晚在愚园开会商量维持复旦的事情,表示大家都很思念熊季廉。

据郑孝胥日记记载,7 月 19 日晚,严复与郑孝胥、张元济往愚园赴陈三立(伯严)之约,一起开会商讨维持复旦公学的事情;会议参加者还包括复旦学生代表、庶务长叶仲裕(景莱)等人。[77]经过与会诸人的努力,特别是依赖与熊季廉关系密切、感情深厚的陈三立的奔走,[78]化解了复旦"危业","为筹维持之术,既资以款,复为之解纷,使龃龉者无,遂至(止)于冲突"。[79]校董严复这里还乐观相信,从此以后,复旦公学"当不至离散也"。

大概正是在陈三立、严复等人的集体努力下,复旦大学获得了一宗物质捐助及三笔金钱资助,暂时缓解了经济危机。据当时的一则《复旦公学广告》所言:

本公学蒙庞青城先生捐助物理、化学仪器十四箱，已照数祇领，敬此鸣谢。本公学因上学期经费稍有不敷，蒙陈伯严先生借垫洋一千元，顷又收到两淮赵渭卿都转筹拨库银二千两；江宁朱菊尊方伯筹拨库银三千两。除分别禀复外，谨登报鸣谢。[80]

复旦这里得到的款项，应该是时任两江总督兼南洋通商大臣周馥通过"扬州运使"划拨给复旦的，如郑孝胥的记载，"银二千两，乃南洋协助复旦公学之款。马湘相伯已不理复旦事"，该款最后是托郑孝胥转交的。[81]至于上引广告中所言的"库银三千两"，或系来自周馥的后续拨款。

这段时间，严复自己可能已经在复旦授课，"任本校教务"，亦为复旦介绍了一个教员陈持正——原严复在北洋水师学堂的学生。[82]饶是如此，复旦公学还是发生了一些变故，"刻因复旦公学事急"，让严复颇感突然，身为安徽高等学堂监督的他不得不改变原本要去庐州的计划，由安庆直接去南京斡旋，耽搁五六日后再返沪。[83]

1901年新政后，特别是1905年9月科举停废，新的学部于1905年12月成立以后，清末社会掀起办学热潮，新式学堂日益成为区分一个地方"文明"与否，以及衡量地方官员政绩和"文明"的标志。在此背景下，有办学经验或懂新式教育的人才炙手可热，一批趋新的社会名流首当其冲，许多都被聘为监督或总教，像吴汝伦、蔡元培、张元济、马相伯、孙诒让、严复等人。不言而喻，一个好的校长对于一所学校意义重大，他不仅可以依靠自己的能力和权势网络为学校争取足够的办学资金等资源，还可以依靠自己的声望为学校聘请好的教师与招收好的学生，所谓"学堂之进步，端赖师资；监督一席，关系綦重"。[84]校长优秀与否，对于如经费上捉襟见肘的复旦公学这样的学校尤为重要。马相伯既不堪重负而辞职，[85]那么寻找新的、合适的校长自然迫在眉睫。

在当时往往人去政息的情况下，周馥给复旦的拨款，继任江督就不一定会继续划拨。而此时周馥已经离任，新的两江总督由端方（1861—1911）接任（1906年9月初到任，1909年中调任直隶总督）。[86]端方曾作为五大臣之一出洋考察，为满洲高官中的开明派，时正与梁启超暗通款曲，[87]且表面上"锐意新政，所至以兴学为急"。[88]有此东风，复旦公学干事员叶仲裕、张桂辛等人作为被复旦公学共推的代表，在丙午冬（大概在1906年12月—1907年1月间），专程到南京向端方申请，提出复旦学生公议的由严复担任复旦监督的请求，由"端午帅照会严观察接办"，并希望端方能为复旦常年拨款、添聘教习。[89]

不过，这时的严复似乎别有所属，志已不在办学，尽管担任了安庆安徽高等学堂监督与复旦校董，但他还是更希望去达官贵人的集中地北京发展，尤其是在担任学部考试留学生的八考官之一的考试结束后，"学部诸堂官坚留之"的情况下，严复自己也有意留下，他决定暂向学部请假三个月，待了结在安徽和上海经手的各事项后即回学部任职。[90]严复到达安庆处理后续事宜并打算辞职的消息传出后，新任安徽学务议长兼严复友人蒯光典决意挽留严复，立即"电达学部，力意挽留"，新任安徽巡抚恩铭亦认可蒯之提议，命同严复有隙的安徽提学使沈曾植遵照执行。[91]安徽方面的努力最终让严复继续担任安徽高等学堂监督，进而又在两江总督端方支持下接手了复旦公学监督这个职位。[92]

据严复炫耀式的"夫子自道",江督端方对严复非常赏识与尊重,屡屡接见,还让其子拜严复为师,甚至谦称自己也想拜严复为师。[93]故由严复继任复旦公学监督,在端方这里并无问题,且他只需要做个顺水人情而已。严复于12月6日早晨在南京首次拜会了端方,他同端方商谈了担任复旦公学监督的条件——"复旦公学须得彼提揭,肯助开头及后此常年经费,吾乃肯为彼中校长。"[94]端方该是痛快地答应了严复的条件,因为不久,在1907年1月14日(农历十二月初一),时任上海道的瑞澂(瑞莘儒)就拨给复旦两千多两银子。[95]这应是出自端方授意,是满足严复的任职要求之举。

由严复接任监督,达到了复旦公学学生的预期要求,如严复1906年11月29日在写给其外甥女何纫兰的信中所言:"本日复旦诸生以书恳我为之校长,经诺之矣,不识能兼顾否?"[96]表明严复任监督是先受到复旦公学学生的吁请。而稍后在《中外日报》《时报》上刊出的《复旦公学广告》,也可作为严复之言的注脚:

> 本校向经前校长丹徒马相伯先生管理,嗣以事繁告辞。客岁冬(即1906年冬),公举代表禀谒江苏督宪。蒙端制军力任维持,特为延聘侯官严几道先生来任校长。伏维此校前承热心学界诸公发起以来,其间仁苦停辛,仅克厣立。全体同学,矢慎矢勤,唯恐陨越,为学界羞,又一年于兹矣。今幸为鸿硕不弃,将提挈而振董之,于以竟前者马先生、发起诸公之美志。全校同人倍深感奋,海内留心教育者,倘亦深所乐闻一共邪许也欤?谨此布告,伏乞公鉴。[97]

综合以上情况可知，严复接任复旦公学监督，最先由复旦学生提议，后来得到了江督端方的同意与任命。这个结果实际是众望所归，反映了复旦学生的诉求，也得到官方的支持。像端方在《筹拨复旦公学经费折》中对严复的夸奖，"有候补道严复，淹贯中西，学识阔达，已派充该公学监督，管理教授，一切由其主持。"[98]

至于严复正式接任复旦公学监督的时间，《严复年谱》说是 1906 年 11 月 29 日复旦学生恳求严复为校长之时。[99]不过，这样的说法有问题，请求为监督并不一定马上能当监督，还需要官方的任命函。[100]但是，我们从相关材料中可以考证出严复正式接任监督的时间。如在 1907 年 1 月 21 日（光绪三十二年腊月初八日）写给何纫兰的信中，严复还没有提及复旦校长的任命一事，但在 1907 年 1 月 30 日（光绪三十二年腊月十七日）写给何纫兰的信札中，严复就言"复旦校长，南帅照会已到"。[101]故此，严复正式被端方任命为复旦公学监督的时间就应该在这九天之内，尽管之前严复已经以复旦监督身份接受了瑞澂的拨款。农历春节过后，严复就在《中外日报》《时报》上同时发表了任职声明——《几道启事》。该启事主要说的是严复接任复旦公学监督的原因：

> 启者，不佞近承复旦全体公举，并两江端制军檄派为复旦公学校长，辞不获命，实惧弗胜，但当勉竭鄙诚，以副期待。尚望知爱诸公有以匡助之耳。谨白。[102]

既被"公举"，又被"檄派"，在此情形下，严复正式就任复旦监督，月薪五百元大洋。

只是严复这时还在兼任安庆安徽高等学堂的监督，由于其本人长期吸食鸦片，[103]很难兼顾相隔如此之远的两个学校；加上严复名望日隆，非常热衷官场事务，南来北往，杂事繁多，又嫌弃安庆地方简陋，[104]在十四个月的高等学堂监督任内，他只在安庆待了一百二十二天。[105]在此情况下，严复不得不任用代理人，来替自己处理两校的日常事务，以减轻自己的负担。在安庆安徽高等学堂，他使用的是追随他多年的亲信兼同乡——北洋水师学堂毕业生周献琛等一些旧日学生、同乡。[106]在复旦他使用的主要是其妹夫何心川（镜秋，即何纫兰之父）。何早于严复任职复旦，一度曾担任斋务长，[107]严复任监督后，何继续担任斋务长，代表严复视事，并负责复旦的招生工作。何也不定期向严复汇报复旦校内情况，以让严复了解："本日汝父有信与我言复旦事。"[108]另外严复还曾推荐其岳父（即朱明丽父亲）担任复旦文案："月薪约五十元，不知汝爸爸肯就否？"[109]朱父担任文案（书记）后，月薪又增至六十元。

如此任人唯亲和遥控两校的结果，导致了严复最终在两校都遭到学生的不满与驱逐，且招致时论（主要是《南方报》《神州日报》）的批评。像《南方报》上就发表评论指责严复任职安徽高等学堂的不尽责，以及严复言行不一的情况：

> 安徽高等学堂之风潮，追源立论，大抵咎于该学堂监督。该监督素负学界重名，其著书有曰民智愈浅，则希望愈奢。此语甚为确切，请下一转语曰，理想愈高，则措施愈谬，我于高等学堂见之，于复旦学堂又见之。[110]

下面主要讨论严复就任复旦公学监督后及被迫离任的一些

情况，特别是会比较详细描述他与叶仲裕及另一复旦职工张桂辛发生的冲突，而正是这个冲突，造成了严复的辞职，双方高开低走，不欢而散。

四、内 部 冲 突

有了严复这个新校长，复旦公学马上在报纸上打出了"复旦公学增额招考广告"。[111] 广告中表示，该校要"添借宿舍，增额二十名，招补旧额十名，共招插班生三十名"。并欢迎学子前来报名处报名，其中严复住处新垃圾桥北长康里严公馆即为一个报名处。这次招生大概比较顺利，居然招到 40 个人，复旦公学将这 40 人名字登报备案，并要求他们于本月二十七日（农历）开学以前到校报到。[112]

1907 年 3 月 11 日下午二时（即农历正月二十九日），复旦公学举行新学期开学典礼。[113] 先有代表报告，重头戏则是新任监督严复的演说，严复讲述了接办复旦后之举措，"以赶建校舍、访延西士为至亟"，接着又公布了担任斋务、庶务的责任，随后李孟符、斋务长何镜秋登台演说，典礼到六时才结束。据记者报道，当时已经到校者约一百六十余人，后续还会有人来就读，而校方已经聘好体操、音乐诸科的西人教习，还正在设法送法文甲班生出洋。

这时，端方也在实际行动上给予严复支持，向清廷上奏请批准每月拨给此时有 175 名学生的复旦公学银 1 400 两（约二千元），"作正开销"。[114] 端方还在 1907 年 3 月底致电严复，表示"复旦公学禀悉，经费每月由财政局筹拨洋两千元，即来宁具领。督院庚印"。[115] 稍后，端方还派夏敬观和桂埴于三月初三（1907 年 4 月 15 日）早上前往复旦调查有关情况，两人视察校内外情况后，复入课堂旁听教员上课，午后三时，学校开欢迎大会迎接两人，两人相继登台演讲，"勉励周至"，晚上去计划中的复旦新校舍选地炮台湾视察，第二日两人又到学校，"详询一切，并嘱将经费收支表及学生名册、课程表等详细开呈"，以便"转禀立案"，向端方交差。[116]

但随学生的增多、教职员队伍的扩大，复旦的经费问题与校舍紧张程度愈发加剧，经济困境反而是加重了。严复深切感到"复旦事难办"，决意再赴南京与端方交涉，"须与端督院破脑决断，若不起校舍，吾亦不能办也"。[117]应该是在此次会面中，严复请端方拨款六万金作为复旦建筑校舍之费，而"江督已允如所请，饬由江南财政局于某项内照数拨发，以成其事"。[118]在获得了端方支持新建校舍及补充经费的承诺后，严复信心大增，决心好好管理复旦公学，"为之整顿吴淞复旦公学"，以不辜负端方期望。[119]

不过，对于端方每月二千元（相当于银一千四百两）的拨款，严复经过调查后发现，并不足够开销，学校收入依旧是"有绌无赢"，他于是又向端方提出改由每月拨款二千两白银，"俾可从容布置"，但被端方以财政困难为理由予以驳回。[120]

就在严复欲大展拳脚之时，他在复旦校事上却遭到叶仲裕的杯葛。其实，严复能接任复旦公学监督，其中亦有叶仲裕之功，就是他与张桂辛等人赴南京向端方申请经费，希望端方同意让严复担任复旦监督的。只是严复接任复旦监督后的所为，特别是其任人唯亲、言论和行动脱节的做法，却不能令包括叶仲裕等在内的一批老资格复旦人满意，叶仲裕此时大概开始与严复所派来的诸管理者为难。何纫兰之父何心川曾写信给时在安庆的严复"言复旦事",要其速返回处理,所指估计就是叶仲裕带头掣肘事,"因复旦叶仲裕亦在彼捣鬼故也"。[121]

考虑到叶仲裕等人在复旦的影响力(也可能包括其家族背景[122]),严复决定在处理叶仲裕事件前先要得到端方的支持,"以复旦公事须与端午桥扎实交代,方好办理"。[123]严复还准备到南京后,将详细情况报告给端方,若是端方不同意自己的处理办法,便辞去复旦监督,严复并要何纫兰把这个意思转告其父何心川,"吾到南京,必将种种情节告知端方,若意思不对,便亦辞去不办。此意可告汝父知之"。[124]严复到了南京之后,初见端方,并未言及复旦事,他打算等考试完出洋留美学生后再告诉端方,"复旦情节尚未与言,准俟考后提及"。[125]随即,在同端方谈过复旦事后,严复原本的计划似乎没有得到端方的支持,[126]否则严复就不会拿辞职说事,然而辞职遭到端方拒绝。严复无奈,只得继续留任,履行监督职责,"复旦事力辞不脱,已电汝父,令赶紧登报招生矣"。[127]很快,《神州日报》等上海各报上就刊出了"复旦公学招考插班生"的广告,招生额限四十名,年龄十八岁以上二十四岁以下男青年皆可来投考,七月一日、二日(即1907年8月9日、10日)在寰球中国学生会考试。[128]

其实严复上任伊始,即面临两江财政吃紧局面,端方为办理新政透支严重,大肆借债,贻下"债帅"之讥。[129]这时有官员奏请江督端方削减各学堂经费,清查其中的不实用款,以防"冒滥"情况出现,端方听从其议,开始派人稽查各学堂经费开销情况。[130]

对于复旦来说,在获得江督端方全年经费支持后,校方松懈,财务管埋混乱,学生不缴学杂费、学校经费浪费的现象比较严重，且八个月时间没有向江督汇报财政拨款的开支情况。为了防止复旦任意开销经费，1907 年秋天，端方特意派候补道夏敬观会同上海道赴复旦进行调查：

> 上海复旦公学常年经费，前经江督奏准，由江南财政局每月拨银一千四百两，并批饬自正月起赴局具领，核实开支，按月造报在案。兹午帅（即端方，引者注）以迄今八阅月，未据该学造送清册，究竟支用是否核实，款开奏拨，未便听凭该学干事各员任意开销，漫无稽考，特派夏敬观观察赴沪会同上海道前往，澈底清查，以重公款。[131]

由于缺乏资料，我们不知道这次夏敬观的具体稽查结果如何，但显然，不论结果如何，此调查的发生，作为监督的严复及管理学校账务的叶仲裕、张桂辛等，都要承担一定责任，而且，此次清查工作应该也深化了复旦内部业已存在的严复派同叶仲裕等人的矛盾。

到了 1907 年年末，严复同叶仲裕等人的对立情形日益加剧，严复认为庶务长叶仲裕私挪公款三千元，[132] 而另一庶务张桂辛管理账目无方，导致学校亏空达五六千元之多，使学校的日常运行出现问题。在此情况下，严复决定以退为进，去南京当面向端方提出辞职，结果自然没有得到端方同意。

回到上海后，严复决定好好管理复旦，出重手惩治叶仲裕、张桂辛。他向江督端方写信揭发两人，表示了自己处理两人的举措：

复旦公学，蒙月饷二千饼金，加以诸生百五六十人之学费，期六十元，又旧有募款，若综覈撙节经用，即有不敷，当亦为恨（似应为"有限"，引者注）。乃本年岁暮，尽（似应为"竟"，引者注）亏短至于五六千金之多，此其故有二：一则学生短缴学费，两学期计三千五六百元；一则庶务叶景莱借用三千元存款，至今屡催不能照缴。复为监督，原有理财用人之责，虽经费出入，向系叶、张二庶务手理，而稽察无方，致令纠纷如此，诚无所逃罪者也。但在校各教员薪水，尚有两月未领，岁事峰嵘，群怀触望，乃不获已，由复电请恩饬主者，许其探支明年发款，借苏辙鱼。顷承电准预拨正月经费二千元，感荷莫名！当即交付庶务张桂辛，属其分别缓急应用，俟赢绌如何。再令将本年校帐，据实造报，以重公款。但重有恳者，前在左右，已将复旦监督力辞，未蒙俯准。是明年此校乃属复经理，惟校事经费最重，倾立视之，似应由复收回存号，按月发交会计员撙嗇应用，即令于月秒造销，交监督汇报，庶不致再循前此覆辙。至一切章程，亦须重新斟酌，遵照部章厘订，庶成可久之规。至叶景莱、张桂辛二人，一则延欠校款，一则造报稽延，实属都不胜任，应准由复开除，以维校政。是否有当，伏乞垂示遵循，自出不恭，不胜惶悚待［命］之至，敬请慈鉴。监督复谨禀。[133]

严复此函所述处置办法大概是得到了端方支持，因而他敢于采取铁腕措施，首先发难，发布公告，指出要亲自打理复旦财政，除了旧账可以找叶仲裕、张桂辛结算外，丁未年（1907）后的账日就与两人无关。严复此举实际是将叶仲裕、张桂辛两人开除出复旦，且他们还必须要为以前之旧账、坏账负责。严复亦责令新老学生必须交齐各项费用后，才能入校就读，并在报上发布《复旦监督严复启事》，说明这些情况：

> 敬启者：今年本公学庶务、财政奉督宪谕，归鄙人督率会计员自行经理。除丁未年，以前所有账目报销，应有叶仲裕、张桂辛两员结算外，嗣后校政与之无涉。特此声明，以清界限。谨布。再启者，本公学校费，每学期旧生应缴学费及膳宿费六十元；新生应缴六十六元；又生每学期另交号衣费五元，洗衣费三元。均须于入校前亲赴本校会计处缴足，掣取收条，各自由监学派定学舍居住。其未行缴清楚，虽经擅入，均行挥出，决不通融。特此敬布。[134]

稍后，严复还应该同有关人士制订了《复旦公学预行声明章程》，进一步严格了新旧生的入校、缴费、分班、课程安排、请假及考核等制度，最后还严令："法所必行，新旧各生须自揣，果能悉行遵守，即便来校，否则另自为计，勿谓言之不预也。"[135]这些措施对于促进学生学业、加强学校管理和增加学校经费收入，无疑有重要作用，但实际上也得罪了一些不愿意遵守新章的旧生，为他们群起反对严复埋下了伏笔。

严复的这些做法迅速遭到叶仲裕、张桂辛的回击。叶仲裕马上于光绪三十四年正月初八日致电端方，"南京督宪钧鉴：严监督忽有不令斸理之广告，如有电至宁，乞暂缓覆，当趋陈一切。复旦叶景莱敬叩。"[136]此外，叶、张两人还联合在上海多个报纸上连续刊载内容相同的广告，反击严复。其中叶仲裕发表的《叶景莱启事》以列举事实的方式反驳道：

> 自丙午冬，景莱与张君桂辛赴宁，禀请拨定复旦常年经费后，又禀请延聘侯官严幾道先生为监督，以冀于教授管理一切，力求进步。迨皖学风潮起，舆论所激，颇有以此举为大不然者。景莱亦因有他事滞沪三月后，校中一切即未暇过问。监督月索五百金，终岁莅校三五次，于督宪原奏、景莱等原禀中延聘专门教员诸节概不提及，而亲故坐食者且纷至：其妹婿何任斋务，月修二百；何戚某任杂务，修五十；又某任书记，修六十；下学期以人言啧啧，陆续自退。中国公学同时请款、同时请监督，监督、校员独能力尽义务，刻苦办事。以彼例此，时深痛心间。秋，督委员夏观察至沪，曾力陈节省持久办法。冬间，复赴宁面请督宪委胡君子靖来校整理。数年来，委曲求全，原为复旦全局着想，不意监督乃有此先发之举也。启事云云，于情理为未合，除另行交涉外，先此广告，敬希公鉴。再此事由景莱自行交涉，远近同学请照常莅校，勿多疑阻，以全大局为幸，并白。〔137〕

张桂辛发表的《张桂辛启事》亦言：

> 敬启者：复旦公学自桂辛与叶君历经困难，保存成立。丙午冬，请端督宪聘严幼陵先生为监督。一年以来，种种为难，故于去腊立意告辞。原侯今正将经手事件汇具报销，一面登报声明。乃昨见严监督启事，殊为诧异。除另将详情布告及询明意见外，特先声明。〔138〕

两则启事尤其是《叶景莱启事》，将严复败走安徽的情况，严复任复旦监督的原因及之后的举措，甚至是严复亲属的姓氏与所担任的复旦公学职务，乃至自己采取的应对措施一一公布，并将复旦和同时获得端方资助的中国公学作对比，[139] 以此凸显监督严复的不称职。叶景莱还特别点出奥援——"远近同学"，来警告严复。另外，两则启事也都夸大了两人对于严复出任复旦监督及复旦获得常年拨款的作用，目的不仅在于表功，亦在于凸显严复的"忘恩负义"。

严复立即看到了叶、张的启事，不为所动，马上也在报纸上刊出《严复启事》回击，祭出更强大奥援——"督宪"，并发出最后通牒：

> 昨阅叶君景莱、张君桂辛两启，为之怃然。叶君所言尤与事实大有径庭，姑不与辩。但两君所未明者，丙午以前，复旦公学虽赖众擎之举，尚为私立之校。自丁未春，经两江督宪奏拨常年经费、派定监督之后，已成官立之校。今昔性质皦然不同，夫岂吾党所能盘踞？校款挪欠，迄无报销，不佞责无旁贷，故尝于客岁五月、腊月亲谒督宪，一再力辞，不行不获命，是以决计本年将校政大加改良，驻校亲督。前者划清界限之启，乃至不得已而开罪于朋友。总之，此事解决不出两途，如两君自谓有永远管理此校特权，即烦具禀请撤监督，则校事从此与复无关。若犹是不佞而为监督也，则前者吾启固一字不可动也。至于交涉风潮，固前知其如此矣！诟何为者。谨布。[140]

从上面这则启事中严复对叶、张的反批评可以看出，严复对叶仲裕关于他很少到校视事以及任人唯亲的批评，并没有当即反驳，尽管这其中确有冤枉严复之处，如其妹夫何心川任斋务长的时间，是在严复入校任监督之前。严复在启事里还自白，说自己于去年五月、本年腊月（约在1907年7月、1908年1月）两次向端方请辞复旦监督，但都没有得到允许，于是才下定决心整顿复旦。在这里，严复重点针对叶仲裕，抓住叶挪用校款事做文章，并抬出"官办"和"督宪"作为尚方宝剑，表明自己并不畏惧学潮，企图迫使叶就范。[141]

张桂辛看了严复这则启事后，马上在报上发表了《张桂辛启事》反驳严复，并表示叶仲裕暂时不在上海，他返回后定会有所回击：

> 阅严幼陵先生第二次启事，有所未明，谓官立、私立今昔大殊，求之事实，容有未合。且以告辞，何云盘踞？现叶君旅行数日，即当返沪，侯叶返时当再分别剖白，以质诸公论。[142]

非惟如此，或许是出自学生自发的组织，或许是出自叶、张的鼓动，面对叶、张与严监督之争，一个以复旦公学学生为名义的《复旦公学学生广告》也在报纸上公开发表了：

> 复旦自与震旦分校后，当事者竭力组织，始底于成。嗣以风潮叠兴，方知众擎之不可久恃。意侯官为东南巨子，故奉为我校监督，乃一载于兹，于教育规则不独未尝过问，且淹留沪上，月享厚薪，而又荫及戚友，官款二万四千元，浸润于监督及其戚友者达半数，其裨益于我校者未之或问。

> 同人为全校计、为学界计，既不愿阻我校之前途，尤不愿
> 以扰乱秩序之风贻讥当世，故忍气吞声，迄于今日，然犹
> 望监督之或图振作也。乃监督不独与众望相违，反以官办
> 二字之徽号宠锡我校，我校何幸得此？但不知我校之受官
> 款津贴者，其体制为何如耳？同人因阅逐日告白，奔走来
> 沪，谨举大概情形，质诸海内外士大夫鉴而查之。远道诸全
> 学，如有函件，仍寄本校可也。复旦公学学生谨启。[143]

从该广告看出，一部分学生并不愿意承认复旦为"官办"学
校，尽管复旦事实上已经接受了官方津贴，倘若没有这些津贴，
"公立"复旦公学可能早已关门大吉。当然，学生也有可能只
是把"官办"作为反对严复的口实。[144]再者，这些学生耿耿
于怀的，仍是严复在监督任上的不尽职负责、任人唯亲。该启
事还反话正说，"不愿以扰乱秩序之风贻讥当世"，实际是威吓
与暗示当局，如果严监督不下台，就可能会酿成使当道头疼的
学潮，奔走来沪支援的同学即是证明，老震旦之解散则是前车
之鉴。

至此，复旦的学生开始介入这场冲突，并发挥了极大的象
征效力，复旦内部的校长与教工矛盾开始激烈化和公开化。在
当时学风乖戾的环境下，身为监督的严复处境开始不利，尽管
他最初拥有来自端方的支持，可一旦酿成学潮，很难保证严复
会继续得到官方有力的支持，特别是在前不久严复任安徽高等
学堂监督时已经引发学潮的情况下。有意思的是，1907 年 4 月
安庆安徽高等学堂的罢学风波之焦点所在，也是严复的任人唯
亲和尸位素餐，以及其铺张浪费："实以监督遥制，任用非人，
糜费过多，取予恣意，学科不备，卒业无期……"[145]"监督

任事两年，住堂不过两月，共糜修金两万"，又"约记开销，闽籍教员款项每岁不下二万左右"。[146]

在这则《复旦公学学生广告》发布后不久，大概一直在暗中运作此事的叶仲裕又发出《叶景莱启事》，表明叶、张与严复之争已经告一段落，江督业已派员来处理复旦内部纠纷：

> 侯官先生及景莱等广告诸节，已有江督委毛学宪、夏观察来沪理处一切，可付诸公论。诸同学务即照常莅校上课。至关于复旦全局诸事，景莱仍当力持正论，断不诿卸。远近来函，恕不一一奉复。[147]

从这个启事可以知道，复旦的此次风波所关颇大，致使江督端方不得不派提学使毛庆蕃、候补道夏敬观来斡旋叶、严之争，复旦学生也曾一度没有正常到校上课。而一句"至关于复旦全局诸事，景莱仍当力持正论，断不诿卸"，表明严复开除叶景莱的计划没有获得成功。以上三则启事发表后，严复与叶、张及复旦学生、江督端方等人之间还有一些往还，部分材料见之于一档馆所藏端方档案，已有学者对此进行过勾陈，此处不赘述。[148]

五、主 动 请 辞

毛庆蕃、夏敬观到复旦探查情形后回到苏州迅速电复端方表示，"复旦业于念四开学，差慰钧廑，维持之法，谨另详陈"。[149]稍后，接到端方回复的夏敬观又亲自从苏州到复旦向严复通报端方之意。根据严复在二月三日（1908 年 3 月 5 日）

写给端方的密函可知，端方担心出现学潮，此前曾亲自给严复写信寻求复旦校事的解释，同时为表达对严复的安抚与鼓励之意，特意送其一"严字元押"。严复此密函即是向端方进行解释，以及对其关注复旦校事、支持自己表示感谢：

> 陶帅钧座：开岁得承手书，兼领严字元押，十朋之锡，盖有不訾。寅维圭卣增华，旌旗发秀，起居燕喜，悉叶颂私。复旦校事，正月间所以与叶、张两庶员划清界限，登诸广告，诚属事不得已。昨者夏道来沪，备述钧旨，感何可言？复诚不肖，乃与后生打笔墨官司。事后思量，真堪发笑耳！但本期内地学子至者益多，校舍阗咽。既受宪事，又不得不努力经理，去泰去甚，敬竢后命而已。风潮谅当不兴。叶其足迹并未至校，知关宪廑。谨此布达，并叩崇绥，不宣。严复谨状。二月三日。[150]

通过严复的回信，我们可知端方由于担心会爆发学潮，对严复整改复旦的措施并未完全赞同，[151]但仍然在信中表示对严复继续担任监督的支持，并委托夏敬观代自己向严复致意，并询问叶景莱行迹，提醒严复勿与叶等后辈打笔墨官司。严复在该信中还进行了自我检讨与反省，解释了与叶、张进行广告战的迫不得已，表示自己不会让端方失望，会努力做好监督职务，不让复旦爆发学潮。严复这里还趁机向端方申述复旦缺乏校舍的困难，完全没有表现出辞职之意。三月二日，端方复电严复表示："上海复旦公学严几道兄鉴：执事为难情形，鄙人深悉，已与苏臬商量办法，详载苏函。方。冬。"[152]

此后一段时间（1908 年 3—4 月）里，严复依然不断到吴淞复旦办公，还在农历二月十一日（1908 年 3 月 13 日），收到复旦所给该年第一月的薪水。所以，对于张、叶的第二次启事和《复旦公学学生广告》中的批评，严复都没有再作公开回应，这对于一向爱惜羽毛的严复来说，其实颇不寻常。半年前他在辞去安徽高等学堂监督时，曾发表洋洋长论《辞退安庆高等学堂监督意见书》，[153] 反驳学堂学生与时论（主要是《南方报》《神州日报》）对他的批评。而对于这次他与叶仲裕的纷争，严复只是在给友人的信中略作说明和辩白：

> 复缘复旦学校事，大为叶仲裕所撼。自开学以来，极力怂煽旧生与不佞反对。而远道学子则来者日多，校舍添咽，至无以容。私念衰老之人乃与顶领小儿计论短长，真为可笑。[154]

严复此函认为是叶仲裕挑动复旦老生来反对他，他这里虽自白不愿意与"顶领小儿"（即指叶仲裕等人）计较，但其自视甚高、愤愤不平之意却展现无疑。实际上不是严复不屑与叶仲裕计较，而是他答应端方在先，表态不再"与后生打笔墨官司"。这样在与叶的较量中，严复渐处下风，再这样下去更可能是斯文扫地、自取其辱，故才决心以拒绝公开回应作结。严复在稍后（约 1908 年 4 月）模仿韩愈《答柳柳州食虾蟆》诗之志趣，[155] 写下的三首绝句也可表明这点，当然诗中不乏自我解嘲与反悔当初接任复旦监督之意：

> 桃李端须着意栽，饱闻强国视人才。而今学校多蛙蛤，凭仗何人与洒灰？

瓶水才添起小澜，爬沙手脚恣盘桓。通宵鸣唤知何意，
且说盆池不属官。

龙雀东南白虎西，从渠吞月罪应齐。吴烹卤馔吾何择？
不更攒眉吃水鸡。[156]

因此，严复这段时间虽然依旧在担任复旦公学监督，但他很可
能只是例行公事，并没有像他在向端方的表态中所言的那样要
"努力经理"，尤其是在端方并未切实有效支持他的情况下。毕
竟身为复旦公学监督的严复，没能成功开除作为"眼中钉"的
下属叶仲裕、张桂辛，又不能指望端方解决拖延已久的校舍问
题，这其实就意味着他的失败。

凑巧的是，直隶总督杨士骧恰巧在这时给了严复一个待遇
更为优厚且又容易接近北京中枢要员的"北洋新政顾问官"职
位，[157]"适昨者北洋莲府尚书有信相招，则电请南洋派员接
理"。[158]严复遂决定不再恋栈，于3月23日（或24日）正式
发电通知端方（"电请南洋"），请求辞去复旦公学监督职位。
但他总需要向对他有知遇之恩的江督端方交代一下复旦现在的
办学情况，以及自己为什么出尔反尔不愿再"努力经理"复旦
的原因。更重要的是，严复还需要向端方解释一下自己在任复
旦监督时没有任人唯亲，而是尽职尽责，并非像叶仲裕等人所
批评的那样渎职：

刻该公学自开课以来，诸［事］尚称就绪。内地各处
学生，来者日多，达二百余未已，皆以校舍已满，无从收
录。刻以二百人为额，分为七班，循序渐进。深知校费为
难，故亦未敢禀请宪派斋庶诸长，于干事仅设三员：一监

学，一会计，一文案，借资助理。而监学系严教员兼充，会计系教员张汝辑兼充，文案则去年之监学周明经良熙改充。月各给薪五十元，为撙节之地。

复仍隔日到校一次，监视巡阅，但今有下情须向钧座沥禀者。复以望六之年，精神荼短，加以气体素羸，风雨往来，肺喘时作，实万万不胜监督之任，应请我宪早日派人接理，常川驻校，庶校政不至放纷，上辜煦植人才至意。前者夏道敬观到校察看，复已属其将此情形上达钧听，兹郑廉访赴宁，更求其剀切代陈。务望仰体下情，弛其负担，俾得免于罪戾，不胜激切屏营之至。〔159〕

严复此札展示了很多东西，也有意掩饰了很多内容。复旦招生增多、经费益形困难，这固然是现实问题。至于严复说由于节约经费，进行了管理改革，监学由严教员兼任，文案由周良熙担任，〔160〕这就有些欲盖弥彰，其实这种情况只是在 1908 年 1 月后才发生，之前则多是严复一干亲属在管事。严复很少到校视事，〔161〕还要经常不断赴安庆、南京与北京等地公干，如 1906 年 10 月他就曾赴北京参加学部考试留学生的工作，如非因学部提供待遇稍差，他可能已答应学部侍郎严修留下任职。〔162〕至于严复隔日到校一次的情况，则是在他和叶仲裕、张桂辛发生冲突——叶、张包括一些学生批评严复到校视事次数不多、没有恪尽职守之后。当然，严复这里说他身体衰弱、不胜监督之苦虽然是借口，但也有部分实情，他的确一度"忽患肺炎，几成危候。幸叨远芘，于十七日热退，痰喘稍苏"。〔163〕在 1907 年 9 月底，严复还因为"肺疾"，一度辞去充当北京学部考试的阅卷官一职。〔164〕同叶仲裕冲突后，严复大概尤感力不从心,此种感受像他在和郑孝胥的诗句中所自白,"水中盐味饮方知","老夫真欲把降旗"。[165]

进而,严复担心端方因为找不到接任复旦公学监督的合适人选不准自己辞职,还专门附信向端方推荐继任复旦监督的合适人选,他首先推荐了夏敬观(1875—1953):

> 复旦监督一席,若一时难得其人,许复举贤自代,则窃意夏道敬观与此校交涉凡三四次,于其中办理情形极称熟悉,其人亦精明廉干,似可派充。若我宪必求精通西学之人,则复忆去年学部秋试,所得最优等游学美国专门教育之两进士,一熊崇志,一邝富灼,皆广州人,于教育一道实有心得。现经邮部指调差遣,用违其长,未免可惜,若调其一,使之接理,必能胜任愉快。复一为自卸责任,二为学堂发达起见,故敢沥诚布悃,伏乞照察。[166]

可能是端方觉得严复眼高手低,缺乏解决实际事务的能力,更可能是端方的确在为严复着想,考虑了严复在复旦的尴尬处境,终于答应严复辞职的请求,随后任命夏敬观接任复旦公学监督。[167]至此严复担任复旦公学监督的时间正式结束。这在严复写给熊季贞的信里有所显示,"复本计三、四月北游燕赵。嗣以复旦候建成(即剑成、剑丞,夏敬观的字)交代,交代后有江宁之行,及归,天时已酷热"。[168]从严复此言可知,严复交接给夏敬观约在公历1908年5月初左右。这个时间也与复旦大学的档案记载相吻合。[169]从1906年年末,到1908年5月初,严复任复旦监督总计约一年半的时间。[170]在这段时间里,后来成为著名学者的竺可桢、陈寅恪、梅光迪(1890—1945)、钱智修（1883—1948）等人均曾在复旦公学求学。[171]职权移交之后，1908 年 6 月 5 日，严复去南京拜会了端方，6 月 8 日还同郑孝胥等一起参加了端方招待上海商人的宴会。[172]6 月 9 日，严复返回上海。[173]在此期间，端方应该会对严复有所慰留，还可能让严复继续领有拿钱不做事的薪水每月三百两。[174]此外，端方稍前还曾出面奏请清廷，请赏给严复以文科进士身份，弥补了严复没有科举功名的遗憾。[175]

当请辞复旦公学监督时，严复私下向友人称，一部分学生对之进行了挽留："不意诸生闻之，又群起挽留，电宁请勿去。进退殊不自由，大苦。"[176]一些闽籍教师也曾致电端方请求挽留严氏，但严复去意已决，不愿再掺和到复旦各方的矛盾中。况且按照惯例，如果办学者在管理学校过程中激起风潮，"纵非撤差，亦必辞职"。[177]这是当日官场上的惯常情态，严复对此自然心知肚明，如他从安徽高等学堂辞职时即已明白："闻外界方纷纷，相与逐吾失鹿；大抵知吾决去，则极口挽留；稍示回翔，则攻者更炽，此真其长技也。"[178]

之后，严复与复旦的缘分还没有完全结束，在 1908 年 8 月 12 日，严复致函伍光建，讲述夏敬观请代为推荐复旦算学教习事，问伍能否帮忙，"顷复旦监督夏剑成观察来言：该校算学教习周益卿因病辞馆，一时难得好手弥缝其阙，嘱复寻人，复实无以应之，盖益卿造诣甚深，欲得同等地位人固甚难也。因问尊处夹袋中有如此人否？恳复奉询左右，祈即回信。夏观察于该校维持之意甚殷，惜有贝无贝二者皆甚困难缺乏，据拮可怜。稍能助之，亦一盛德事耳。"[179]严复担任复旦公学监督的时间虽难称愉快，可他依旧愿为复旦帮忙，并对夏敬观的努力表示佩服，希望伍光建也能为解决复旦的困难出些力气。

六、结　语

平心论之，在担任复旦监督之前，严复曾为复旦做了一些工作，在正式就任监督的时间中，他也为复旦做了不少事情，比如争得了端方的资助，[180]制订了不少教育规划，曾亲自出招生的英文试题和阅卷，[181]亦曾为学生批改英文翻译、解答翻译问题，[182]还试图将私立复旦朝向官办化发展，以获得稳定的经费来源，乃至辞职后还为复旦监督夏敬观帮忙聘请算学教习。但总起来说，作为复旦公学监督的严复并不太称职，其言论表达与实际行为脱节严重，正如叶仲裕及复旦学生在启事中集中抨击严复的，就是他徒有虚名，遥控复旦，任人唯亲，又没有为复旦延聘专门的教员。[183]

转言之，在当时学风嚣张的情况下，学生闹事、罢学已是常态。如时人之评论，"平时居学校则以放纵为自由，以顽劣为平等，一有不合，则动以退学为挟持，以冲突为目的，致热心办学者亦有所顾忌，而整顿无从。夫今日官立之学，大抵重压制，则奴隶之教育也；私立之学堂，大抵主放任，则野蛮之自由也"。[184]加之很多学堂的管理者并不"谙学务"，"其办学堂非借以交接官长，即借以侵吞公款"。[185]故此，这些管理者的任何举措都有可能遭到学生的杯葛，对于一个"溺职"又"引用私人"的校长来说，其行为尤易引发学生的罢学闹事现象。[186]严复的任职情况无非是这种状况的反映，无怪乎时人会对严复有这样的指责与讽刺：

严复的为人，只晓得自私自利，只享权利不尽义务。

> 他在安庆高等学堂里面，天天抽鸦片，一个人都不会，一件事都不做，每月白白的骗五百块洋钱；还有时候住在上海，又骗用复旦学院的修金。实在是个大滑头了！[187]

上述引文虽不免有些夸张和苛刻，可在某种程度上也表明，严复同时兼任两校监督时的一些做法，确有招致物议之处。无怪乎后来《民吁日报》上曾载文评论马相伯创办复旦公学及严复继任监督后，"其中风潮叠起，走者走，而死者死，而学堂数年来进步之机遂停顿"。[188] 甚至到了袁世凯复辟帝制时期，严复因为列名筹安会发起人，媒体又拿出他当年在复旦任职时的情况当作话柄，抨击严复"以大鸦片烟瘾著名"，又非常"懒惰"："严又陵在沪任某校教员时，每岁仅到十余次，其懒为人所共知。"[189]

同时担任两校监督，对于缺乏实际行政事务能力，又经常南来北往、身体状况欠佳的严复来说，已非力所能及，可严复并没有坚辞（后来的请辞或是被迫或是作为以退为进的策略），[190] 除了没有更好的去处，[191] 以及出任监督可以更好与官场联络外，[192] 两校监督的丰厚薪水应该是严复恋栈的最重要考虑。对此严复自己也不讳言，像他曾不断地表白，自己妻妾、儿女众多，[193]"一一皆须教养，此皆非巨款不办，真不知如何挪展耳"。[194] 而当严复赴天津任职后，他对在地环境又开始感到不满，"依人作客，种种不自由，然只得忍耐下去"。[195] 1909 年底，"北洋现已换人"，陈夔龙接替端方为直隶总督（端方在 1909 年 6 月 28 日上任），严复担心自己的"六成薪水"在"北洋现已换人"的情况下能否"照旧"发放的问题。[196] 到 1910 年旧历二月结束，严复北洋新政顾问官薪水停发，"甚不高兴"，视为一年"霉气"开端，连带对去担任学部审定名词馆总纂一职也不再感兴趣。[197]但出于金钱考虑，又不得不勉强就职，其内心之郁闷可想而知，"此来不过为些钱文"。[198]

实际上，在时人眼里也早有严复"好利"及只会空谈的印象，如根据皮锡瑞日记乙巳年正月十三日（1905 年 2 月 16 日）的记载，不太了解严复其人的皮锡瑞在读了严复文集之后，"叹其议论透快"，但一个朋友"蓉墅"却提醒皮锡瑞说严复"此人能说不能行，译书赚钱，而不为学堂办事，颇有好利之累"。[199]对于这个评价，我们通过严复与南洋公学、商务印书馆关于版税谈判中表现出来的锱铢必较，也可以得到印证。知识分子做事或为稻粱谋，半是无奈，半是悲哀。而自感家累甚重的严复甘愿为五斗米折腰，全然不顾自己曾经公开的主张与抱负，又何足厚责焉？又何能寄予厚望焉？

注释

〔1〕如冯保善：《严复传》，团结出版社 1998 年版，第 127—131 页；皮后锋：《严复的教育生涯》，《史学月刊》2000 年第 1 期，第 54—62 页；马勇：《严复学术思想评传》，北京图书馆出版社 2001 年版，第 213—220 页；皮后锋：《严复大传》，福建人民出版社 2003 年版，第 279—286 页；等等。

〔2〕在王栻先生主编之《严复集》（中华书局 1986 年版）五卷本基础上，学界关于严复佚文的收集整理，集大成者为孙应祥、皮后锋两先生所编之《〈严复集〉补编》（福建人民出版社 2004 年版）；关于严复一生行迹，考订较为精审者，当属孙应祥先生所编《严复年谱》（福建人民出版社 2003 年版）。目前收集严复著述最全者当属福建教育出版社 2014 年出版的 11 卷本的《严复全集》，唯本文引用，仍以最为通行的王栻主编之《严复集》为主，辅以《〈严复集〉补编》等。

〔3〕《与熊季廉书》（二十六）（1904 年 8 月 3 日），孙应祥、皮后锋：《〈严复集〉补编》，第 252 页。稍早时，严复也曾致信熊季廉，说

自己："教育感情至今未冷，然须行踪稍定后乃可计画。此事非面不尽。"《与熊季廉书》（二十五）（1904 年 5 月 16 日），孙应祥、皮后锋：《〈严复集〉补编》，第 252 页。

〔4〕《与张元济书》（十八）（1905 年 3 月 1 日），《严复集》第 3 册，第 555 页。

〔5〕《震旦学院解散》，《时报》1905 年 3 月 9 日，第 1 张第 1 页。天主教会主办的《汇报》对此次震旦退学事件也有追踪报道，只是非常模糊，轻描淡写。参看《震旦院生退学》，《汇报》第 8 年第 10 号（1905 年 3 月 15 日）；《震旦学院续闻》，《汇报》第 8 年第 11 号（1905 年 3 月 18 日）；《震旦学院最近消息》，《汇报》第 8 年第 13 号（1905 年 3 月 25 日）。皆被收入桑兵主编：《近代报刊汇览·汇报》第 11 册，广东教育出版社 2012 年影印本，第 149、165—166、202 页。

〔6〕蒋维乔：《鹪居日记》，乙巳年二月初四日日记，《蒋维乔日记》第 1 册，中华书局 2014 年影印本，第 522—524 页。参看张人凤、柳和城编著：《张元济年谱长编》（上），上海交通大学出版社 2011 年版，第 162 页。

〔7〕关于这些学生脱离震旦的原因及马相伯在其中所扮演的角色，马相伯事后曾有回忆，蒋维乔日记也有记载，而当时诸多媒体也有关注报道，可参看马相伯：《从震旦到复旦》（1935 年 10 月 31 日），转见《复旦大学百年志》编辑委员会：《复旦大学百年志》上卷，复旦大学出版社 2005 年版，第 11 页；《蒋维乔日记》第 1 册，第 522—523 页；《震旦学院解散》，《时报》1905 年 3 月 9 日，第 3 页第 1 张；冷：《宜合力助成震旦新学院说》，《时报》1905 年 3 月 11 日，第 1 张第 2 页；《江督电饬沪道代筹震旦学院事》，《时报》1905 年 3 月 15 日，第 3 页第 1 张；《新震旦学院之生机》《旧震旦学院之复活》，《时报》1905 年 3 月 20 日，第 3 页第 1 张；《震旦学院解散记》，《中外日报》1905 年 3 月 10 日，第 1 版；《论江督令上海道扶助震旦学院之善》，《中外日报》1905 年 3 月 17 日，第 1 版；《震旦学院学生退学始末记》《忠告震旦学生》，《大陆》第 3 年第 3 号，光绪三十一年二月二十五日，"纪事"，已收入《复旦大学百年志》上卷，第 13—14 页，唯《复旦大学百年志》所列《大陆》出版日期有误；《复旦公学集捐公启》，复旦大学档案馆档案：《复旦

大学集捐公启》小册子，目录号 ZH0101-1，案卷号 0001；该册子收入复旦大学校史编写组编：《复旦大学志》（第 1 卷），复旦大学出版社 1985 年版，第 51—53 页。

〔8〕冷：《宜合力助成震旦新学院说》，《时报》1905 年 3 月 11 日，第 1 张第 2 页。

〔9〕《新震旦学院之生机》，《时报》1905 年 3 月 20 日，第 1 张第 3 页。

〔10〕《江督与上海道往来电文（为震旦院生退学事）》，《中外日报》1905 年 3 月 20 日，第 1 版。

〔11〕参看：《震旦学院之最近情形》，《时报》1905 年 3 月 31 日，第 1 张第 3 页；《杨军门札以行台假复旦学院》，《时报》1905 年 4 月 2 日，第 1 张第 3 页。

〔12〕《震旦学堂不日开课》，《中外日报》1905 年 4 月 11 日，第 8 版。

〔13〕张謇研究中心等编：《张謇全集》第六卷《张謇日记》，江苏古籍出版社 1994 年版，二月二十四日（1905 年 3 月 29 日）日记，第 548 页。

〔14〕像商人曾少卿即自谓为复旦捐款万金，"今年则提倡复旦万金"。《曾少卿致商学界书》，《申报》1905 年 8 月 9 日，第 2 版。

〔15〕稍后，据当时的报道，复旦选定在吴淞炮台湾皇宫大校场地建设新校舍，该地"本已筑成宽阔马路多条，南通淞镇，北通宝城，东至外滩马路，西即永清大马路"，已有复旦学生多名曾在此勘探，以备将来兴工，"将来此学堂造成，屋宇宽敞，操场广阔，可比诸南洋公学"。《复旦学校改期开学》，《中外日报》1905 年 9 月 3 日，第 5 版。胡适当年曾参观过规划中的炮台湾复旦新校址，亦认为"地址甚大，骤观之，南洋公学不是过也"。胡适：《澄衷日记》，闰四月初八日，曹伯言整理：《胡适全集》第 27 卷，安徽教育出版社 2003 年版，第 39 页。

〔16〕冷：《震旦新学院之大局定》，《时报》1905 年 4 月 14 日，第 1 张第 3 页。

〔17〕吼：《忠告震旦学生》，《大陆》第 3 年第 3 号，光绪三十一年二月十五日，"纪事"，第 2 页。

〔18〕《江督批查复建设震旦新院拟请筹助经费禀》，《时报》1905 年 6 月 10 日，第 1 张第 3 页。参看《学务风声》，《汇报》第 8 年第 52 号（1905 年 8 月 9 日），《近代报刊汇览·汇报》第 12 册，第 152 页。

〔19〕《督批筹拨震旦新院学费》，《时报》1905 年 7 月 30 日，第 1 张第 3 页。

〔20〕《江督电询震旦、复旦两学堂之原因》，《申报》1905 年 9 月 5 日，
第 4 版。

〔21〕后曾有震旦旧生"梨花馆主"担心震旦解散后真的停办，就写信问
《汇报》情况："震旦学院自散学后，老学院将从此停办乎？抑另须
招考也。请答示报中，以餍心向老院诸士之望。"天主教势力主导
下的《汇报》遂回答道：震旦学院必将重开，现由教员与绅商商议
此事，大约最迟二三月后必有佳音，届时准备一切，想秋季第二学
期正，诸君入学时也，请拭目以待。《答问》，《汇报》第 8 年第 23
号（1905 年 4 月 29 日），《近代报刊汇览·汇报》第 11 册，第
368 页。

〔22〕《震旦学院解散》，《时报》1905 年 3 月 10 日，第 1 张第 1 页。

〔23〕《震旦同学公鉴》，《时报》1905 年 3 月 27 日，第 1 张第 1 页。

〔24〕《详纪复旦、震旦交涉情形》，《时报》1905 年 7 月 22 日，第 1 张第
3 页。

〔25〕《前震旦学院全体干事、中国教员、全体学生公白》，《时报》1905
年 6 月 29 日，第 1 张第 1 页；《中外日报》1905 年 6 月 29 日，论前
广告第 1 版。

〔26〕有关的文件，参看《震旦学院开办约》，《汇报》第 8 年第 48 号
（1905 年 7 月 26 日），《近代报刊汇览·汇报》第 12 册，第 90 页；
《震旦学院第二次解散始末》，《神州日报》1907 年 10 月 9 日，第 5 页。

〔27〕《徐家汇震旦学院》，《中外日报》1905 年 6 月 29 日，论前广告第 1
版。《汇报》上也曾刊出报道，庆祝震旦学院即将重开："近日沪上
各日报登有震旦学院广告，略谓前因学生误会意旨解散，而各教员
于中国教育之前途热心未懈，现拟延请中国清望素著、讲求教育之
人，为本学院名誉赞助员，约于七八月间开办云云。是震旦学院大
有重开之望，不禁为我中国学界前途庆也。"《徐家汇震旦学院最近
消息》，《汇报》第 8 年第 41 号（1905 年 7 月 1 日），《近代报刊汇
览·汇报》第 11 册，第 650 页。

〔28〕《震旦学院招考》，《中外日报》1905 年 7 月 23 日，论前广告第 1 版。

〔29〕《复旦公学广告》，《中外日报》1905 年 7 月 23 日，论前广告第 1
版。此广告亦见《时报》1905 年 7 月 22 日，第 1 张第 1 页；这些广
告在报纸上都是多日重复刊登的，下同。

〔30〕复旦大学档案馆档案：《复旦大学集捐公启》小册子，目录号

ZH0101-1, 案卷号 0001。

〔31〕《与熊季廉书》（三十一）（1905 年 7 月），孙应祥、皮后锋：《〈严复集〉补编》，第 256 页。此章程到夏敬观任复旦监督时进行了更改，参看《本署司详复厘定复旦公学章程文》，《江宁学务杂志》第 8 期，己酉十月十五日（1909 年 11 月 27 日），"公牍"，第 3—6 页。

〔32〕《时报》1905 年 7 月 22 日，第 1 张第 1 页；《中外日报》1905 年 7 月 23 日，论前广告第 1 版。

〔33〕《复旦公学广告》，《中外日报》1905 年 8 月 18 日，论前广告第 1 版；此广告又见《时报》1905 年 8 月 21 日，第 1 张第 1 页。

〔34〕与《长子严璩书》（二）（1905 年），王栻主编：《严复集》第 3 册，第 781 页。

〔35〕《复旦改期开学》，《申报》1905 年 9 月 2 日，第 17 版。

〔36〕霜：《吴淞水灾记略》，《南方报》1905 年 9 月 6 日，第 4 页新闻。

〔37〕参看《复旦公学特别广告》，《中外日报》1905 年 9 月 3 日，论前广告第 1 版；《复旦公学开学广告》，《中外日报》1905 年 9 月 10 日，论前广告第 1 版；《学务汇录·复旦公学改期开学》，《中外日报》1905 年 9 月 3 日，第 3、4 版。

〔38〕《复旦公学开学广告》，《时报》1905 年 9 月 10 日，第 1 张第 1 页。

〔39〕《复旦公学广告》，《中外日报》1905 年 9 月 14 日，论前广告第 1 版；《复旦公学广告》，《时报》1905 年 9 月 14 日，第 1 张第 1 页。

〔40〕《淞沪铁路启》，《中外日报》1905 年 9 月 14 日，论前广告第 1 版。

〔41〕《记复旦公学开校典礼》，《南方报》1905 年 9 月 15 日，第 3 页新闻；《复旦公学开学记》，《时报》1905 年 9 月 15 日，第 1 张第 3 页。

〔42〕两电均见《中外日报》1905 年 9 月 18 日，第 3 版。

〔43〕据江苏学务处的启事所言，当时上海学堂的办学性质分为"官立""公立""私立"三种。参看《江苏学务总会广告》，《南方报》1906 年 4 月 9 日，第 1 页告白。时人亦有言："学校性质，有官、公、私立之不同，即学校程度有发达腐败之互殊。"吴江璞庵稿：《官立学校腐败之原》，《神州日报》1907 年 8 月 29 日，第 5 页。1985 年出版的《复旦大学志》中也明确说复旦"是一所公立的高等学堂"，该书又根据《奏定中学堂章程》，列举了"官立""公立""私立"的标准："由官府设立的名为官立，由地方绅富捐集款项、或集自公款的名为公立，由一人出资的名为私立。复旦完全符合公

立规定。"参看复旦大学校史编写组编：《复旦大学志》第 1 卷，复旦大学出版社 1985 年版，第 58 页；又见《复旦大学百年志》，第 19 页。另外，复旦大学档案馆所存清末文件中，现存的对复旦公学的全称是"江苏省宝山县公立复旦学堂"（《复旦公学一览表》（1910），复旦大学档案馆藏，ZH0101-4，第 1 页）。而据 1909 年初送去立案的《复旦公学章程》，起首便言："本公学由各省官绅倡捐，并蒙两江督宪奏准，辅助常年经费，檄拨吴淞官地……"《咨送复旦公学厘订章程请核转详准予咨部立案由》（宣统元年），第 1 页，复旦大学档案馆藏，ZH0101-3。

〔44〕劳祖德整理：《郑孝胥日记》第 2 册，中华书局 1993 年版，第 1018 页。参看《张謇日记》，第 560 页。不过，张謇该日日记没有记载去复旦参观事，只记了几人一起去视察了鱼业会所，实际上，现存的张謇清末日记，除了偶有提及震旦之处，从无有提及复旦之处。

〔45〕《郑孝胥日记》第 2 册，第 1019 页。

〔46〕《同学诸君公鉴》，《时报》1905 年 3 月 12 日，第 1 张第 1 页。

〔47〕参看复旦大学同学会：《相伯夫子与复旦》（该文原载《复旦同学会刊》1939 年 3 月号），转见《复旦大学志》第 1 卷，第 53—54 页；参看《马相伯年谱》，第 215 页；又可参看《中华民国史事纪要（初稿）民国纪元前七年（1905）（正月至八月）》，中华民国"国史馆"1987 年版，第 687 页；赵聚钰：《于右任谈复旦创办》，收入彭裕文、许有成主编：《台湾复旦校友忆母校》，复旦大学出版社 2003 年版，第 4 页。

〔48〕《南方报》1906 年 1 月 13 日等期，第 1 页告白；《时报》1906 年 1 月 13 日等期，论前广告；《中外日报》1906 年 1 月 13 日等期，论前广告第 1 版。

〔49〕《中外日报》1906 年 1 月 14 日，论前广告第 1 版。

〔50〕《南方报》1906 年 1 月 16 日等期，第 1 页告白；《时报》1906 年 1 月 15 日等期，论前广告；《中外日报》1906 年 1 月 15 日等期，论前广告第 1 版。

〔51〕《南方报》1906 年 1 月 16 日等期，第 1 页告白；《时报》1906 年 1 月 15 日等期，论前广告；《中外日报》1906 年 1 月 15 日等期，论前广告第 1 版。

〔52〕《时报》1906 年 1 月 16 日，论前广告；《中外日报》1906 年 1 月 16

日，论前广告第 1 版。

〔53〕《时报》1906 年 1 月 17 日等期，论前广告；《中外日报》1906 年 1 月 17 日，论前广告第 1 版。

〔54〕据《中外日报》后来的报道，马相伯"去岁（农历，引者注）奉玉帅委，赴日本调停留学生退学事，今岁二月间始回沪"。《复旦校长上兴学条陈》，《中外日报》1906 年 5 月 23 日，第 3 版。此次取缔规则事件发生在 1905 年 12 月中旬，所谓"自日本行取缔规则后，留学生大起风潮"。（《咨送留学生人数表格》，《中外日报》1906 年 6 月 19 日，第 3 版）在陈天华跳海死后，其人被认为系因"取缔规则"而死，事件迅速升级，"一时人心大震动"。（胡适：《四十自述残稿六件》，见耿云志主编：《胡适遗稿及秘藏书信》（5），黄山书社 1994 年版，第 528—529 页）复旦公学学生也很关注此次事件，曾在报上刊登广告和致电南京，主张集思广益，团结对外，寻求解决之法。参看《敬告主持学界诸君子》，《时报》1905 年 12 月 17 日，论前广告；《规正同盟停学事》，《时报》1905 年 12 月 27 日，第 2 张。马相伯等是 1905 年年底受周馥委派，于 1906 年年初赴日，意图在"安抚三江留学生，劝令照常上课，勿附和罢学归国之议"。参看《江督派员赴日安抚学生》，《中外日报》1905 年 12 月 31 日，第 2 版；《纪苏绅莅宁劝谕学生事》，《时报》1906 年 1 月 5 日，第 3 页。马相伯大概 4、5 月之交回国（农历三月）后，随即去上海会见江督，讲述在日本情形，并以复旦校长身份给江督周馥上条陈。《复旦校长上兴学条陈》，《中外日报》1906 年 5 月 23 日，第 3、4 版。有关此次留日学生反对日本政府的取缔规则斗争及马相伯的一点活动情况，可参看实藤惠秀：《中国人留学日本史》，三联书店 1983 年版，第 377—407 页。

〔55〕《中外日报》1906 年 1 月 17 日，第 3 版；《时报》1906 年 1 月 17 日，第 2 页。

〔56〕《中外日报》1906 年 1 月 18 日等期，论前广告第 1 版；《南方报》1906 年 1 月 18 日等期，第 1 页告白；《时报》1906 年 1 月 18 日等期，论前广告。

〔57〕《中外日报》1906 年 1 月 18 日等期，论前广告第 1 版；《时报》1906 年 1 月 19 日等期，论前广告。

〔58〕《中外日报》1906 年 1 月 20 日，第 3 版。此电《时报》1906 年 1 月

19 日第 2 张亦有刊登，唯报道标题误作震旦学生——《震旦学生再电江苏学务处》。

〔59〕《两江学务处致复旦公学电，为复旦仍旧开校事》，《中外日报》1906 年 1 月 28 日，第 5 版；《南京学务处致复旦公学电》，《时报》1906 年 1 月 28 日，刊载本消息之版无列版面。

〔60〕杨天石等整理：《钱玄同日记》上册，北京大学出版社 2014 年版，第 19 页。

〔61〕《时报》1906 年 2 月 1 日等期，论前广告；《中外日报》1906 年 2 月 1 日等期，论前广告第 1 版。

〔62〕《时报》1906 年 2 月 4 日等期，论前广告；《中外日报》1906 年 2 月 4 日等期，论前广告第 1 版。

〔63〕《袁观澜先生鉴》，《南方报》1906 年 2 月 9 日等期，第 1 页告白。

〔64〕《袁观澜敬答曾少卿先生》，《南方报》1906 年 2 月 10 日等期，"特别告白二"。

〔65〕《声明》，《南方报》1906 年 2 月 11 日等期，第 1 页告白。

〔66〕《吴淞宝大木行声明》，《南方报》1906 年 2 月 11 日，第 1 页告白。

〔67〕大概在光绪三十二年二月，叶仲裕接任袁希涛（观澜）担任复旦公学庶务长。参看复旦大学档案馆档案：《历任教职员一览表》，目录号 ZH0102-1，案卷号 0010，第 8 页。必须说明的是，这份档案所收教职员名单并不完整，且各教职员任职时间也不尽准确。如第 16 页说张汝楳是光绪三十三年八月入校，即误。张 1905 年 10 月即为复旦教员了。参看《请究火车美兵驱逐华人电》，《申报》1905 年 10 月 4 日，第 2 版。

〔68〕《中外日报》1906 年 3 月 5 日，第 3 版。

〔69〕曾在 1906 年 5 月 30 日到复旦公学访友的胡适即观察道："复旦校规太宽，上课时间亦少，非'苦学生'也。"胡适：《澄衷日记》，闰四月初八日，曹伯言整理：《胡适全集》第 27 卷，第 39 页。

〔70〕关于复旦办学经费的收支情况及缺口，可参看复旦公学会计部所作《复旦公学丙午上学期收支报告》，《中外日报》1906 年 7 月 11 日，论前广告第 1 版。

〔71〕叶瀚：《叶景莱行略》（续），《神州日报》1909 年 11 月 27 日，第 4 页。叶瀚这里的文字，重点彰显叶景莱为复旦公学募捐所作的贡献，"是则景莱生平之事最可叹美者也"。

〔72〕《追悼会员》，《寰球中国学生报》第1期（丙午五月），第38页。

〔73〕参看：《追悼会》，《时报》1906年4月27日，论前广告；《追悼会》，《中外日报》1906年4月27日等期，论前广告第1版；孙应祥：《严复年谱》，第271—272页；劳祖德整理：《郑孝胥日记》（第2册），第1040页。《寰球中国学生报》上也发表了三篇诗文悼念熊，参看郑孝胥：《挽熊季廉主政》，《寰球中国学生报》第1期，第38页；伯严（陈三立）：《哭南昌熊季廉》，子黻：《哭南昌熊季廉主政》，《寰球中国学生报》第2期（丙午七月），第45、48页。熊季廉妻兄夏敬观亦有诗悼念——《哭熊季廉》，参看陈谊：《夏敬观年谱》，黄山书社2007年版，第25页。

〔74〕《挽熊季廉》，《〈严复集〉补编》，第58页。稍后，其亲友曾登报收集熊季廉译著："海内知交凡存有诗文尺牍零篇断简，请抄寄江西省□东湖边熊氏心远英文学堂代收转交是幸。观妙楼主谨启。"参看《搜求熊季廉先生遗著刊稿》，《中外日报》1906年6月4日等期，论前广告第1版；《时报》1906年6月21日等期，广告版。不过，严复建议收集到的熊氏遗文，"尊处所抄集遗文，仅当载家乘中，不必问世……"严复：《与熊季贞、熊文叔书》（七）（1907年12月29日），《〈严复集〉补编》，第278页。

〔75〕《四月初五日追悼会严几道先生演说》，《中外日报》1906年4月30日，第6、7版；《中外日报》1906年5月1日，第7版。可参看拙文《严复与熊季廉的"父子"之交》，《史林》2013年12月号，第112—116页，已收入本书。

〔76〕《与熊季贞书》（1906年7月20日），收入《〈严复集〉补编》，第276页。

〔77〕《郑孝胥日记》第2册，第1049页。

〔78〕有关陈三立与熊季廉的关系，可参看拙文《陈寅恪与复旦公学》，已收入本书。

〔79〕《与熊季贞书》（1906年8月5日），收入《〈严复集〉补编》，第278页。标点略有更动。

〔80〕《中外日报》1906年8月20日等期，论前广告第1版。

〔81〕参看《郑孝胥日记》第2册，第1050页。郑孝胥是在1906年7月23日日记中记载此事。

〔82〕据复旦公学刊登的一则广告可知："蒙严侯官介先生任本校教务，惟

先生赣闽住址未能详悉，务请见报后开寄安徽高等学堂或迳寄吴淞本校，以便电请束状。复旦公学谨启。"《陈持正先生鉴》，《中外日报》1906 年 9 月 7 日等期，论前广告第 1 版。但据复旦档案馆所藏《历任教职员一览表》，没有关于陈持正曾就任复旦教习的记载，或许陈最终并没有到任。但此前陈持正曾在熊季廉负责的江西铁路工程处为外国工程师担任翻译，月薪一百五十元。参看"九江"，《申报》1905 年 7 月 2 日，第 10 版。

〔83〕《与夫人朱明丽书》（二）（1906 年 9 月 20 日），《严复集》第 3 册，第 735 页。郑孝胥 1906 年 10 月 5 日记载："张蹑五来言复旦事。"《郑孝胥日记》第 2 册，第 1059 页。此处张蹑五（即张桂辛）所言事与让严复改变行程的复旦事或有关联。

〔84〕《江督照会郑京卿孝胥为中国公学监督文》，《江宁学务杂志》第 1 册，丁未年三月十五日（1907 年 4 月 27 日），"公牍"，第 2 页。

〔85〕根据马相伯自谓，他在 1905 年底即不实际参与复旦事，实际辞职时间或在 1906 年年末："复旦公学去秋开校至年终，仆于银钱言定不问不用，所有修屋置器及教员俸等九千余两，均由曾少卿先生津贴，理当代为鸣谢，今年校事一切均未过问。马良启。""马相伯通信处"广告，《时报》1906 年 11 月 18 日，论前广告。

〔86〕参看钱实甫编：《清代职官年表》（第 2 册），中华书局 1980 年版，第 1501—1503 页。

〔87〕参看夏晓虹：《梁启超代拟宪政折稿考》，收入氏著《梁启超：在政治与学术之间》，东方出版社 2014 年版，第 17—77 页。

〔88〕吴庆坻：《端总督传》，收入端方：《端忠敏公奏稿》，沈云龙主编：《近代中国史料丛刊》第 10 辑，第 94 种，台北文海出版社影印本，第 8 页。

〔89〕参看《复旦公举严观察为总理》，《新闻报》1907 年 1 月 30 日，无版面；《叶景莱启事》，《申报》1908 年 2 月 10 日，第 1 张第 1 版。

〔90〕《严观察已允留京办事》，《中外日报》1906 年 11 月 18 日，第 4 版。

〔91〕《皖绅挽留高等学堂监督》，《时报》1907 年 2 月 23 日，第 3 页。

〔92〕在当时科举改制后，办学堂不但有名声，还有利可图，故此许多趋新人士都乐为之，希望"借此以运动公款，联络官场"。参看《中国前途之问题·教育问题》，《神州日报》1907 年 5 月 2 日，第 1 版。

〔93〕《与甥女何纫兰书》（八）（1906年12月6日），《严复集》第3册，第832页。

〔94〕《与甥女何纫兰书》（八），《严复集》第3册，第832页。

〔95〕参看《复旦公学广告》："本月初一，蒙关道宪瑞莘儒观察筹拨银式千两余。除复呈收据外，敬登报鸣谢。"《中外日报》1907年1月16日，论前广告第1版；《时报》1907年1月17日，论前广告。

〔96〕《与甥女何纫兰书》（五）（1906年11月29日），《严复集》第3册，第830页。

〔97〕该广告见《中外日报》1907年2月20日等期，论前广告第1版；《时报》1907年2月20日等期，论前广告。

〔98〕端方：《端忠敏公奏稿》，第1009页；《复旦大学志》第1卷，第79页。关于《筹拨复旦公学经费折》，《端忠敏公奏稿》编者将该折时间列为光绪三十三年四月，但该折也曾在《江宁学务杂志》第5期（丁未年七月十五日［1907年8月23日］）、《四川教育官报》丁未第9册（1907年10月，第4页）、《北洋官报》丁未第1453册（第3—4页）上刊载，折中言及"本部堂于光绪三十三年四月二十八日（1907年6月8日）会同江苏巡抚部院陈恭折专差具"，又言叶仲裕、张桂辛的禀请是在"本年二月"。（《督宪端札筹拨复旦公学常年经费，谨陈办理情形一折文》，《江宁学务杂志》第5期，"公牍"，第5、6页）笔者根据《叶景莱启事》"自丙午冬，景莱与张君桂辛赴宁禀请拨定复旦常年经费后"云云，则《筹拨复旦公学经费折》所言可能不确。因该折肯定系端方幕僚所写，其所言的具体日期不如叶景莱所记准确。且从上奏到得到批准，一般都要稽延一段时日，很可能"本年二月"是端方批准叶、张禀请的时间；严复也说："自丁未春，经两江督宪奏拨常年经费、派定监督之后，（复旦）已成官立之校。"《严复启事》，《时报》1908年2月12日，论前广告。因之，这里采用叶景莱的说法，为"丙午冬"，参看《叶景莱启事》，《申报》1908年2月10日，第1张第1版。

〔99〕《严复年谱》，第292页。复旦大学档案馆馆藏档案《历任教职员一览表》（ZH0102-1）记载，严复担任监督是在光绪三十二年二月（约1906年3月），根据我们上引材料，此记载明显不确，或许指的是严复参与管理复旦的时间，而非担任监督的时间，也可能是档案编者误记，因该档案是在1937年所编。参看《历任教职员一览表》，第1页。

〔100〕当时的复旦虽然名为"公立",但早已接受两江总督周馥的资助,周馥的支持对于水深火热中的复旦固然是雪中送炭,但由此也把复旦置于官方的影响之下,这时的"公立"复旦实际正在官办化;后来端方插手后,复旦监督更需要由官方任免。

〔101〕《与甥女何纫兰书》(十)(1907 年 1 月 30 日),《严复集》第 3 册,第 834 页。此"照会"为《江督照会严又陵观察为复旦公学监督文》,刊载于《江宁学务杂志》丁未年三月十五日第 1 册,1907 年 4 月 27 日,"公牍",第 1—2 页。该照会又载于《时报》1907 年 4 月 28 日,第 4 页。其内容如下:"为照会事,照得泰东西之立学、教育与管理并重。论者谓教育为学界之母,而管理得人又为教育之后盾。上海复旦公学规模宏远,执事以科学大师总持教务,学子莘莘,将有一日千里之效。惟是校长名称,取义稍狭,未足缩栗全体。夙谂执事深通名学,界说谨严,其于全校规则,有应变通厘定,以及纡筹经济、扩张器物,不系教育一部分而属之管理范围者。执事或逊让,弗居校务,即美犹有憾,用特加具聘牍,敬延执事为复旦公学监督,凡全校教育暨管理事宜,悉归主持,并饬财政局刊刻关防,备文赍送开用,以昭慎重,将见振裘挈领组织,日底于完全,祭海先河,中外皆奉为矩矱。除行财政局遵照外,为此合行照会。谨请查照,须至照会者。"可惜的是这则照会并没有注明颁发的确切日期。

〔102〕该启事最初登在《中外日报》1907 年 2 月 20 日等期,论前广告第 1 版;同期《时报》也有该启事。此则材料,《严复集》以及《〈严复集〉补编》,皆未予收录。

〔103〕严复很早就开始吸鸦片,这种情况可从他写给其夫人朱明丽的信中明显看出来,当然他给别人的信中也有意无意地透露了他吸食鸦片上瘾的情况。实际上,之前安徽巡抚诚勋曾命令各学堂师生员工,不得吸食洋烟,"洋药为鸩毒之尤,各省学堂均应悬为厉禁,无论官师学生,及服役之人,有犯此者立行斥退,万不可稍纵宽假等因"(《安徽巡抚通饬各学堂严禁吸食洋烟札》,《中外日报》1905 年 7 月 9 日,第 3 版)。后新任皖抚恩铭也发布《严防教习学生吸食鸦片》的命令,"自兹以往,倘有教习犯此者,立予退席;学生犯此者,立予退学。"(《中外日报》1906 年 10 月 3 日,第 3 版)严复就任安徽高等学堂监督前,一度想戒烟,但似乎并未成功,他

抽鸦片的事，当时即曾受到安徽高等学堂学生的指责，"统计（严复）三学期用银万两余，在堂仅两月。而两月在堂，又高拱深宫，学生欲一睹容颜、一闻声欬而不可得，秘密踪迹之，惟烟缕缕自户出，香气扑鼻端而已。"（安徽高等学堂全体学生：《对于严监督之公愤书》，《南方报》1907 年 6 月 2 日，第 1 页）严复后来还遭到时人（可能也是出自安徽高等学堂的学生）很刻薄的挖苦："侯官大士，船政学生，自称宾塞门徒，又见子陵再世。改良物质，全凭莺粟三钱；淘汰天然，空逐槐花五次。呜呼！迟迟钟鼓初长夜，耿耿星河欲曙天。如是等众生、渺渺烟魂，乘此良宵，来受甘露味。"参看《新焰口经·严几道》，见《安徽白话报》戊申第 3 期，戊申年九月下旬（约 1908 年 10 月）。关于严复抽鸦片的情况，还可参看黄克武：《惟适之安：严复与近代中国的文化转型》，台北联经出版公司 2010 年版，第 41—48 页。洪宪帝制失败后，作为筹安会六君子之一的严复受到舆论抨击，有人仍旧拿严复抽大烟旧事进行挖苦：吞咽吐雾伴如豆之灯火也，佐治筹安酿滔天之大祸也。身败名裂此名士之结果也。斯宾塞曰：非吾徒也，小子鸣鼓而攻之可也。尘梦：《六君子赞》，《民国日报》1916 年 8 月 14 日，"艺文部"。

[104] 严复在致熊季廉的信中曾说："安庆地方极陋，房屋如鸡栖，几椅粗糙，久坐令人股痹，故到此之后，羌无好坏。"严复致熊季廉（三十八），《〈严复集〉补编》，第 259 页。严复在致夫人信件中也屡次嫌弃安庆条件差，此间生活不够舒服，"饮食起居诸凡不便，甚以为苦"。《严复集》第 3 册，第 735、737 页。

[105] 沈寂：《严复办学试点的成功与教训——安徽高等学堂》，《近代中国》第 15 辑，上海社科院出版社 2005 年版，第 107—108 页。

[106] 因为安徽高等学堂严重欠缺教习，严复曾在报纸上登广告《几道启事》，招揽旧日学生前来安徽高等学堂帮忙，启事内容为："前北洋海军学堂前后各学生鉴：自遭乱停学之后，劳雁分飞，不知诸君现居何处，刻复在皖办理高等学堂，需用教员既多且亟，颇望同学诸君前来相助为理。为此登报，祈即通信前来，俾知居址；即在有事，诸君亦望以数行见教为恳。严复白。"《时报》1906 年 4 月 18 日等期，论前广告；《中外日报》1906 年 4 月 18 日等期，论前广告。此则材料《严复集》《〈严复集〉补编》等亦皆未收录。

[107] 复旦大学档案馆档案《历任教职员一览表》第 8 页有何心川（字

镜波）为斋务长的记录，说他于光绪三十二年正月（1906 年 1—2
月间）到校，福建闽侯人，北洋水师学堂毕业。当然，何任复旦斋
务长也可能系出自校董严复的推荐。

〔108〕《与甥女何纫兰书》（十一），《严复集》第 3 册，第 834 页。

〔109〕《与夫人朱明丽书》（六）（1907 年 4 月 8 日），《严复集》第 3 册，
第 737 页。

〔110〕《评论》，《南方报》1907 年 6 月 1 日，第 2 页新闻。

〔111〕《中外日报》1907 年 2 月 20 日等期，论前广告第 1 版；该广告又见
同期《时报》。

〔112〕《复旦公学录取新生案》，《中外日报》1907 年 3 月 8 日，论前广告
第 1 版。

〔113〕《复旦公学开校典礼》，《中外日报》1907 年 3 月 13 日，第 1 张第
4 版。

〔114〕参看端方：《筹拨复旦公学经费折》，《端忠敏公奏稿》，第 1007—
1009 页。马相伯年谱编者认为此拨款来自马相伯的努力，"先生复
请于江督，月拨经常费二千元，于是复旦公学之基础始固"，不确。
参看张若谷编：《马相伯年谱》，沈云龙主编：《近代中国史料丛
刊》第 67 辑，第 664 种，台北文海出版社影印本，第 215 页。

〔115〕《江督端致复旦公学电》，《中外日报》1907 年 3 月 26 日，第 1 张
第 4 版；《申报》1907 年 3 月 26 日，第 4 版。

〔116〕《江督派员考察复旦公学》，《申报》1907 年 4 月 18 日，第 18 版。

〔117〕《与夫人朱明丽书》（六）（1907 年 4 月 8 日），《严复集》第 3 册，
第 737 页。

〔118〕《江督准拨复旦公学建校巨款》，《申报》1907 年 4 月 30 日，第 4
版。此款应该未到位，直到 1909 年高凤谦任复旦监督时，还在为
建设复旦校舍事奔走。参看《复旦公学建筑校舍之动议》，《申报》
1909 年 11 月 1 日，第 19 版。

〔119〕《与曹典球书》（八）（1907 年 5 月 6 日），《严复集》第 3 册，第 572 页。

〔120〕《江督不允复旦公学请加津贴》，《申报》1907 年 5 月 21 日，第 4 版。

〔121〕《与甥女何纫兰书》（十三）（1907 年 6 月 4 日），《严复集》第 3
册，第 836 页。

〔122〕叶仲裕其兄叶景葵（揆初），其叔父叶瀚，均为近代文化名流，他
们两人与赵尔巽、郑孝胥、陈三立、端方等人也有较密切关系。

〔123〕《与甥女何纫兰书》（十二），《严复集》第 3 册，第 835 页。此札未署具体日期，结合前后文推断，当写于 1907 年 4、5 月间。

〔124〕《与甥女何纫兰书》（十三）（1907 年 6 月 4 日），第 836 页。

〔125〕《与甥女何纫兰书》（十四），《严复集》第 3 册，第 836 页。

〔126〕端方此时大概正忙于徐锡麟事，无暇顾及严复要求。如据当时媒体记载，徐案对端方打击颇大，端方"自皖事出后，神志不怡，大有挂冠之志……"《述江督近日情形》，《中外日报》1907 年 7 月 20 日，第 2、3 版。

〔127〕《与甥女何纫兰书》（十六）（1907 年 7 月 11 日），《严复集》第 3 册，第 836 页。

〔128〕《神州日报》1907 年 7 月 15 日等期，第 1 页广告版；《中外日报》1907 年 7 月 15 日等期，论前广告第 1 版。

〔129〕参看《御史胡思敬奏参前江督端方折》，《时报》1910 年 1 月 1 日，第 6 页。

〔130〕《南京江督端札藩司文为核减各局所学堂经费事》，《中外日报》1907 年 1 月 18 日，第 6 版。

〔131〕《委查复旦公学经费》，《中外日报》1907 年 9 月 21 日，第 4 张第 2 版；参看《江督派员清查复旦公学用款》，《申报》1907 年 9 月 21 日，第 4 版；《江督派员稽查复旦公学经费》，《上海（报）》1907 年 9 月 21 日，第 1 版。

〔132〕根据叶仲裕的当时情况以及他对严复的回应，叶挪用校款应该属实。这时叶正代替于右任主持《神州日报》，尤其是《神州日报》馆在 1907 年 5 月 8 日因邻居失火而被殃及后，"同人生命无恙外，所有一切悉数被毁"（"本社启事"，《神州日报》1907 年 5 月 10 日，第 1 页广告版），报馆需钱孔亟，叶景莱"以一身独任其难，四出奔驰，艰窘万状"。（叶景葵：《鸽痛记跋》，收入顾廷龙编：《叶景葵杂著》，上海古籍出版社 1986 年版，第 289 页）为此叶景莱在杨守仁（毓麟，1872—1911）引荐下直接同江督端方进行接洽，请求获得端方支持与资助（参看杨守仁致端方函，虞和平主编：《近史所藏清代名人稿本抄本》第 1 辑，大象出版社 2012 年版，第 143 种《端方档》，第 225 页）。顾廷龙先生言及叶景莱主持《神州日报》时也说，"亏负甚巨，卒不振。所遇多拂逆……"（顾廷龙：《叶公撰初行状》，收入《叶景葵杂著》，第 421 页）故此，

叶庶务长挪用复旦校款于《神州日报》馆是完全有可能的，还可能得到了端方的默许。

〔133〕《与端方书》（一），《严复集》第 3 册，第 582—583 页。《严复集》与《严复年谱》编者均将此札系为 1906 年冬所书，误。因端方实际拨给复旦常年经费是在 1907 年正月，严复 1906 年 12 月 6 日见端方时，还要求端方肯资助"开头及后此常年经费"，才能"为彼中校长"。严复此札中"本年岁暮""两学期"等语，表明复旦已经收到拨款两学期，但仍然入不敷出。根据《江督不允复旦公学请加津贴》《委查复旦公学经费》及下文将引的《复旦公学学生广告》等可知，复旦得到端方每月 2 000 元的拨款是自 1907 年正月，至 1908 年 1 月刚好"一载于兹"共二万四千元。唯"明年此校乃属复经理"中之"乃"，似乎表明该函应为 1906 年岁末所写，但假若此札为 1906 年冬所书，则严复为何直到 1908 年初才发难要开除叶、张两人？此处说到已经收到端方拨款两学期，则到 1906 年末时，端方甫任江督三个月，复旦断不会已经收到其两学期拨款的。而且 1906 年底，严复就任监督，也不会立即向曾请他担任复旦监督的叶、张发难。再者，根据《与端方书》（二）中严复自谓，复旦"文案则去年之监学周明经良熙改充"，而周良熙至少在 1907 年 5 月底安徽高等学堂发生风潮之前，一直在该校担任"杂务"（参看《严复年谱》，第 301 页），1906 年年底时还不可能在复旦任职，所以应该是在 1907 年 5 月底安徽高等学堂发生风潮之后，严复被迫辞职，周又随严复到复旦任职。《与端方书》（二）与第一札内容关联，应断定第一札系严复在 1907 年年底或 1908 年年初写给端方的。

〔134〕《中外日报》1908 年 2 月 7 日等期，第 1 张广告第 3 版；《中外日报》1908 年 2 月 9 日等期，第 1 张广告第 1 版；《时报》1908 年 2 月 9 日等期，论前广告。《严复集》《〈严复集〉补编》等皆未收录该文。

〔135〕《复旦公学预行声明简章》，《中外日报》1908 年 2 月 19 日，第 3 张第 1 版。

〔136〕《为请缓给复旦严监督回函代祥陈事自上海致端方电报》，一档馆藏端方档案，27-01-002-000174-0116。

〔137〕《神州日报》1908 年 2 月 9 日，第 1 页广告版；《申报》1908 年 2 月 10 日，第 1 张第 1 版；《时报》1908 年 2 月 10 日，论前广告；

《中外日报》1908 年 2 月 10 日，第 1 张广告第 1 版；《新闻报》
1908 年 2 月 11 日，第 1 张。

〔138〕《神州日报》1908 年 2 月 9 日，第 1 页广告版；《新闻报》1908 年
2 月 9 日第 2 张；《申报》1908 年 2 月 10 日，第 1 张第 1 版；《时
报》1908 年 2 月 10 日，论前广告；《中外日报》1908 年 2 月 10
日，第 1 张广告第 1 版。

〔139〕此时的中国公学监督是由端方委任的郑孝胥，"查有候补四品京堂
郑孝胥……已照会为该公学监督，主持一切"。《江督筹拨中国公
学常年经费折》，《神州日报》1907 年 7 月 21 日，第 3 页；该折又
被收入《江宁学务杂志》第 5 期（丁未年七月十五日），"公牍"，
第 3—5 页；还被收入《端忠敏公奏稿》，第 1010—1013 页。郑孝
胥于 1908 年 3 月 24 日曾"致中国公学书，报告辞退监督"，端方
还想让郑继续任监督，但郑志不在此。参看《郑孝胥日记》第 2
册，第 1134、1136 页。实际上，很快在 1908 年 9—10 月间，夏敬
观任监督时，中国公学也发生了大规模风潮，绝大多数学生退学而
另立了"中国新公学"，时在中国公学求学的胡适就是其中的积极
参与者。

〔140〕《时报》1908 年 2 月 12 日，论前广告；《中外日报》1908 年 2 月 12
日，第 1 张广告第 1 版。此则材料，《严复集》《〈严复集〉补编》
等亦皆未收录，研究者也未利用到。

〔141〕沈寂先生认为严复在主持官办安徽高等学堂时，"刻意自治"为其
失败原因之一。这样的判断显然有些理想化与简单化，太美化严复
了，误将严复巩固自己监督权力、任用私人的举措等同于是他在摆
脱官方搞自治，等同于严复是在选择官立学校作为自治试点。参看
沈寂：《严复办学试点的成功与教训——安徽高等学堂》，《近代中
国》第 15 辑，第 137 页。

〔142〕《神州日报》1908 年 2 月 13 日，第 1 张；《时报》1908 年 2 月 14 日，
论前广告；《中外日报》1908 年 2 月 13 日，第 1 张广告第 1 版。

〔143〕《神州日报》1908 年 2 月 17 日等期，第 1 页广告版；《时报》1908
年 2 月 17 日等期，论前广告。《中外日报》1908 年 2 月 17 日等期，
第 1 张广告第 1 版。该广告的《神州日报》版把"复旦自与"误
作为"复相自与"，《神州日报》后来再刊载此广告即纠正了。

〔144〕后来中国公学亦曾面对相似的情形。1908 年 11 月 17 日，中国新公

学诸人来找郑孝胥，"言公立之中国公学不应改为官立事"。郑孝胥立即从官方立场驳斥之："如学生能自筹费，不借捐款、官款则可；今'公立'二字久已卖却，复何言乎？"见《郑孝胥日记》第2册，第1166页。

〔145〕《皖省高等学堂风潮续志》，《南方报》1907年6月10日，第3页；参看《皖省各学堂教员为高等学堂事上学使禀》，《时报》1907年6月9日，第4页。

〔146〕《续志高等风潮之原因》，《神州日报》1907年5月30日，第4页。据皮锡瑞记载，严复任安徽高等学堂监督的修金为每月五百元，待遇非常优厚，直让皮锡瑞感叹"阔哉"！舆论这里批评严复两年修金为二万元，严复实际在任时间不足两年，所得薪金总额应不足二万，此处数字当为约数。参看皮锡瑞乙巳十二月二十一日（1906年1月15日）日记，见吴仰湘编：《皮锡瑞全集》第11册，第2015—2016页。

〔147〕《时报》1908年2月23日，论前广告；《神州日报》1908年2月23日，第1页广告版。

〔148〕参看张建斌：《端方与复旦公学》，《史林》2017年第3期，第109—117页。

〔149〕一档馆藏端方档案，《未探得复旦于廿四开学事自苏州致端方电报》，27-01-002-000174-0120。

〔150〕严复函，收入"中研院"近代史研究所编印：《匋斋（端方）存牍》（史料丛刊第30种），"中研院"近代史研究所1996年6月版，第128—129、218页。该书整理者阎崇璩将严复此函系为1907—1908年（第219页），不准确。

〔151〕稍后于宣统元年（1909）公布的《复旦公学章程》，从中亦可看出江督端方对学生主张的迁就与对严复官立化做法的纠正，该章程不得不承认复旦非"官立"学校，仍为"公立"："本公学之设不别官私，不分省界，要旨乃于南北适中之地设一完全高等学校，俾吾国有志之士得由此研究泰西专门学术，底于有成，应定为公立高等学校，一切章程详请两江总督宪咨。"《咨送复旦公学厘定章程，请察核转详准予咨部立案由》，ZH0101-3，第1页。

〔152〕《为执事为难事已与郑孝胥商量办法详载苏函事致上海复旦公学严复电报》，端方档，27-01-001-000167-0044。

〔153〕该文也发表在 1907 年 6 月 24、25、26 日《中外日报》上（皆在第 3 张第 2 版），题为《严幾道辞退安庆高等学堂监督意见书》。《严复年谱》只提及该文曾发表在《直隶教育杂志》（丁未年第 8 期，光绪三十三年五月十五日，第 121—128 页）上，没有发现其亦发表在《中外日报》上。

〔154〕《与熊季贞书》（八）（1908 年 3 月 24 日），《〈严复集〉补编》，第 279—280 页。

〔155〕韩愈《答柳柳州食虾蟆》诗有教育虾蟆犹如对牛弹琴之意，虾蟆非但不感恩图报，反作跳梁小丑，让人不堪，不过长期下去，教育者对此已经司空见惯了，但明智的人最好独善其身。该诗颇长，此处不录，可参看韩愈：《韩昌黎全集》，中国书店 1991 年影印本，第 106—107 页。

〔156〕《三月自吴淞复旦学堂还寓，因忆昌黎〈食虾蟆〉诸诗，不觉大笑，戏成三绝句》，《严复集》第 2 册，第 366 页。此诗可能系三月初一日所写，据郑孝胥记载，严复曾于 1908 年 4 月 2 日（即农历三月初二）寄此时身在南京的郑孝胥诗一首，此"诗"很可能就是严复的仿韩愈《食虾蟆》诸诗，郑当时"即答之"。参看《郑孝胥日记》第 2 册，第 1136 页。笔者翻检郑孝胥的《海藏楼诗集》，没有发现可以与严复仿韩愈《食虾蟆》诸诗旨意相近的诗句。但以上只为笔者推测，尚须进一步的资料挖掘，才能确定严复、郑孝胥此时唱和的诸诗之具体为何及其写作时间。

〔157〕据后来《顺天时报》报道："严幾道观察奉札充北洋新政顾问官一节，现闻杨莲帅以观察为新学名家，深资臂助，拟俟直隶改订官制，其左参赞一缺将观察位置云。"《严观察有得北洋参赞消息》，《顺天时报》1908 年 9 月 20 日，第 4 版。

〔158〕参看《与熊季贞书》（八）（1908 年 3 月 24 日），《〈严复集〉补编》，第 280 页；据后来严复自承，此职位为"新政顾问官"，待遇非常优厚，为月薪 300 元，加每月车马费 200 元。参看《与夫人朱明丽书》（十二）（1908 年 9 月 2 日），《严复集》第 3 册，第 741 页。

〔159〕《与端方书》（二），《严复集》第 3 册，第 583 页。《严复集》编者将此札系年为 1907 年上半年所书，明显为误。严复该札附函有"去年学部秋试"句，查《严复年谱》，严复参加学部秋试时间在 1907 年 10 月初，周良熙任职复旦则至少在 1907 年 6 月后。该札中

还提及夏敬观（即叶景莱启事中的夏观察）来复旦查看事，故此札当写于严复与叶仲裕冲突后，其日期应该在 1908 年 3 月初之后（据郑孝胥记载，夏敬观 3 月 7 日在上海曾拜访郑孝胥，参看《郑孝胥日记》第 2 册，第 1132 页）。严复文中所提"赴宁"的"郑廉访"，是端方手下红人、严复好友郑孝胥。查郑孝胥的记载可知，郑孝胥是 3 月 23 日坐船赴南京见端方的（《郑孝胥日记》第 2 册，第 1134 页），他在南京还遇到夏敬观，则此札当在此之后，在 4 月 16 日前。如严复在 1908 年 4 月 16 日（农历三月十六日）写给熊季贞的信中所言，"兄尽此月内，计当北上。然颇舍不得南中诸友"（《与熊季贞书》（九），《〈严复集〉补编》，第 280 页）。上述材料表明，严复本计划农历三月即交卸复旦公学监督职务。

〔160〕严复这里说的"严教员"，是浙江余姚的严鹤龄，他于光绪三十四年正月（约 1908 年 2 月）开始担任监学，1908 年 8 月考取浙江官费留美法科，同时考取官费留美者还有翁文灏等 20 人（参看《浙江考试留学生揭晓》，《神州日报》1908 年 8 月 13 日，第 3 版）；周良熙开始担任文案也是在光绪三十四年正月，二月则又兼任会计；只有张汝辑（复旦档案作"楫"）是在光绪三十二年八月（约 1906 年 9 月）入校的。参看《历任教职员一览表》，第 6、12、14 页。同一档案第 21 页居然又说严鹤龄是光绪三十四年八月入校，显然为误。

〔161〕时为复旦学生的后来回忆也可证实这种情况："严虽长母校，但因兼长女大，不能时常到校，特委何某（名字记忆不清），常川住校，主持校务。……严校长因不能时常到校，校务不免废弛，各方表示不满，即引退，从不与学员为义气之争，相持不下，致危及校本者。"薛祐宸：《母校吴淞时代之回忆》，转见薛明扬、杨家润主编：《复旦杂忆》，复旦大学出版社 2005 年版，第 20—21 页。

〔162〕《与夫人朱明丽书》（十）（1906 年 10 月 21 日），《严复集》第 3 册，第 739—740 页。

〔163〕《与曹典球书》（八）（1907 年 5 月 6 日），《严复集》第 3 册，第 572 页。

〔164〕《沪道复学部电（为代禀严复婉辞襄校试卷事）》，《申报》1907 年 9 月 24 日，第 5 版。

〔165〕《答郑太夷》，《严复集》第 2 册，第 366 页。原诗未署时间，但

《严复集》编者将此诗列于严复仿韩愈《食虾蟆》诸诗之后。笔者
推测，此诗应该是严复作于仿韩愈《食虾蟆》诸诗后不久，大概
是严复对郑孝胥和诗的和诗。

〔166〕《与端方书》（二），《严复集》第 3 册，第 584 页。

〔167〕据当时媒体报道："端督派夏剑成观察接办复旦公学，兼中国公学
监督，不日赴沪。"《申报》1908 年 5 月 2 日，第 4 版。

〔168〕《与熊季贞书》（十）（1908 年 8 月 1 日），《〈严复集〉补编》，第
281 页。

〔169〕复旦大学档案馆馆藏档案说夏敬观入校任监督时间为光绪三十四年四
月——约 1908 年 5 月，参看《历任教职员一览表》，第 1 页。另根据
郑孝胥记载，夏敬观至少 5 月 8 日就在上海了，而郑于 4 月 28 日在南
京还见到过夏，参看《郑孝胥日记》第 2 册，第 1141、1139 页。5 月
8 日前后，夏应该就接任复旦监督了。《夏敬观年谱》说夏于 1908 年
6 月接任复旦监督，未知何据。参看陈谊：《夏敬观年谱》，第 32 页。

〔170〕《马相伯年谱》言："严又陵先生长复旦公学，未一年即辞去。"参
看《马相伯年谱》，第 218 页。此判断为误，《复旦大学百年志》
编者也将严复任复旦监督时间误以为是在 1906—1907 年。

〔171〕参看复旦大学档案馆馆藏：《复旦公学考试等第名册》，目录号
ZH0101-2，案卷号 2，第 7、8、12 页。据《戊申夏季期考甲乙清
册》可知，此时陈、竺、钱同在丁班，陈考试成绩九十四分二，竺
为八十六分六，钱为七十七分九；梅在庚班，考试成绩为八十九分
八。而据《复旦公学录取新生广告》可知，梅光迪是 1908 年初被
录取进入复旦的，此时正是严复与叶景莱矛盾激化之时。《复旦公
学录取新生广告》，《时报》1908 年 2 月 21 日，论前广告。

〔172〕参看《南洋劝业会官商合办情形》，《申报》1908 年 6 月 19 日，第
1 张第 4 版。

〔173〕据《郑孝胥日记》1908 年 6 月 5 日记载："坐午正快车赴南京，遇
严又陵。七点半，至下关，同入城至中西旅馆……遂谒午帅（端
方）。"次日端方还宴请了严复、郑孝胥等人。由郑日记可知，严
复该日与郑孝胥结伴到南京，并一起拜见了端方，可惜郑孝胥这里
并没有提及严复与端方的谈话内容；6 月 9 日，郑恰巧又与严复同
车返沪。参看《郑孝胥日记》第 2 册，第 1144 页。

〔174〕参看《严复集》第 5 册，第 1483、1486 页。

〔175〕唯《严复年谱》并未提及此事，笔者是阅读别的资料时发现的。参看《江督请给严复进士出身原奏》，《申报》1908 年 5 月 3 日，第 5 版；端方：《江督端奏选用道严复请赏给进士出身折》，《四川教育官报》戊申第七册，光绪三十四年七月（约 1908 年 8 月），第 4—5 页；《江督端奏请赏给选用道严复进士出身折》，《四川官报》1908 年第 18 册，第 13—14 页；需要说明的是，该折亦未被收入《端忠敏公奏稿》。补充一点，直到 1910 年 1 月 17 日，严复才被赏给"文科进士"，一了其想拥有正途出身之夙愿——严复"平生以未预科第为耻，此后虽奋发治八比，终于报罢，以积劳为道员……"参看：《上谕》，《申报》1910 年 1 月 18 日，第 2 版；《严几集》第 5 册，第 1503 页；赵叔庸：《严几道》，《古今》半月刊第 38 期，1944 年 1 月 1 日，第 7 页。关于严复受困于科场的情况，也可参看黄克武：《惟适之安：严复与近代中国的文化转型》，第 77—92 页。

〔176〕《与熊季贞书》（八）（1908 年 3 月 24 日），《〈严复集〉补编》，第 280 页。

〔177〕《学界之今昔观》，《神州日报》1910 年 7 月 25 日，第 3 页。

〔178〕《与沈曾植书》，《严复集》第 3 册，第 590 页。

〔179〕《严复集》第 3 册，第 585 页；《严复年谱》，第 323—324 页。《严复集》将此函系为 1907 年 7 月，误；应该是《严复年谱》所认为的——该函日期为 1908 年 8 月 12 日。

〔180〕严复的书法给当时一些学生留下了深刻印象，而他从端方那里得到的拨款，也让当时某些学生印象深刻。参看薛祐宸：《母校吴淞时代之回忆》，见薛明扬、杨家润主编：《复旦杂忆》，第 20—21 页。

〔181〕参看周越然：《追忆先师严几道》，《杂志》1945 年 8 月号，第 15 卷第 5 期，第 16 页。

〔182〕参看朱德高（彦卿）：《复旦公学之回忆》，《复旦同学会会刊》1936 年第 9 期，第 78 页。朱在回忆录中说："余班英文翻译，均严校长亲自批改，每星期一次……有不可解处，即赴严校长处请益。"但其回忆录有许多不准之处，如说"时严先生常住校中"，又说"严去，继其后者为现任李登辉校长"。实际上，严复并不常在校，偶有替学生改作业、答疑事，应有之，但说其"每周一次"则为夸大；李登辉时为教务长，接任校长为民初的事了。

〔183〕另外，据 1907 年夏秋之际以第一名身份进入复旦求学的周越然

（之彦）回忆，严复执掌复旦时曾以《社会通诠》当作教科书，此举也颇遭学生非议："他（指严校长）收了我们的学费，还要译出书来骗我们的钱。可恶啊，可恶！"再者，根据周越然对严复任复旦监督时的描述，可知严复开学接见学生时派头很足，但在例行的训话会上最后并未训话，只是走走过场，其气势却让周越然念念不忘："他出门时提了那根手杖，真是'神气'，他圆圆的脸，微微的须，绸袍缎褂，瓜帽便鞋，加以随从者数人——虽然是个候补道台，但比实缺更加大方。"周越然在接下来的回忆里还认为："先师严先生在一生中，曾经两次受冤枉。第一次是在拳乱之时……第二次是在洪宪时代……"其中并未曾提及严复在复旦受冤事。且周自谓，从在复旦开学时见过严复外，直到民国四、五年，就再未曾见过严复。这除了显示当时校长与一般学生等级差距较大之外，其实更表明严复到复旦视学次数和接见学生次数并不多，所以连非常敬仰他的学生周越然亦无从记起。参看周越然：《追忆先师严幾道》，《杂志》1945 年 8 月号，第 15 卷第 5 期，第 15—18 页。

[184] 庸：《中国前途之问题·教育问题》（四续），《神州日报》1907 年 5 月 2 日，第 2 页。

[185] 《论中国人之学问》，《新闻报》1907 年 1 月 9 日，第 1 张。

[186] 《谨告各学堂之学生》，《中外日报》1905 年 7 月 14 日，第 1 版。

[187] 楚元王：《谕立宪党》，载《天讨》，《民报》第 12 号临时增刊（1907 年 4 月 25 日），台北中国国民党党史会 1969 年影印本《民报》，总第 2066—2067 页。

[188] 《复旦公学之再造说》，《民吁日报》1909 年 11 月 2 日，第 4 页。台北中国国民党党史会 1969 年影印本，总第 240 页。

[189] 《北京特约通信·筹安会与全国联合会》，《新闻报》1915 年 10 月 1 日，第 1 张第 3 版。

[190] 据《时报》中刊载的《皖绅挽留高等学堂监督（安徽）》报道："严幾道观察在高等学堂为监督，前经学部电调赴京，嗣经严观察请假百日，来皖清理经手未了事件。兹经皖绅蒯光典观察电达学部，力意挽留，昨由抚宪恩新帅行知沈提学遵照云。"《时报》1907 年 2 月 23 日，第 3 页。此材料表明严复一度打算辞别安徽高等学堂监督赴北京学部就职，但并未成行。

[191] 严复内心可能未必将两校"监督"当回事，出任学堂监督（包括译

书、办报等活动）只是他谋生的无奈之举，"不能与人竞进热场，乃为冷淡生活"。严复：《与张元济书》（八）（约 1900 年），《严复集》第 3 册，第 537 页。他渴望做"帝师"，他在不同时间曾让郑孝胥和英敛之给他写条幅——"有王者兴，必来取法；虽圣人起，不易吾言"（《严复年谱》，第 278、311 页），他自拟的书房联语也是此联（《〈严复集〉补编》，第 83 页），在在可见严复之抱负与自信。

〔192〕如严复对乡绅办学者的批评："大都借此（引者按：指兴学堂）为交接官场之具，醉翁之意殊不在酒。"其实，严复自己何尝不是如此。见《与甥女何纫兰书》（八）（1906 年 12 月 6 日），《严复集》第 3 册，第 832 页。

〔193〕严复自谓他有二妻一妾，五子四女，其中一子早夭。参看《与熊纯如书》（七）（1912 年 9 月 25 日），《严复集》第 3 册，第 607 页。

〔194〕《与张元济书》（十八）（1905 年 3 月 1 日），《严复集》第 3 册，第 555 页。

〔195〕《与夫人朱明丽书》（十一）（1908 年 8 月 28 日），《严复集》第 3 册，第 740 页。

〔196〕《与夫人朱明丽书》（三十一）（1909 年 12 月 9 日），《严复集》第 3 册，第 755 页。

〔197〕《与夫人朱明丽书》（四十）（1910 年 4 月 26 日），《严复集》第 3 册，第 761 页。

〔198〕《与夫人朱明丽书》（三十九）（1910 年 4 月 24 日），《严复集》第 3 册，第 760 页。

〔199〕皮锡瑞日记，见吴仰湘编：《皮锡瑞全集》第 11 册，第 1882 页。

严复与熊季廉的"父子"之交[*]

——严复的一则佚文考释

清季的严复可谓新学界的一面旗帜，在他的周围积聚了不少趋新者，特别是在清末新政后，严复及其友人、门徒共同研究新学，参与兴学、新政等活动，为严复生平行迹的重要方面。其中，在严复弟子中，江西熊季廉与其关系最为密切。在孙应祥、皮后锋两先生所编之《〈严复集〉补编》[1]中，就收录严氏致熊季廉的三十八封书信，字里行间，在在可见严复对熊季廉的关爱之心，以及熊季廉对严复的钦佩之情，两人关系不啻父子之亲。

最近笔者在1906年《中外日报》上看到严复在熊季廉追悼会上的演说，既不见于王栻所编《严复集》，也不见于《〈严复集〉补编》，系一篇重要的严氏佚文。这篇演讲对于研究严复及其与熊季廉的关系，均很有价值，故撰此文，以就教于方家。

一

熊季廉（1879—1906），南昌月池人，名元锷，字季廉。据陈三立之言，熊季廉本喜好桐城派，维新运动期间，受到严复影响，"独服膺侯官严氏之说"，后被革职在南昌定居的陈宝

---

[*] 本文曾蒙中国社科院近代史所马忠文教授、日本关西大学沈国威教授详为斧正，谨致谢忱。

箴以弟子视之，陈宝箴去世，熊季廉来吊唁，陈三立得以与熊季廉相识，"由是交日密，言议意趣，益符契无间。两人者，交相引重，世亦颇知之"。[2]陈三立对熊季廉评价非常之高，"欲得志高而学勘、识沉而魄毅、砥德业堪世变如君，其人邈，未之屡睹也"。[3]大概在1900年夏秋之际，熊季廉找陈三立商量，决定去上海求学于严复门下，陈三立特意写诗为之壮行。[4]

到了上海，熊季廉先给严复写信表达拜师之意，之后又登门造访，求严复收其为弟子。严复见熊季廉"丰采玉暎，言论泉涌"，"灼然知其为非常人也。叩其学，经史而外，历举明张太岳、王船山以对。讲道籀学，相得甚欢"。[5]对之非常欣赏，自然愿意收其为弟子。之后两人往复通信，接连不断。

除了接受严复学业和思想上的指导外，熊季廉平常亦承担了为严复购买"湘笔"及在南昌阻止严复著作被盗版等事；严复新书出版后也都寄给熊季廉，一些议论国事、臧否人物的心里话，也都会写信告诉熊季廉。[6]师弟关系犹如父子，异常密切。[7]1901年，严复曾写诗回忆说，庚子大难，幸得结识四五知交，"就中爱我最真挚，屈指先数南昌熊"。[8]这时，应该是在熊季廉的介绍下，严复同心仪六年之久的陈三立虽未谋面，但开始有了书信往来。[9]而熊季廉因师从严复，遂改字为师复。返回南昌后，熊季廉与妻兄夏敬观等人共同创办了乐群学堂，并将严复《救亡决论》等五篇文章以《侯官严氏丛刻》名义，分四册木刻出版。该年，熊季廉一度被列入"康党"，据宋恕之言，他可能还受到过张之洞的追捕。[10]而被列入"康党"并非全然无据，如熊季廉曾将严复几首"辛丑三月旧作"诗寄给梁启超品评，[11]稍后还曾将黄遵宪的名作《今别离》副本抄寄给极爱黄诗的梁启超，"季廉不知从何处得其副本，写以见寄",[12]显示双方关系非同一般。

1903 年初，熊季廉被江西学政吴士鉴选拔，赴京参加经济特科考试，虽未中选，但在京停留一个月，其（7—8 月）间，多次拜访时在北京的严复，[13]并促成严复开始撰写《英文汉诂》一书。熊季廉在京期间，他以"爱颖"名字所编的《国闻报汇编》则由西江欧化社在南昌出版，江西广智书庄发行，该书收录的主要是严复在《国闻报》上发表的一些文章。[14]从北京返回南昌后，熊季廉参加了江西癸卯科乡试，被李家驹录为第一，得中式，由此名声在外。1904 年 4 月，熊季廉赴开封参加"借闱"汴梁的甲辰恩科会试，[15]虽被严复寄予很高期望，[16]可惜最后亦未考中。

回南昌后不久，因江西士绅集议商办南浔铁路，熊季廉被推举为"江西铁路驻沪总办"。[17]约 11 月中旬，熊季廉到达上海。[18]旋即，严复应张翼之招于 12 月 3 日远赴欧洲，熊季廉则在上海负责江西铁路工程处，为计划修建的商办南浔铁路聘请了外国工程师和翻译。[19]此外，熊季廉还加入了李登辉发起的寰球中国学生会，平常则经常参加严复友朋如夏曾佑、萨鼎铭、夏敬观、张元济、张謇、叶瀚、伍光健，乃至后来到上海的陈三立、郑孝胥、姚永概等人的宴会和游乐活动。《张謇日记》《郑孝胥日记》《夏曾佑日记》及姚永概的《慎宜轩日记》，对此都有一些记载。

1905 年 5 月，严复从欧洲返回上海后，积极参与了新复旦公学的创办。应该是在严复推荐下，有过创办乐群学堂经验的熊季廉担任了复旦公学的校董，并分担了一些管理责任。[20]9、10 月间，复旦开学前后，熊季廉赴日本考察铁路，"既往日本，为铁路任调查，数月而归"。[21]同时，熊季廉还将早已编好的《侯官严氏评点〈老子〉》一书，交予日本的一家印刷所，12月，该书在东京正式出版。[22]

复旦公学正式开学一学期后，问题多多、矛盾重重，一度面临停办局面。后经过学生与包括熊季廉在内的各方面力量转圜，始决定复旦第二学期正常开学，由熊季廉接管复旦校事，"校务已公请熊季廉先生竭力主持"。[23]但遗憾的是，熊季廉还没有多少时间处理校务，即患大病。

而在熊季廉病情加重之时，严复正好要赴安庆就任安徽高等学堂监督一职。甫到安庆，熊季廉病危的消息就从上海传来，严复遂立即返沪探视熊季廉病情，并借机为学校招聘教员。[24]可惜严复返回上海后虽然参与了新的医治熊季廉方案的制订与执行，但终于回天乏术，熊季廉"竟于三月廿九日（1906年4月22日）晏然长逝矣"。[25]

稍后，寰球中国学生会、青年会、复旦公学联合在报纸上刊登广告，表示星期六（4月28日）下午二时在上海颐园为熊季廉举行追悼会，希望同熊季廉有旧或景仰其"遗徽"者，"莅临"追悼会现场。[26]数天后，陈三立也看到熊季廉的绝命书，内中除了提及老母家人，还提到严复与陈三立两位异常亲密的师友。[27]由此可管窥熊季廉同严复、陈三立的交情。[28]在追悼会上，严复除送挽联外，[29]还发表了追思演讲。

二

严复在熊季廉追悼会上的这篇演说，刊于《中外日报》1906年4月30日、5月1日，发表时标题为《四月初五日追悼会严几道先生演说》。全文如下：

诸君惠听。今日吾辈来此会集，乃缘一至不幸之事，不仅为交游之不幸，乃学界之不幸，社会之不幸。而吾辈所深祷上苍，所望自今以往，毕生毕世，不复再遭者也。南昌熊季廉，一瞑不视，已七日矣。言其年岁，较之颜子，尚减其三，方之辅嗣，仅加其五，老母倚闾，少妻在室，虽名誉已立，而志业未伸，身后萧条，所蜕留者，独在孕七月之遗腹子耳。此在悠悠恒泛，已堪悯念，况为季廉耶？

仆于季廉，忝居一日之长，师友情谊，久而弥真，此宜为诸君所共见。比者仆在安庆，念二日得季廉电，以病亟促即回沪。本冀到此可以救之使生，不谓三日之间，即成永诀。此其病状，及一切治疗所以无效之故，恐未尽悉，不可不为诸君约略言之。

季廉生平，舍劬学任事，为社会求公益而外，别无嗜好。其寓海上也，一为朋友之乐，二亦为乡里中铁路学界诸义务。平日体气，本极坚实，本年正月初四日，忽患腹痛，甚剧，状如绞肠痧，经二时稍差，其痛乃移至腹之右部，云如横条中梗，旋作旋止，经服中医汤药不效，如是者月有四日。尚自谓体质素良，不以为意，间或小愈，即亦治事见客。颇闻其于一日觉饥，呼进蒸肉，当晚热即大作。嗣后常有寒热，然以为疟，服西药金鸡哪霜补丸等，又不合法，病殊未已也。

仆囊在寓，时时探季廉病耗，皆云已差。后复重感，手缄讯之，言与前同。至二月望后，闻病尚未愈，乃造寓排闼见之。见时颇訾其不知卫生，令病缠绵如此，问其欲得西医诊不。则云：顷服中药凉剂，觉佳，如复不效，请邀其来。三日后得季廉书，言热仍未已，欲得西医为诊。仆乃急邀英医柯师太福，诣之，为细验心肺诸部，叩其饮食睡醒便溺等甚悉，无甚病也，然寒热终不退，肤肉锐减于前。柯固与季廉稔，乃私谓仆曰："但愿此证乃温病后变相，果尔，期以时日，终当全愈。所最虑者，初起时肠胃有毒，失治，因于内部何处结脓，则成危候，结脓无论在肠在肝，惟割洗可疗，必非药力所能达也。"询其目下治法，则云当以清理肠腑，导达肾脏为先。如其法中经小差，嗣又服大剂金鸡哪霜者两次，寒热不来者二日，乃第三日热复大作，继以大汗，小便含肝胆质，如水调雄黄。至是，病者亦自知其为难治矣。柯医则复别邀他医来与同诊，据云，此肝部作脓，证甚明显，然细察右胁之下，无隆起状，不遂信之也。当是时，仆受皖聘，彼中催行甚急，不得已乃于三月十二日辞别。濒行时，季廉颜色殊惨凄，泪数行下。乃慰之云，证虽危险，尚有治法，此医仁慎可信，宜无虑也。

十五抵皖，十九得令弟季贞信，但言病仍反复。至念二信乃云，更经法医详审，云的系肝脏成痈，非割不治，举家惶沮，须仆即来，代为断决等语。得此，乃于念四日急归，念六抵门，即晤柯医，所言不异。及晤季贞，则云刻已决计受割，但议割手为谁耳。嗣经柯代邀英法德三国西医，于念七日十一半钟同莅同济医院割疗。仆且以为此病所难在割，既割当无不愈者，而岂料季廉之证，尚有出人意外者哉！盖肝痈为证已剧，然使毒脓荟萃一区，则割洗之后，血分一清，他藏无恙，将必热退神清，扶治匝月，病当良已。不谓季廉所受病者，乃为散痈，而非结痈，状如瘰疬，全藏殆遍，将悉治之乎，则肝且破坏，若仅治其一，犹无治也。于是诸医束手，相视知危，不得已，乃择其痛之最大者施功，置留药管，盼其余毒，由所治一孔迸出，然亦至无望耳。受割之后，病人神识尚清，当夕尚可安睡，至念八晚则殊烦躁，及念九晨八点，季廉已弃浊世而长逝矣。呜呼，痛哉！夫死生之际，初亦何足深悲，即我辈后死之人，数十寒暑之余，岂不同归于尽。尚忆希腊先哲苏格拉第濒终，尝谓其亲友曰："吾于公等从此分途，若等生存，而吾溘死。虽然，二者孰为幸福，此惟上帝知之。"仆于季廉之终，亦同此说，然而所不能无痛惜者。吾国时会如此，其前途祸福，操诸后起英特。季廉年力方富，好学之诚，任事之果，时流之内，无与比伦。且力身行己，具有本末，孝于事亲，友于兄弟，笃于伉俪，信于朋友，其生平取与去就，皦然分明。当此言厖行伪之秋，若季廉者，真狂澜之砥柱也。闻者若以仆言为阿，则试问交游之中，有能指吾季廉遗言堕行，以反唇相稽者欤？殆无有也。

仆之获交季廉也，以庚子，倾盖订交，知为国士，旧于顾、黄、船山之学，抗希、壮悔之文，极所服膺。仆尝微撼之曰："此未足以限吾子也。"由是抟心揖志，力治西哲之学。辛丑还乡，以独力联合同志为学舍，讲肄其中，命曰"乐群学堂"，此可以觇其志矣。神明开朗，德业孟晋。每逢人事纷扰，论议杂淆，季廉当之，如分水犀，是非立决。去年同人创立复旦公学，独任义务。本年正月初二日，犹临吾家，谈及时事，季廉乃曰："今之所谓保存国粹，所谓文明排外者，特往者锁港闭关顽固用心之变相耳，使吾国而果图存，必求强立，固宜惟是之求，而不知何者为中外？波兰、印度之所以亡，波斯、土耳之所以弱，凡皆兢兢于其所自以为国粹者也，凡皆汹汹于其所自以为文明者也。然而亡矣，然而弱矣，以不学无意识之民，而言国粹文明，安往而不误国乎？何则？其所保与排者均无当也。"呜呼！而今而后，吾安所往而更闻斯言？季廉既领乡荐，再游京师，海内名流，皆深相结，而尤倾心于义宁陈伯严，以志业相淬厉。尝以文字受知于吴炯斋学使士鉴、李柳溪京卿家驹、张孝达尚书。此所谓浑金美玉，市有定价，非可以爱憎门户为毁誉者也。卒之次日，家人搜其祵褥，有片纸以铅书云，严又老视吾如子，不幸短命，永别师门，思之痛痛。呜呼，此知我之言也！使仆今日丧一爱子，其于吾心为不可合之创，不过如是而已，吾尚能复言乎？

在这篇演说中，严复沉痛地述说了他和熊季廉的交往与情谊、熊季廉患病经过及医治情况，乃至熊季廉的功业、思想和交游情形。需要说明的是，该演说同严复稍后所写《熊生季廉传》内容有若干相似之处，《熊生季廉传》应该是在此文基础上修改而成，但此文中关于熊季廉患病情况的描述，却远较《熊生季廉传》详细和动人。

熊季廉之死，严复所受打击颇大。在稍后给熊季廉之弟熊季贞的信中，严复为自己推荐的西医未能治好熊季廉一事自责道："复为死者所深信，不啻以性命托之。乃自始至终，莫能挽救，此诚毕生一大恨事。"[30]另外，他在致友人曹典球信中亦说，"敝门人熊君季廉天年遽夭，是凉德生平第一种憾事。

中年以降，感逝伤亡多矣。独季廉与第二小儿名义殊者，最为悼痛，至今脑影间犹时时发现，自愧不能太上忘情。然埋玉土中，所悲切者，皇人种族之不幸，岂徒门户渊源而已。"[31] 十几年后，严复依旧在为熊季廉的早逝难过："与季廉别过十年，今日老怀枨触，令人泣不可仰。"[32]

熊季廉的突然病逝，也让很多亲友、同事与复旦学生伤感和怀念，出席其追悼会的人，包括郑孝胥、严复、寰球中国学生会会员、复旦学生等在内，大约有 200 人。[33] 郑孝胥、陈三立等人还都写诗哀悼。[34] 远在长沙而只听闻过熊季廉名字的皮锡瑞在日记里也慨叹熊季廉年纪轻轻即去世："尚无子，人才真可惜也！"[35] 而熊季廉维持复旦公学的志向，也被严复、郑孝胥、陈三立等人作为熊季廉遗愿，努力维系。据郑孝胥日记记载，7 月 19 日晚，严复与郑孝胥、张元济往愚园赴陈三立（伯严）之约，一起开会商讨维持复旦公学的事情；会议参加者还包括复旦学生代表等人。[36] 经过与会诸人的努力，特别是依赖与熊季廉关系密切、感情深厚的陈三立的奔走，化解了复旦"危业"，"为筹维持之术，既资以款，复为之解纷，使龃龉者无，遂至（止）于冲突"。[37]

之后，熊季廉灵柩准备迁回南昌，其亲友也开始在报上刊登启事征集熊季廉遗著："海内知交凡存有诗文尺牍零缣短简，请抄寄江西省城东湖边熊氏心远英文学堂代收转交是幸。观妙楼主谨启。"[38] 不过，严复后来却建议收集到的熊氏遗文，不必出版，"尊处所抄集遗文，仅当载家乘中，不必问世……"[39] 可惜的是，这个没有出版的熊季廉遗集，应该可能在接连不断的纷扰中毁掉了。

注释

〔1〕福建人民出版社 2004 年版。

〔2〕陈三立：《南昌熊季廉墓志铭》，《散原精舍诗文集》下册，上海古籍出版社 2003 年版，第 874、875 页。标点有所更改，下引文同。该文原名为《清南昌熊季廉解元墓志铭》，曾被收入《清南昌熊季廉先生墓志铭》（上海图书馆藏，具体出版信息不详，应为民初版，无页码）。

〔3〕陈三立：《南昌熊季廉墓志铭》，《散原精舍诗文集》下册，第 875 页。

〔4〕马卫中、董俊珏：《陈三立年谱》，苏州大学出版社 2010 年版，第 253 页。

〔5〕《熊生季廉传》，王栻主编：《严复集》第 2 册，中华书局 1986 年版，第 273 页。

〔6〕如严复在信中直斥袁世凯、奕劻"皆满清送葬人才"，还为满洲新贵善耆遭受奕劻排挤鸣不平。参看《与熊季廉书》（十七、二十），《〈严复集〉补编》，第 243、247 页。

〔7〕关于严复同熊季廉的关系，可参看薛隆基编著：《熊育锡与月池熊氏——从家族到社会》，《南昌教育》增刊，其他出版信息不详，第 23—29 页。日本关西大学沈国威教授也曾撰文分析严、熊二人之交谊及其思想联系，但他没有注意到此文，其重点在于分析两人在"新学"上的关系。参看沈国威：《严复与其门生熊元锷》，《東アジア文化交渉研究》2012 年第 5 期，第 213—223 页。

〔8〕《赠熊季廉》，王栻主编：《严复集》第 2 册，第 364 页。

〔9〕《与熊季廉书》（五），《〈严复集〉补编》，第 232、235、238 等页。

〔10〕宋恕：《致孙季穆书》（1901 年 6 月 28 日），胡珠生编：《宋恕集》下册，中华书局 1993 年版，第 706 页。

〔11〕梁启超：《饮冰室诗话》，《新民丛报》第 14 期，光绪二十八年七月十五日，第 88—89 页。

〔12〕梁启超：《饮冰室诗话》，《新民丛报》第 14 期，第 91 页。

〔13〕《熊生季廉传》，王栻主编：《严复集》第 2 册，第 273 页。

〔14〕孙应祥：《严复年谱》，福建人民出版社 2003 年版，第 206 页。

〔15〕有关此次恩科考试的情形，同样参加此次考试的许宝蘅在日记中有些许记载，参看《许宝蘅日记》第 1 册，中华书局 2010 年版，第 50—52 页。

〔16〕1904 年 4 月 3 日，在给熊季廉的信中，严复对熊季廉的汴梁会试成果抱有极高期望："执事客岁既一鸣而冠一乡，今者再接再厉，骅骝开道，瞬息万里，真意中事耳！科举已成弩末，而国之得人不在此论。诚得英贤为之冠冕，他日言掌故者必云：科举于就废之日，犹得熊南昌，然则制科果何负于天下耶？"《与熊季廉书》（二十三），《〈严复集〉补编》，第 249 页。

〔17〕严复：《熊生季廉传》，《严复集》第 2 册，第 274 页；宋恕：《丙午日记》，胡珠生编：《宋恕集》下册，第 966 页。

〔18〕据夏曾佑日记记载，1904 年 11 月 18 日（农历十月十三日），熊季廉来访，并一起赴约吃饭。而严复 10 月 25 日还致信熊季廉，询问他是否来上海，何以一直无消息。见杨琥编：《夏曾佑集》下册，上海古籍出版社 2011 年版，第 771 页；《与熊季廉书》（二十七），《〈严复集〉补编》，第 253 页。

〔19〕参看"九江"，《申报》1905 年 7 月 2 日。

〔20〕《复旦公学广告》，《时报》1905 年 7 月 22 日；《中外日报》1905 年 7 月 23 日。

〔21〕严复：《熊生季廉传》，《严复集》第 2 册，第 273 页。

〔22〕孙应祥：《严复年谱》，第 255、256 页。

〔23〕《复旦同学诸君公鉴》，《时报》1906 年 2 月 1 日等期；《中外日报》1906 年 2 月 1 日等期。

〔24〕据姚永概记载，严复此行由姚永概陪同，"半为高等求教员，半为熊季廉之病。熊为严入室弟子，情若父子也"。姚永概：《慎宜轩日记》下册，沈寂等校点，黄山书社 2010 年版，第 984 页。

〔25〕《追悼会员》，《寰球中国学生报》第 1 期（丙午五月），第 38 页。初患病时，熊季廉尚比较乐观，且曾写过两首七律诗抒发病中感受，去世后，两诗被当作遗作发表。参看熊元锷：《卧病偶述》，《寰球中国学生报》第 1 期（丙午五月），第 38 页。

〔26〕参看：《追悼会》，《时报》1906 年 4 月 27 日；《追悼会》，《中外日报》1906 年 4 月 27 日等期。

〔27〕陈三立：《南昌熊季廉墓志铭》，《散原精舍诗文集》下册，第 875 页。

〔28〕有关熊季廉与陈三立的关系，可参看拙文《陈寅恪与复旦公学》，已收入本书。

〔29〕《挽熊季廉》，《〈严复集〉补编》，第 58 页。

〔30〕《与熊季贞、熊文叔书》（四），《〈严复集〉补编》，第 275 页。

〔31〕《与曹典球书》（五），《严复集》第 3 册，第 570 页。

〔32〕《与熊纯如书》（九十二），《严复集》第 3 册，第 705 页。

〔33〕参看：《追悼会》，《时报》1906 年 4 月 27 日；《追悼会》，《中外日报》1906 年 4 月 27 日等期；孙应祥：《严复年谱》，第 271—272 页；劳祖德整理：《郑孝胥日记》第 2 册，中华书局 1993 年版，第 1040 页。

〔34〕如《寰球中国学生报》上就发表了三篇诗文悼念熊季廉，参看郑孝胥：《挽熊季廉主政》，《寰球中国学生报》第 1 期（丙午五月），第 38 页；伯严（陈三立）：《哭南昌熊季廉》（该诗后改为《哭季廉》，收入《散原精舍诗文集》，第 182 页），子朋：《哭南昌熊季廉主政》，《寰球中国学生报》第 2 期（丙午七月），第 45、48 页。熊季廉妻兄夏敬观亦有诗悼念——《哭熊季廉》，参看陈谊：《夏敬观年谱》，黄山书社 2007 年版，第 25 页。

〔35〕皮锡瑞日记，见吴仰湘编：《皮锡瑞全集》第 11 册，中华书局 2015 年版，第 2054 页。

〔36〕《郑孝胥日记》（第 2 册），第 1049 页。

〔37〕《与熊季贞书》（六），收入《〈严复集〉补编》，第 278 页。标点略有更动。

〔38〕参看《搜求熊季廉先生遗著刊稿》，《中外日报》1906 年 6 月 4 日等期；《时报》1906 年 6 月 22 日等期。

〔39〕严复：《与熊季贞、熊文叔书》（七）（1907 年 12 月 29 日），《〈严复集〉补编》，第 278 页。

（原发表于《史林》2013 年第 6 期）

"以学殉时"

——洪宪帝制期间的刘师培*

"致君尧舜上"是传统中国士大夫"吾道一以贯之"的情怀。然而在如此之高的期许背后，却是无数意气书生的伤心史，他们固然希望"学以致其道"，甚至妄想"为往圣续绝学、为万世开太平"，可惜最后往往是"书生论政"，不仅易被后人讥笑为御用文人，进而还可能有连"复牵黄犬""逐狡兔"也不可得的下场。此类例子所在多有，即便到了近代西学东渐大背景下知识分子需要重新定位自己的角色之时，主动或被动的落水者仍是络绎不绝。所谓筹安会"六君子"之一的刘师培即这样一个例证，身为古文经学大家的他曾替袁世凯复辟帝制的活动大吹法螺，为筹安会六人中"笔墨最勤者"，[1]造成的影响与产生的非议均很大。

只是具体到刘师培在袁世凯复辟帝制期间的言论和行迹情况，钱玄同等人所编《刘申叔先生遗书》（即下文将要引用的《刘申叔遗书》）中收录的相关文字却不多，既有学者的研究也基本语焉不详，甚或存在不少错误之处，惟万仕国先生对此曾加以比较多的关注，不但于《刘师培年谱》中加以钩沉，[2]还在《刘申叔遗书补遗》中收入了数篇有关文字，[3]为后来研

* 本研究受到复旦大学亚洲研究中心资助，并蒙复旦大学历史学系博士生赵帅同学提供资料，谨此一并致谢。

究者提供了很大方便，然而万先生的工作仍有可以继续补充加强之处。因此，笔者希望通过更全面的史料搜集，重建有关史实，进一步关注刘师培的言行情况，同时注意其产生的影响，以期为尚显薄弱的晚年刘师培研究作出一些贡献。

一、投靠袁世凯

刘师培同袁世凯本没有私人交集，两人之结缘或由于阎锡山的中介作用。1913 年秋，刘师培经由留日期间结交的好友、深受阎锡山信任与器重的山西宁武人南桂馨推荐，[4] 成为山西都督阎锡山的顾问。一年后，阎锡山利用袁世凯在全国范围内征召所谓经学通儒的机会，随即将刘师培推荐给袁世凯，希望他能充当密探和说客，在袁世凯那里打探情报并能为阎锡山缓颊。[5]

为了让袁世凯能够重用刘师培，阎锡山特意具名写了一封保荐信，详细介绍了刘师培的情况，并高度评价其学识，请求袁世凯能够接见和重用刘师培：

> 为保荐经学通儒，请准送觐事。窃自汉代表章六经，崇尚实学，一时通儒硕彦，阐微言于既晦，守师说以名家，用能经学昌明，蔚为风气。盖以学术之纯疵，有关治术之得失，际此众说争鸣之会，诚得通经致用之士，实足为匡时厉俗之资。兹查有前分省补用知府刘师培，江苏仪征县人，由举人拣选知县，保洊知府，曾派充学部咨议官、粤汉铁路顾问官。该员博闻强记，颖悟过人，经史百家，靡不淹贯。自襄事南洋督幕，于吏治掌故，研究有年，力求

实用。而于保存国粹，提倡尤力，故东南人士咸耳该员淹博之名。嗣充四川国学院院长，兼办存古学校，分经教授，造就多才。其征文考献之功，尤为川人所交颂。上年来晋，锡山知其传经累世，粹然儒者，聘充顾问。一年以来，讲学论文，深资获益，而考其著书之宏富、修业之精勤，为晚今所仅见。锡山深知该员学有本源，用特据保荐，理合附呈履历。伏乞恩准送觐，量材录用，无任惶悚待命之至。[6]

袁世凯收到阎锡山推荐后，即发批文把刘师培"交政事堂饬铨叙局查照履历"，最后任命刘为"政治咨议"这样的顾问闲官，[7]月收入大概有二百元。[8]1915年初，急于笼络各方势力为自己卖命的袁世凯召见了刘师培，"著交教育部从优任用"。[9]

袁世凯对刘师培的任用让刘受宠若惊，他马上用骈文体写了谢恩呈文给袁世凯。表示自己得以书生身份为其赏识，感恩荣幸至极，读书应对之外，唯有专心等待差遣以作报答。呈文所用骈体文字华丽典雅，并暗喻大总统为皇帝、自己为文学侍从之臣，可谓工于献媚、格调低下：

> 窃师培业耻七略，才谢三长。孝标荐历艰屯，子骏冀兴古学。自维梼昧，幸值休明。综邹鲁之七经，昔惭咕呫；诵唐虞之三典，今睹都俞。恭维大总统乾德诞敷，谦光下济，风宣衢室，化溢灵台。访辛尹之遗箴，聘申公以束帛。偕偕士子，伸风议而遂栖迟；驶驶征夫，咏咨诹而怀靡及。顾复不遗菶采，悉备茪询。班周士之外传，进汉臣于前席。俾闻国政，责以春秋致用之方；遂候禁宫，置之朝夕论思之地。宠光曲被，陨越滋虞。惟有勉竭涓埃，冀图报称。

申远猷于辰告，励亮节于寅恭。尔有嘉谋，庶备南宫之专对；朝无阙事，愿窥东观之遗书。[10]

上海《新闻报》也特意转载了该文，并加有按语，称该文"系一篇骈体文字，辞藻典雅，真樊樊山（即樊增祥，引者注）所谓以文字报国之杰构"。[11]

为了报答袁世凯的知遇之恩，刘师培再拿昔日革命同志开刀，公开撰文劝告二次革命失败后的昔日同盟会诸同志，不要再密谋造反，"进为三次革命之计划"，因诸同志革命的初衷在于"以利民福国为前提"，"今则举事未成，而荼毒生灵，至于此极。则是诸君反对政府，实反对人民也。至其结果，则利民福国，转以祸国病民。非仅祸及国家，抑且害延己党"。更不要借日本浪人之力兴风作浪，"为虎作伥，引外力以覆政府"，最后导致"亡国灭种"的危险。[12]刘师培还进一步劝告革命党诸同志权衡得失，以"党见为轻，国家为重"，接受政府特赦令，联合外御其侮。刘师培此文发表后，颇引时论瞩目。《申报》曾公开予以关注，[13]但对其言论产生的效果则有所保留："刘虽为旧同盟会人，然今已任政府咨议，其言未必为党人所信。"[14]

此外，经过无锡廉泉向时任清史馆馆长赵尔巽推荐，刘师培被聘为协修。[15]同在清史馆工作的吴士鉴对此期望颇高，在致缪荃荪的信中特意描述"新到者"刘师培："申叔，名家之子，旧学本优，此次认办《满汉世爵表》，当肯尽心办事也。"[16]可惜的是，吴士鉴此语高估了刘师培的学术热情，此时刘师培真正在意的仍是借机获得袁世凯赏识，而呈请将汉儒贾逵从祀文庙即其手段之一。

早在清末时，身为学部咨议官的刘师培就曾托都查院代奏清廷，希望清廷能参照之前顾炎武等三大儒入祀孔庙的先例，将汉朝大儒贾逵也入祀孔庙，"呈称东汉大儒贾逵学行卓绝，请从祀文庙".[17] 此事当时即引起时论关注。《新闻报》即有针对刘师培此奏的评论，文章历数刘师培昔日激烈多变的历史，连带披露其妻何震同汪公权的私情以及刘师培个人的性格弱点，揭发刘师培投靠端方充当清廷侦探侦查革命党诸事，最后直斥刘师培此奏是"异想天开"，"竟欲表彰贾逵从祀文庙，贾逵有知，能无痛哭于地下耶"？[18] 立场激进的《天铎报》也特别发表评论揭露刘师培旧日立场多变的"恶历史"，认为"自知得罪于全社会"的刘师培在投靠清廷"敛迹"两三年后，又"忽然抛头露面"，呈请表彰汉儒贾逵，其原因在于刘师培希望借表彰贾逵一事"标榜声誉"，洗刷昔日恶名，"思乘间运动保举""硕学通儒"上位。[19] 只是刘师培的呈请最后并未被清廷采纳，其希望获得"硕学通儒"的努力也告失败。

尽管遭到时论的指责，刘师培希望清廷表彰贾逵的提议却得到被他视为仇敌的章太炎的认可。章太炎在写给钱玄同的信中直接表达了他对刘师培意见的支持，并对舆论的批评表示了不满：

> 申叔请贾侍中从祀，虽近顽固，实无罪于天下，而报章极口骂之，则不知前日请三遗民从祀者，何以独蒙赦宥也。爱憎之见，一往溢言，等之儿童戏语而已。[20]

在章太炎看来，之前顾炎武、黄宗羲、王夫之三大儒成功入祀孔庙，[21] 不见时论责难，现在却唯独针对刘师培关于贾逵入祀孔庙的提案，时论明显是标准不一，厚此薄彼，缺乏公信力。

到了民初，袁世凯提倡尊孔读经，利用这个机会，自感在史馆任职有责的刘师培遂再度提出将"东汉纯儒"贾逵入祀孔庙的呈请。不过为了适应现实，刘师培这里表彰贾逵的理由也有所变化，并不完全"因汉代贾逵有功经学"，遂"呈请政府附祀孔庙，以崇经学巨儒"，其背后更深层次因素是："窃以逵说大纯，汉罕其匹。彼于《公羊》反经行权说，斥为闭君臣之道，此即大权必出朝廷之义也。"[22] 换言之，刘师培这时之所以推崇贾逵，乃因他认为贾逵思想中有强调臣下必须服从皇帝的内容，有利于加强君主专制，正契合了袁世凯集权的需要。刘师培此举明显在以经术作政论，为袁世凯称帝及镇压革命党寻找学术上的支持，"方今国体问题，表决在即。远逵一词，赞成君宪。观于群情所趋向，愈征逵说之大醇"。[23] 或许是不重视，也或者没有意识到刘师培对贾逵的新解释之重要，袁世凯同样没有接受这个呈请。到1915年末规复帝制大局已定的情况下，念念不忘此事的刘师培又提出此议，"因汉代贾逵有功经学，昨呈请政府附祀孔庙，以崇经学巨儒"。[24] 据时论报道，袁世凯这次将刘师培提议呈交"礼制馆议复"，该馆"查核贾逵历史及其著作甚有功于经学"后，认为将其"附祀孔庙尚无不可"。[25] 刘师培之目的终于实现。时论对此亦有批评，像《神州日报》发表评论讥笑刘师培善于古为今用，类似叔孙通那样"知当世之务"，不惜"六经为我注脚，左右逢源"。[26]《中华新报》的评论则直接说刘师培系"莽大夫阿谀求荣，偏要借经术为掩饰。贾逵有知，当亦避之若浼也"。[27] 而《（长沙）大公报》则拿刘师培与贾逵相比，挖苦自谓"三世儒林"出身的刘师培之私德大有问题，节操远逊贾逵：

刘师培请以贾逵从祀孔庙，文中忽涉及家学。自渠曾
祖以下名爵学业，叙述綦详，且自诩为三世儒林，真所谓
数典不忘祖者也。惟贾逵之父受业刘歆之门，得左氏以谶
附经之秘传，故逵得以家学致身贵显，不识师培祖父亦有
此渊源否。推师培为文之意，殆欲百世下读者触类而思，
己或亦可为他日之贾逵。虽然，贾长头虽小节不修，顾于
人事外，且俶傥有大节，抑岂后生小子所易几哉？[28]

此类举措之外，刘师培又尽力为袁世凯歌功颂德、粉饰太平，
制造盛世气象。在中日关于"二十一条"交涉的关键时刻，面
对咄咄逼人的日本勒索和可以预知的外交失败，举国悲愤、痛
定思痛之际，刘师培竟然上折称颂袁世凯的文治武功，特别是
他镇压"白狼"和"二次革命"的功绩："内乱勘定，萌庶乐
生。元首之德，贤于尧舜。宣著方略，以诏后人。"[29]刘师培
希望袁能仿照清朝《圣武记》旧例，开设"方略馆，并请设总
纂、纂修、协修、提调、收掌各官"，"以纪寰宇宁平、兵革不
作、修文偃武、民乐升平之盛迹"。[30]袁世凯虽然为刘师培请
求开设方略馆的建议吸引，但尚有些许自知之明的他并未完全
听从其议，"惟方略馆之名称，当局以为未洽，尚须改定"。[31]
袁世凯先派吴（原文误作"沈"，引者注）闿生等十六人去编
《平乱记》——主要是"平白狼及赣宁乱纪事本末"，并没有设
立方略馆，有意思的是，却没将"原请人刘师培"吸纳于编纂
者中。[32]

因刘师培请开方略馆的言论极为肉麻，又无视客观事实和
当时的危急局势，其立论遭到诸多指责，所谓"众口交腾，金
谓此君上书总统讴歌太平"。[33]如《申报》上就有评论讽刺道：

中国之时日，以挨而过，时局可知矣！且此所挨之时日，其能有几危难，亦可想矣。然而今日之世，尚有以为"寰宇乂宁，兵革不作，修文偃武，民乐升平"而请开方略馆如刘师培者。[34]

《神州日报》上则有评论挖苦刘师培此举显示其私心太重，系变相替自己谋饭碗：

> 刘申叔请开方略馆，固可为识时务俊杰，亦不失为书生本色，而且功德无量。殆自总编纂以至录事，将来吸纳寒畯，正自不鲜矣！于清史馆外更新辟一新啖饭所矣！岂不盛哉？[35]

稍后，《神州日报》又专门发表"社论"《我独无解于今日之刘师培》，[36]挖苦其厚颜无耻、公然撒谎，"蛇蛇硕言出自口矣，巧言如簧颜之厚矣"。文章并追溯刘师培在《国粹学报》时期的表现，以衬托其与今日的反差，接着并讲述了刘师培民初之经历，"以辗转缘附而入阎督幕府，又膺荐剡，荷蒙知遇，感激驰驱，以忧患之余生得大隐于朝市，亦不可谓非其福"。文章感慨刘师培急于为袁世凯效命，居然高调请开方略馆，借以吹捧袁氏，实则是自甘堕落、说谎欺骗：

> 方中日交涉事机之急，自负床之子稍有闻见，莫不知国势阽危如不终日。而刘申叔顾以治定功成之呓语，欺饰自宫，涂塞耳目，自隳人格，固所不恤，其视项城为何如人？……嗟乎，申叔可以寐矣！

该社论进一步分析刘师培如此做法之原因，认为其系自作聪明、东施效颦、饥不择食，实在可怜可叹：

> 以中岁拓落，沉滞下位，久处京华，不耐玄默，亟欲发愤以功名自见。又见今之以口舌取卿贰者，亦非无人，于是忍俊不禁，攘臂而起，亦人之恒情。不悟人各有所长，东施效颦，适增其丑。且当世虽盛言复古，而政海风波，迄未晏静，岂容有文士经生回旋之余地？若为区区升斗之禄，借此以图报称，则以申叔之高文绩学，亦何施而不可？而必献其突梯滑稽、如脂如韦之故技，以求诡得于万一，是亦不可以已乎？……申叔惟一饱之是谋，不务正学以言，而曲学以阿世。假令辕固而生今日，其愤慨又当何如？

该文章发表后应该颇有影响，顾颉刚友人张正甫即曾读过该文。[37]

参政院参政、政事堂上行走王鸿猷面对刘师培此举及朝野间的复古之风，专门向袁世凯上"条陈"，分析当前形势，提出解决措施与用人策略。内中王氏点名弹劾"刘师培请开方略馆"系"阿谀取容"。[38]王鸿猷的提议及其对刘师培的弹劾，曾引起舆论和时人比较广泛的关注，被认为是逆耳"忠言"。[39]《时报》北京记者对此曾特加关注，为之专发一电披露弹劾之后续情况："刘师培曲学阿世，久为清议所不容，经王鸿猷弹劾后内不自安，将出京谋干。"[40]但《时报》此言论未免乐观，刘师培"出京谋干"一说并未成为现实。

青年顾颉刚看到《时报》上述报道后，一度为刘师培鸣不平，认为只依靠这样的简短讯息，并不能判断刘师培之所为究竟如何。换言之，人在北京当官，有阿谀行为自难避免，刘师培难以免俗也可以理解：

> 其详事亦无见，不知刘氏何故招人忌也。居官京中而言不阿世，固难能矣，何独于刘氏而责之。且刘氏尚能曲学，而其他阿世者，即曲亦不会，王劢有其他怨乎？

顾颉刚认为刘师培虽然"品行本不好"，但可以聘任其为大学教员发挥长处，强过陈衍之流文人任教"百倍"，顾颉刚这里天真以为大学教员薪水很高，刘师培势必愿意就任，只可惜"政府用人不以其道，一刘氏犹不能保，亦可惜矣"。[41]

不过，后来顾颉刚也通过朋友张正甫了解到北京大学校长胡仁源希望聘请刘师培担任中国哲学门教员，刘却提出了苛刻条件，每周只愿上课"二点钟"，月薪却需要"五百圆"，顾颉刚感觉刘开价太高，实则是不愿意去大学任教。为此顾颉刚又感慨道："堂堂大学校，只以中材充教员。一二负时望者，又有恃而不愿就，学术其能昌乎？"进而，顾颉刚此处又评论刘师培学术，认为刘氏学问其实也不足以在大学任教：

> 余观刘光汉之学，亦只以记诵掇拾见长，沟通大义，非所责矣。盖观物之变，洞察上下，非以哲学为根柢不可。起顾中国，谁则任之？（第一流有太炎先生，第二流有严复、康有为、梁启超等。）[42]

此处顾颉刚还记载了张正甫对刘师培多变历史的看法，张认为刘师培清季以来善变之故，很大程度上是由于"钳制于其妻"的结果，只是不知道此次刘师培于"日本要求迫切时"上书袁世凯之事，"此不知是其妻谋否也"。[43]顾颉刚大概在这时才恍然大悟之前王鸿猷弹劾刘师培"曲学阿世"的缘由，于是他对刘师培的态度发生了大转变，并在昔日为刘师培辩护的记录旁加眉批，表示自己当时失察："至今为新朝佐命，其言验矣。愧吾当时不能审矣。"[44]

由时论和时人的反应，可以管窥刘师培的吹捧激发的争议程度。无怪乎刘师培此议会成为笑谈，被时人编为《滑稽小说·亏得刘师培》，刊发在《申报》上——该文借募捐"救国储金"的国难现实与刘师培请开方略馆之强国根据的强烈反差，对其进行嘲讽挖苦。[45]此事之余波延续颇久，即便经过两个月，《甲寅杂志》上仍刊有评论指责刘师培请开方略馆的提议不顾老百姓真实处境之悲惨，公然撒谎，为袁世凯制造盛世幻境：

> 人民既在水深火热之中，亦运而已矣，谓人民安乐太平为唐虞以来所未有，此特刘师培之所见而已。若我侪小民，宁生于桀纣之世，而不愿生于此舜日尧天之世也。[46]

其实当时像刘师培这样不顾中日"二十一条"交涉中方被动的现实，为袁世凯大唱赞歌、庆祝交涉胜利的一般袁氏手下大有人在，如驻日公使陆宗舆、贵州巡按使龙建章、广东巡按使李国筠、山东巡按使蔡儒楷等，他们均曾致电袁世凯庆祝和平与总统外交成功。[47]其中龙建章"且主张开全国提灯大会"庆祝，"其电中措词备极颂扬之致"。[48]这些人的表现虽被目为"丧心病狂"，"不知有国耻者"，然而均比不上刘师培请开方略馆这样的关注程度，或因其仅为"循例颂扬"，[49]出格程度与受到的关注程度均不如大文人刘师培之故。

再据当时刘师培的密友南桂馨回忆，刘师培一度有谋求取代金永任山西巡按使的打算，但不为其密友南桂馨支持。[50]如果此回忆属实的话，那么刘师培之所以积极参与筹安会和复辟帝制的活动很可能跟他谋求山西巡按使一职失败存在一定关系。1915年7月中下旬，时任山西巡按使的"酷吏"金永先是遭到肃政史弹劾其"吸食鸦片"，稍后又遭肃政史弹劾有九款罪名，其中两大罪名是"鬻官、贩土"，鉴于舆论的密切关注，加之其激起的山西民愤极大，金永不得不做出姿态自请辞职，但没有被袁世凯批准。[51]按照袁世凯的一贯做法，即便批准金永辞职，他也不会将一省封疆大吏这样的重任交给如刘师培这样缺乏历练的文人。再据时人笔记记载，袁世凯曾戏谑性地赠予刘师培、严复"特别徽号""书橱"，"谓其泥古不化也"，还曾骂刘师培为"迂腐已极"。[52]因之，袁世凯既然此前没有吸纳刘师培进入方略馆，这时就更不可能将山西巡按使这样的重要位置给予刘师培，不过求之不得也可能成为刘师培努力赢取袁世凯更多信任的动力。

二、鼓吹复辟帝制

时论不断的批评和谋求实缺的失败并没有妨碍刘师培替袁世凯奔走效劳的热情，他愈加积极地投入到政治宣传中，为复辟帝制鼓噪声势，参与组织筹安会即其重要表现。[53]

1915年8月14日，杨度、孙毓筠、刘师培、严复、李燮和、胡瑛一起组织筹安会，公布《发起筹安会宣言书》，[54]借袁世凯宪法顾问、美国哥伦比亚大学政治学教授古德诺所著的

《共和与君主论》一文提出的共和国体不合中国国情、君主较民主为优的论述，抨击四年共和造成的危害，并借研究国体名义倡导君主立宪，为袁世凯复辟帝制大肆造势。据时论之言，此宣言书即"出于刘申叔之手笔"。[55]在时人看来，六人加入筹安会各有所图，其中刘师培经历最为复杂、思想也最为善变：

> 惟刘师培之为人，最难位置，谓之为守旧党欤？则从前亦提倡革命最烈者也。谓之为革命党欤？则辛亥之役几为革命党所杀，而言论界奋笔舌以营救之者也。或曰，大难不死，必有后福，刘师培有焉！[56]

因此，刘师培加入筹安会鼓噪恢复帝制也就丝毫不让人奇怪了。[57]

筹安会宣言发布后，立刻引起《国粹学报》时期刘师培旧友黄节的不满。1915 年 8 月 18 日，黄节特意致公开信于刘师培表示根本解决当下中国国体的办法，"不在君主之制，而在人民知有国家"，并表达反对君主制、捍卫民国之意，认为刘师培等人的做法是"倾覆民国"，"斯议一出，动摇国本，召致祸败"，劝刘师培等人"深察得失"，及早收手。[58]黄节信公开后，《新闻报》特意发表评论进行呼应，认为黄节主张根本解决的方案在于人民知有国家的说法，"可谓探本之论"，只是刘师培等人"以救国自命，未必能因此缄默"，该评论进而批评刘师培等筹安会"六君子"并非真正爱国、在为国家着想，他们只不过是利用爱国、救国名义，却不愿在实质上为国家尽力，这样名实不副造成的结果不但于事无补，且会危及国家前途，让"国家受无形之障害"。[59]

面对老友苦口婆心的劝说提醒以及媒体的讽刺挖苦，刘师培丝毫不为所动，愈加积极地投身到筹安会的活动中。只是初期筹安会的扩张活动并不顺利，遭遇到诸多掣肘，且杨度、孙毓筠因为担心人身安全问题，很少去筹安会事务所所在地石驸马大街，倒是理事刘师培比较忠于其事，"唯刘申叔咨议尚间日一至耳"。[60]

不止于此，为扩大筹安会声势，替复辟帝制大造舆论，刘师培出力甚大，撰写了多篇宣传帝制合理、民主共和不适合国情的文章。[61]因此，在时论看来，筹安会中诸人中唯有"仍是书生习气"的刘师培表现最为积极，[62]"到处拉人相助，为各种鼓吹之文字"。[63]

刘师培撰写的这些文章特色是以学术文饰政论，援古论今，旁征博引，所谓"刘申叔作文必有几句考据词章"。[64]其文发表后，虽被帝制派媒体力挺，但招致更多的则是反驳和讽刺。如有人认为刘师培及杨度所发表之鼓吹帝制言论，"千疮百孔，不值识者一嚛"。[65]而包天笑也挖苦筹安会发起以来杨度、刘师培等人的出格表现，批评刘师培竟有热情连续撰写三文为帝制背书：

> 杨度已有大著作（指《君宪救国论》，引者注）矣，而刘申叔以堆砌经史之大名家，何可失此机会？故一之不已，再而三也。独怪文名籍甚之严几道，乃无一文以自显，不遽失天下之望乎？或曰此老文章当留以有待也。[66]

包天笑提到的刘师培这三篇文章分别为《国情论》《共和解》《论唐虞禅让与民国制度不同》，以下分别简述其内容及所造成的舆论反应。

于《国情论》一文中，刘师培强调"一国政治必与土俗民情""有极大关系"，他进而从历史角度论证了国体必须符合国情，以"礼教立国"的中国与欧美各国不同，"欧美现行政治""实与基督教有莫大关系"，"民主制度"只能施行于"基督教盛行之国"，像明治维新时的日本，就未接受当时正在盛行的卢梭"民约之说"，而是采用"伯伦知理"学术，"亦以国情同异之故耳"。而中国国情，与欧美别异，"强效其制"无异于邯郸学步，"匍而归者"，"故讨论一国之国体，不可不研究国情"。[67]《新闻报》刊出刘师培《国情论》一文后还附加有读者的质疑和刘师培的答辩，因其未被既有研究者注意，这里不惮繁琐全文录出：

> 刘既著此文，有以《礼运》大同说质疑者，谓孔子答子游亦以选贤与能为大同之治，岂非民主政体亦为孔子所主张？刘答曰：孔子曰谓大道之行，选贤与能、讲信修睦。所谓讲信修睦者，谓世界和平，干戈不用，必国际竞争之事悉行消弭，然后民主制度始可推行。今中国国基未固，强邻逼处，较孔子所谓小康之世亦且不逮，顾欲推行大同之治，不亦难乎？[68]

可以看出，刘师培这里表面上是在讨论国情与国体的关系，实际是援古证今，目的在于反对中国采取欧美民主制度，最终为袁世凯更改国体、继续其专制统治的做法提供学理依据。

《国情论》一文公开发表后，引发很大争议。像《时报》即评论道："刘师培新著《国情论》，援引经史，说甚枝蔓，而归纳于近日共和之不适用，并闻刘尚撰有《共和解》及《论唐虞禅让与民国制度不同》，两文不日脱稿。"〔69〕《顺天时报》针对刘师培的诸篇文字，亦发表有类似评论，讥刺刘师培为讨好袁世凯断章取义，任意曲解历史证据：

> 申叔之《国情论》引经据典，亦露布于京外各报。并闻近又撰文两篇，一为《共和解》，一为《唐虞禅让与民国制度不同论》，行将脱稿。叮杨、刘等之筹安中国，为公为私，将来之结果如何、功效奚若，姑不备论。即此煌煌著作，亦足以称豪当世，使小儒咋舌，中外政闻之士确可引为研究之资……断章取义，抑国体蜕嬗时代一大纪念也？〔70〕

《神州日报》则摘录了其《国情论》中部分内容，认为该文前半部分"援据经史，以证中国不可无君之说，后半推论欧美，乃谓非基督教国不适用共和国体，其说较杨晳子（即杨度，引者注）尤奇"。〔71〕《新闻报》则发表有短评，将刘师培之言与陕西巡按使吕调元同样的论调一并批评：

> 吾初以杨度非君主不能立宪之言为异，今观吕调元、刘师培之文电，杨度又不足奇矣！吕调元曰共和政体本系政治学者理想之谈，刘师培则谓民主非基督教国不能行，又谓非国际弭兵不能见大同之世。此等言论真可谓语不惊人死不休者矣！吕调元姑不论，若刘申叔则颇负重名，即主张君主制，引经据典，其事已足，何必又画蛇添足，妄谈世界国体，贻此笑柄。曰：有求全之毁，其申叔之谓乎？〔72〕

稍后,《新闻报》又发表专门论说,延续此前的角度,进一步从逻辑学(即文中所言的论理学)角度批评《筹安会宣言书》歪曲古德诺之论,武断认为"世界国体君主实较民主为优","中国则尤不能不用君主国体",[73]此论为"似是而非之推论","殆所谓不成论理者矣",接下来该文批评刘师培的《国情论》同样"推论尤谬":

> 其《国情论》中有一前提,曰民主制度唯基督教盛行之国始可实行。其意中之媒语断案,盖以中国非基督教盛行之国,故民主制度不可施行耳!试询诸世人,民主制度果唯基督教盛行之国始可实行也乎?即欲武断世间施行民主之国,皆基督教盛行之国,又能换质以全称之,而谓基督教不盛行之国,民主制度即不可施行也耶?而况基督教盛行神权之说弥漫,恰与民约之说不能两立,又何所见而能设此前提也。是故,由论理学评之,则刘氏斯说,内籀不全,立言谬误,亦一种似是而非之推论而已,宁有他哉?[74]

《顺天时报》等报纸上也发表了署名陈婴的驳论文章——《正刘师培国情论》,[75]批评刘师培武断曲解历史,按照自己需要将其与现实进行附会,"欲固利禄媚兹一人","比附经义以欺天下举人之耳目",文中并指责刘师培滥用旧时法家学说,实际是不懂政治学之故。此外还有"陈无咎"者撰写《国势论》一文,[76]以反驳刘师培之《国情论》。陈文认为刘师培之《国情论》,"以经师之眼光,谭万变之政治,虽不失书生本色,然未脱头巾习气"。陈无咎反驳刘师培的关键点在于"今日民国是否为变更国体之时，是否有变更国体之势"。针对刘师培从历史角度认为共和非中国固有即不符合国情的论断，陈无咎从社会进化论角度认为，"君主政治相沿袭四千年"的中国，"一旦跃为共和，不可谓非历史进化民族文明之一证，如谓吾国吾共和之先例，即不合于国情"，那么"中华民族"就要倒退回原始的"穴居野处"时代。

《共和解》一文则回应了此前鼓吹清室复辟的宋育仁与劳乃宣（玉初）讨论"共和"的旧作。与宋、劳二人一样，刘师培同样从《史记》所记载的周召共和谈起，他旁征博引，认为周召共和有其必要性与合理性，"用是社稷有奉，国家无倾"，但此制为从权达变，并不涉及立国根本，当下实行的"共和政体"则"寔原西籍"，源自日本译法，与"周代共和"并非一事，"执今准古，拟寔非伦"。[77]

在《论唐虞禅让与民国制度不同》一文中，刘师培故技重施，从辨证经学源流角度批评部分"调和今古"的"晚近学人"，"曲会殊邦之制度"，将"君位不世袭"的唐虞禅让附会为今日欧美的民主制度，"与方今民国元首略符"，系"割裂经文，曲学阿世"，[78]同时刘师培该文暗中还回应了之前黄节来信中对其的批评。该文发表后，黄节8月31日又致信刘师培进行驳辩，援引历史事实指出君主"世及"之"不善"，以及尧、舜之变政举措与"民意"的关系，进而黄节又援引拿破仑叔侄称帝速亡之史实，对刘师培作出劝告和提醒。[79]

更多时论也针对刘师培该文中的立论进行了批驳。像《神州日报》上即刊出短文讽刺刘师培此文：

> 刘申叔谓晚近学人援引古经类似之言，目唐虞禅让为

民主制度，是为曲学阿世。噫！痛哉言乎？吾国学人已甚稀少，其或有之，又苦懵于世界大势，不能掇拾新义以自圆其说，而惟是比附牵合，侈陈一二极腐旧之经训，以妄欲争胜于人，甚至举世讥之，而彼以有利于此弗皇恤也。若而人者，直可谥之曰无耻，仅诃为曲学阿世，犹恕也。噫，申叔洵知言哉！[80]

稍后，《顺天时报》《神州日报》又同时发表了刘世珑的反驳文章，进一步讥笑刘师培伪借学术名义大作政论的做法，系存心曲解唐虞禅让制度，选用何种"国体"的根据，并非刘师培所言的古制，"惟视当时之元首以公天下与私天下一语为之分判"，唐虞禅让并未能延续，最后在大禹那里还是"家天下"，断送了"此共和之见端"：

> 君主与共和存在问题，于是乎解决矣！呜呼，禹王奈何以一念之私而弃唐虞盛德，以种此数千年专制之祸，宜乎成汤见伐，祸贻子孙，开后世征诛惨剧，家天下作之俑也。[81]

针对刘世珑对刘师培的反驳，以及之前筹安会"六君子"之一的李燮和族弟李海向检察厅控诉李燮和贪污的情况，《顺天时报》又专门发表短评表达同情与支持：

> 刘师培近著《唐虞禅让与民主共和制不同论》，宗旨抱定，博引繁称，理由虽不充分，文词实觉斐然。乃又有刘世珑其人，借政谈作答复，略云……此刘之言与彼刘之

言，虽系商榷，较李诲之于李燮和，刚柔有别，其维持共和，否认君主则一，值筹安会进行之秋，来同室操戈之举，道高一尺，魔高一丈，我将为李、刘致慨矣！[82]

其实，刘师培是想借《共和解》《论唐虞禅让与民国制度不同》两文证明当下的"共和国体"徒有其名，从历史依据看完全不具有存在的合法性与必要性，从而为袁世凯更改"共和国体"、垄断大总统之位提供了历史佐证。故此，两文发表后，会引起时论关注和批评。如《申报》曾特意发文回应刘师培在两文中的观点，批评其立论虽然"用心良苦"，但造成的效果却是武断附会、自相矛盾：

> 然而以实际言，四千年以前之唐虞，其制度为何制度？其授受从何授受？与今日中国国体问题初无若何相涉。必武文断句，取以自释，附应者固陷于泥古，辨论者亦岂得为识时？举此番破石惊天、亘古未闻之例外行动，而乃以签注疏解之文章手笔出之，亦惟足自表其经生家之雍容雅度而已。不知于彼所主持之问题，有何裨益也？且即彼所诠释者，言师之为众，彼昔著《论古代人民以尚武立国》，言之何其详尽？今乃以"非经旨"二字轻轻了之，抑又何自相矛盾若此耶……今乃于欧美，则云未有前例者可以创作，而中国则任何制度必不可于古所曾有之外，别求一世界可行之公例。此岂通论乎？反复再四，无以为解……[83]

事实上，前引刘师培三文尚未公开发表之时，就有时论通过其题目及刘师培作文风格，推测出其内容如何：

> 《国情论》必不外于杨皙子之《君宪救国论》，《共和解》必不外于劳玉初之《共和正续解》，《唐虞不同民主》亦必不外于以唐虞为贵族政治、为选举政治，元首举措不必出于人民公意而已。

进而，该评论认为类似刘师培这样以说经的方式所撰的政论，太过迂腐又脱离实际，很难说服读者：

> 此等文字在承平之世，读之自觉古义磅礴，使人意远。今日之政体既非脱胎于周室之共和，亦非取法于唐虞之禅让，形式纵或偶同，精神实无相袭。申叔所讨论，自是以经生本色，讨论古制，于今日之国体丝毫不相干涉，则吾辈亦姑以一种说经之目光读之可也。独是申叔既为昌言国体之一人，而又抗心希古，作盛世不朽之著，则洵乎学者多能之不可及矣！[84]

《新闻报》上则有评论直接说，"刘师培之远引三代，令人思睡"。[85]

筹安会规复帝制的主张提出后，也曾引起袁政府内部一些人质疑，像袁世凯指定的宪法起草委员会会长汪荣宝即不认可。他参考比利时等国经验提出可采取民国立君或总统世袭制两种主张，[86]认为这是调和帝制论者与维护共和国体论者两造分歧的良好解决方案。汪氏主张见报后，影响颇大，这种论调与筹安会的君主立宪说、各军头的"纯粹帝制说"，"鼎足而三，势

均力敌"，诸多袁政府内部政要如梁士诒、曹汝霖等均表支持，
"政界中重要人物，无论新派旧派，附和此说者甚多"。[87]为此
引起力推君主立宪制的孙毓筠和刘师培不满，孙毓筠著文"痛
驳总统世袭说"，[88]刘师培则专门写作《民国帝政说之驳议》
一文，"力与民国立君说相搏"，认为该主张"于理论与时势皆
非所宜"，驳斥"民国立君"论"不合于学理，亦于今日时势
决非合宜"的主张，坚持要彻底变更国体为君主立宪：

> 数年以来，朝野上下，知共和制度不适于中国，又鉴
> 于民国之空名，不得不隐为迁就。由是所行制度在民国、
> 帝国之间，互相冲突，互为抵触，非古非今，不中不外，
> 为五洲万国所未闻。今谋根本改革，自不当仍留民国之空
> 名，以为迁就游移之地……民国之中何容有帝？更即演绎
> 法言之，既为帝制，何得有民国之名？……故师培之意以
> 为，非并更国体，则君宪政体亦必不能保存。使仅更政体，
> 吾知三年以内全国人民必有变更国体之请愿，则国家对内
> 对外必费第二次之手续，与其重生周折，何如直截了当，
> 以为一劳永逸之计乎？故欲更政体，不得不先更国
> 体也。[89]

刘师培对于君主立宪制的鼓吹热情通过以下这封答疑信也
能体现出来。该信系其针对一个读者来信质疑筹安会提倡更改
国体之必要性进行的答复，题作《刘申叔君致吴致虚函》：

> ……夫仆等所以主张君宪者，正以国权统一于一尊，
> 则民听不惑。尊函所述不无过虑之词，至谓求之史册，未

有前例。仆虽陋，奚容缄默？夷考北周立国，上承魏禅，易地称王，不建年号，由孝闵以迄世宗，中更二主，世宗三年，始从崔猷之议改称皇帝，建号武成，开国之年不以建号改元为始。试以今事证之，辛壬之交，清命已迄，清帝逊位之日即新邦成立之日也。虽帝号犹虚，然邦基已奠。今蹀改革，惟在位号，求之前例，实与周符。然周起关中，内政修举，东墟齐社，南取巴荆，曷尝以位号频更之故，致陷国家于危弱之境哉？[90]

由该信内容看，刘师培同样是在向读者讲述君主立宪的莫大益处，只是更多从历史与现实结合角度来说服读者不必因国体变更而产生无谓担心，中国历史上已经有北周前例可循，当下变政有其历史依据。刘师培此信见报后，上海《新闻报》有评论特意针对此信进行驳斥，认为"此真可谓奇谈"，批评刘师培仅选择有利于自己的历史证据就借题发挥、上纲上线，实在难以服人：

变更国体之事，若何重大，岂史有先例，遂可引为口实？即曰取法古制，亦当比较今昔情势是否相同。宇文氏篡夺大业，僻处一隅，造次建国，因多反复。以视今之民意所趋、建成共和者，胡可同年而语？且政制沿革，代有同异，若谓见诸载籍，即可垂型千祀，则五胡云扰，且乱中原，唐祚既终，枭杰竞起，申叔亦将一一效法，谓割据分崩为致治之极轨乎？夫进化之势，代有推迁，史册所述，绝非一揆。秦灭六国，初置郡县，海内沸腾，群以为暴，然楚汉继起，六国之后复立，而终莫能存。盖一制之兴废，与时转移，势异境迁，人力难挽。封建、井田，古之盛制，施诸后世，适见迂谬，故论史之识，在温故以知新，因袭虽善，且非所贵。况引僭窃苟安之制以论今事乎？古德诺以墨葡拟吾国，筹安会据为定论，世方以为怪。乃观其引己国历史，亦复如是，然则筹安会所向往者，固专在不足为训之邦耳！岂不异哉？[91]

刘师培这些举动正是其当年为《国粹学报》撰写的三周年祝词中所讥刺的学者“以学殉时”之举，同其此处所说的“舍禄言学”甘愿“寂寞自首，不以学术为适时之具”的自我标榜正相枘凿。[92]故有署名“弹刘”的有心读者鉴于刘师培加入筹安会后的作为，特意重提旧事、重新拈出刘师培此篇旧文，节选其相关部分寄给《时事新报》发表，并加有按语，希望用以子之矛攻子之盾的方式讽刺提醒刘师培，“借以代祝刘先生之健康，并祷发起余子之长生不老，俾神州四百兆众得永叨福庇于无穷”。[93]

然而刘师培却不为媒体上发表的这些批评所动，依然利用各种场合宣传复辟帝制的合理性。如1915年10月3日下午，刘师培参加了孙毓筠发起的北京讲经会之闭幕式，会上主讲法师谛闲曾有长篇发言，暗示其反对国体变更，刘师培也有演说回应，“但语语暗射君宪”，可惜笔者无从看到有关其演讲的详细记录。[94]

这时效法筹安会的“全国请愿联合会、全国商界请愿会相继产出”，类似业界组织的请愿联合会之类纷纷粉墨登场，以在未来君主制下求得捷足先登的便利与功绩。没能在筹安会中占据要津的刘师培和所谓湖北学界代表梅宝玑等人受到影响

"所激"，"亦欲别树一帜，以求名扬一世，遂借教育界代表名义，组织一全国教育界请愿会"，在成立大会上，刘师培除发表演讲之外，还建议推举衍圣公孔令贻为会长，受到与会者赞同。[95]果然，该会之组织形式和规章均模仿筹安会，"公举"孔令贻成为理事长，刘师培和梅宝玑成为副理事，目的"以联合全国教育界人员促进请愿为宗旨"。可惜刘师培实际主持下的该会势单力薄，不但缺乏资金支持，亦缺乏学界中人及政界要角加入，"又苦教育界人少，且系无名之士"，遂"拉扯"一些"士不士、商不商"的人入会。[96]最后造成的声势与影响不大，反倒因该会曾有特别荒唐离谱的主张而留下笑柄，为时论大加讽刺挖苦："竟有主张将二十二省之将军、巡按使举为名誉会长者，又有主张举为名誉理事者，以将军加入教育界，实属罕闻，以全国教育界请愿会，而竟有四五十人之名誉会长，更为闻所未闻"，"以如此之人组织全国教育界请愿会，实足为全国教育界羞"。[97]

通过这一系列借学术文饰其政论的举动与操作，以及替袁世凯公开大唱赞歌，刘师培终于赢得袁世凯的认可。媒体有传言刘师培被列入候任教育部长的名单，[98]稍后又传出刘师培有望取代打算辞职的胡仁源出掌北京大学的消息，[99]尽管这些仅为传言或谣言，但从侧面或可以反映出袁世凯对刘师培的信任程度。如当事者南桂馨的回忆："关于筹安会的文件宣传，刘也费了一番功夫，所以颇得袁的青睐。这就是刘师培作莽大夫的由来……"[100]伴随政治上的暂时得意，刘师培的私人形象却一塌糊涂，被时论斥之为"龌龊书痴"，[101]说其"以大鸦片烟瘾著名"，"常月余不沐头、洗脸，毛娑茸茸，泥垢满面"。[102]

三、献 策 献 言

作为对刘师培卖力替自己鼓吹的嘉奖，10 月 23 日，袁世凯让刘师培填补正在请假中的王闿运之缺，"任命刘师培署参政院参政"。[103]10 月 30 日，刘师培再上谢恩奏呈，感谢袁氏能让其署理参政院参政。[104]1915 年 11 月 1 日，袁世凯召见了刘师培，以示勉励与信任。[105]11 月 15 日，袁世凯又授予刘师培"上大夫"荣誉头衔。[106]

此事又曾引起北京《顺天时报》的关注。该报特意发表长篇评论挖苦刘师培道：

> 挟少数官僚之心理代表民意，而且舞文弄墨、邪说诬经如刘师培者，其尚足齿数哉？子云投阁，基于美新；功名念重，不惮贻人口实。果也上大夫之任授，职衔辉煌。今之刘师培，视昔之刘光汉，迥若两人，识时善变，勿忝乃祖。逆料将来以事君为容悦者，胥奉渠为先觉矣！语云：无德而富贵，谓之不详。刘稽古有素，当能鉴别妍媸，善自取法。若徒知上大夫之显荣，献媚赵孟，今日贡一条陈，明日上一封事，满纸神功圣德、纬武经文，亟示其感恩图报之素志，而廉耻道丧，国维破裂，孰与砥柱神州争生存于大地？吁嗟！刘氏生不逢辰，途穷日暮，借邀升斗，然枉寻直尺，所损实多，犹吾大夫求荣反辱，兹特表而出之，以告世之自命为读书种子者。[107]

之后，《顺天时报》又继续追评此事，认为通过刘师培等筹安会成员被授上、中大夫等头衔的事实可以看出，筹安会发起诸人之目的在于将其作为"升官发财"的"终南捷径"，各人"欲假此场所为一己功名利禄之猎取，而筹一己之安，其他固非所问"。[108]

舆论批评归批评，好官我自为之。这时刘师培在仕途上总算得偿所愿，获得了名义上的"帝师"待遇，他遂又向袁世凯呈递了谢恩呈文《奉令授官沥陈谢悃由呈》，表达自己的感恩之情。[109]

只是对于袁世凯来说，像刘师培这样主动为其复辟帝制进行鼓噪的无行文人太多，在利用过程中对其加以笼络即可，赏赐刘师培上大夫头衔即是如此，至于任命其为参政院参政，更是为了凑人头，该职位同样无多少实权，因参政院仅仅是名誉机关，是袁世凯拉拢与表扬有资历者或愿为其所用人的工具，用时论之言就是"一空言之机关耳，参政诸公一登场之傀儡耳"。[110]刘师培对此似已心满意足，尽心尽力发挥参政院参政的建言献策职能。

扫平"二次革命"后通过的新约法，已经赋予大总统有封爵权力。之后，袁世凯不断倡导复古，且在官制方面不断恢复旧制，还打算"规复王侯五等制度"，因"五族共和，他四族皆有侯王"，而汉族独无，"《约法》授爵特权本不限于四族"，时论预计汉族封爵一事"将来必办"。[111]袁世凯希图恢复五等封爵制一事在袁政府内部屡有讨论，当时媒体亦频加关注，担心此事系袁世凯复辟帝制的前奏：

> 王公五等之爵，本为君主封建时代之遗制，实与共和政治不能相容。中国今日之有满蒙王公，乃本于优待皇室

之特别原因，不足以为法也。乃闻近来政府拟恢复封爵之制，汉人中有功民国者，亦锡以五尊之爵。吾窃以为异焉……今道路相传，方信有恢复帝制之说。[112]

然而此议提出后遭遇的舆论反弹甚大，袁世凯本拟先封黎元洪王位进行试探，只是因黎本人"对于此事颇不以为然"，没有成功。[113]1915 年 8 月中旬筹安会发起恢复帝制讨论后，仍有人不断提议恢复五等封爵制，袁世凯虽然倾向于接受，但鉴于舆论压力，并未公然实行。[114]1915 年 11 月 10 日，淞沪镇守使郑汝成被刺杀，第二天，不再有所顾忌的袁世凯追封其为一等彰威侯，"是为民国封爵之始"。[115]由此引发袁政府内部关于是否该遵照前清各项世爵办法办理的讨论。在这样的情况下，正在清史馆帮助整理"满汉世爵表"的刘师培遂再度提出汉人封爵之议，以使袁世凯此封爵之举制度化和常态化，同时表明自己的职分所在及效忠热情。[116]此投机之举也引起时论纷纷关注：

> 近日参政刘师培乃复有呈，请将汉人世爵与满蒙汉军一律绍封之举。闻其原呈不外引经据典，侈陈古义，已奉批交政事堂饬铨叙局核议具复。果蒙核准，则凡前清世爵，正不止有与国同休之美矣。[117]

《新闻报》则发表评论分析刘师培此举之意图，在表示不解之余也不得不感叹刘师培学养丰富、读书广博：

> 刘师培请绍汉人爵封，不知其意何在？将谓其热中富

贵耶？则刘氏本无爵，为人作嫁亦复何益？将谓其援引满蒙之前例耶？则满蒙之例，实五族共和条件之一，今日对于汉人有爵者后裔，殊无条件之必要，胡为多此一举？将谓念其祖先之劳耶？则历代功臣其多不胜计，奚独厚于清臣？将谓汉人不可向隅耶？则爵封五等之说已屡见于报纸，他日自有一班应运而生之新贵爵峥嵘于世，今又何必迫不及待？吾于兹事自信推想颇为周密，竟苦不能得一理由。而刘氏乃能引经据典，侈陈古义，此等典故不知出于何书，得一似已不易，更勿论连篇累牍。然则刘氏之博学多通、广识异闻，信非人所及哉！[118]

《中华新报》则在转载的刘师培这则呈文后加有暗语，讽刺刘师培应该将"呈"改为"奏"、"大总统"改为"大皇帝"，"始合体裁"，较之已经提早称臣的武人段芝贵、倪嗣冲等人，"而刘君子究不免有书生之见耳"！[119]

面对刘师培的提议，袁世凯故作姿态交铨叙局核议，[120]其称帝后，此封爵制度"参仿清制办理，惟无贝子以下名目"，[121]立即得到落实，像黎元洪就被封为"武义亲王"。[122]

12月7日，刘师培又上呈请求将礼部与帝制一起恢复，以便更好恢复旧礼为袁世凯称帝登基服务。袁世凯将此呈交礼制馆核议，[123]然而结果却未如刘师培所请，礼部未能恢复。

刘师培这时还"呈请令中外各机关对于总统之呈文，一律改为奏折"，此奏虽遭到袁世凯的冷处理，"政府批暂置不论"，[124]事实上，各大员早已采用此体奏事，刘师培不过是揣摩上意后的因利乘便罢了："近日内外大员所进大总统呈文，已改为奏折体制，朱家宝之折文昨见诸政府公报中，惟此批令暂尚仍旧。"〔125〕袁世凯正式称帝后，袁政府决定公文程式"虽新定，仍用'呈'。昨日国务卿亲自改稿，'呈'易为'奏'，圣鉴上加'皇帝陛下'，以为各署先"。〔126〕

而据刘成禺的说法，在帝制大业将成之际，刘师培还曾帮助袁世凯设计"三揖三让之礼制"，"三揖三让礼成，大总统再受国民推戴书，御帝位，世无间言矣"。〔127〕不过刘氏此说法未必可信，未见有其他材料可佐证，姑且存疑。

尽管没有重用刘师培，但为鼓励和嘉奖刘师培，袁世凯特意拨款三万元让刘师培复刊《中国学报》，以更好发挥其经史才能。用后来时论的话说是："刘师培亦为筹安会发起人之一，袁政府无处可报答其附和之意，遂发款三万令其重办《中国学报》。藉资豢养，并可使其作成数篇歌功颂德之文字，以粉饰帝政。"〔128〕在刘师培主持下，从1916年1月开始，每月一册、总共出版了五册的《中国学报》发表的大多为刘师培等人谈论学术问题的文章，内中刊发的同现实政治比较密切的文章很少，只有刘师培的《君政复古论》（上、中）〔129〕、《联邦驳议》〔130〕两文同现实政治关系比较密切，此两文风格仍是在试图从历史经验和独特国情角度来论证袁世凯称帝之学理依据与现实需要。只是因其发表时正赶上护国军讨袁，洪宪帝制岌岌可危，时人无暇顾及刘师培的言论，故此，刘师培的这两篇长文发表后产生的反响不大。

《君政复古论》明显是为了回应和配合杨度《君宪救国论》一文而作，〔131〕刘师培结合欧美与清末以来中国的现实再度重申共和亡国、君宪救国的老调。与杨度论证结构相同，刘师培也打算分三部分论证，可惜只写出了上、中部分内容；同杨度不完全一致的是，刘师培更多是从经学史角度入手，以中西对比参照方式引用中国古代的史实来论证国家强弱、政治优良与否，关键在于有无合适的帝王来统治，"是以大宝之位，必属大德之君"，当今中国处于内忧外患之时，民怨沸腾，葡萄牙、墨西哥革命的教训为前车之鉴，"民神痛怨，亿兆悼心。葡、墨覆车，其迹弗远"。如此场景，只有当今元首能成功扫平内乱、解决党争、任贤举能，"外植国维，内酬人望"，造成国泰民安局面，中国"幸蒙威灵，遂振国命"，但眼下仍有"诋俗之民""闾里之雄""吞剥民物"，中国面临形势依旧危急，"虽有尧、舜，犹不能保于萧墙之内也"，为此戮力而战的"列士""惧名称之不立，虑横流之及己"，"思熙帝载"，期盼袁世凯能响应民情，承继"大统"，登基称帝，"若因袭昔名，改移今号……昭榘矱之所同，成天下之大顺"。由于该文文笔古雅优美，有论者曾认为："舍事而言文，则固胎息汉魏，可媲美于扬子云之《剧秦美新》焉！"[132]

云南独立、护国运动兴起后，上海英文《大陆报》及中华革命党报纸《民国日报》等媒体刊载了一些日本人鼓吹各省应该成立联邦以制约中央权力的报道，传闻赞成者有江苏将军冯国璋、浙江将军朱瑞等人，他们有"于帝制实施之时世袭将军之意见"。[133]这些报道马上引起朝野上下注意，袁世凯"大恚"，然而又不敢去"诘责"冯、朱，只好发动帝制派媒体反驳联邦制之不适于中国，此后各省军政要人也纷纷通电表态，向袁世凯表示效忠，并表示本省"尚无联邦谬说"。[134]"南方联邦之论喧传甚盛，北京政府受其刺激，因由各御用新闻一齐著论反驳此事件。"[135]实际上，当时主张联邦的议论主要局限于舆论界的炒作，但因其处于护国军反袁的敏感时期，又涉及地方大员冯国璋、朱瑞等人，联邦论才会引起风波。

当是在以上背景下，刘师培撰写了这篇《联邦驳议》一文，并借以回应此前章士钊、潘力山等人在《甲寅杂志》等报刊上关于联邦制的连续讨论。因为反对袁世凯复辟的章士钊主张效法美德在中国实行联邦制，对此，刘师培认为联邦之制在德国、美国可以实行，有其独特情况，"中夏情势，于德、美殊"，并不能盲目师法。《联邦驳议》公开发表前，了解内幕的《上海亚细亚日报》预先评论称赞刘师培该文，"力辟联邦，凡万余言，不用一新名词，为近日之杰构"。[136]

四、洪宪败局之累

袁世凯称帝后，国内外哗然，护国运动兴起。"独立声高，帝制取消"，[137] 1916 年 3 月 22 日，在中外各方压力下，袁世凯发布申令宣布放弃洪宪皇帝称号，复称大总统。[138] 原来怂恿、协助袁世凯称帝的一帮健将包括筹安会主脑兼参政院参政杨度、孙毓筠与另一参政张镇芳见势不妙，担心被追究罪责，分别向袁世凯请辞参政院参政。[139] 在杨、孙、张三人带动下，"帝制派首领纷纷辞职"，"冀以自全"。[140] 一时之间，关于筹安会"六君子"避祸逃亡的传言甚多，《民国日报》对此曾发表有游戏文字为六人指点出路，借以讽刺挖苦，其中关于刘师培的为：

> 刘申叔枯守燕京，不敢越雷池一步，囊中羞涩，买命无钱，惟有访同宗刘海，洒金钱十万，分赠一半，借三足蟾为坐骑，遁入仙乡，与仙女结欢喜缘，则可了此一重公案。然切勿坠入欲海，则他日一块冷猪肉吃勿成也。[141]

杨度等人辞职后，这时的刘师培见大势已去，也上书袁世凯请辞参政院参政。辞呈中对自己出任"参政"以来帮袁世凯出谋划策的生涯进行了总结，借以表达自己的忠诚与无可奈何之情：

> 窃师培备员参政，一载于兹。冀宏通经致用之功，蔚成尊主庇民之绩。天降丧乱，事与愿违；徒陈宣室之书，无救晋阳之甲。鸥鹭之志，即非四国所知；鸡鹜之争，亦为三闾所耻。远惟圣达行藏之节，近览国家刑赏之章，伏乞俯鉴微忱，准予罢免。虽叔孙制礼，无补于当今。庶冀令孤忠，见知于后世。[142]

4 月 22 日，袁世凯批准了刘师培的辞职。[143]

1916 年 6 月 6 日，忧惧中的袁世凯因病去世，月底其灵柩由京汉铁路火车运往彰德安葬。筹安会"六君子"中只有刘师培尚念昔日知遇之恩，素衣到车站为袁世凯出殡送行。[144]伴随袁世凯的病故，原来鼓吹帝制的各媒体再无靠山和津贴，又乏销路，纷纷倒闭或转变立场。刘师培主持的《中国学报》社自不能例外，遂于 1916 年 7 月初自行关张。[145]

较之参与复辟的其他诸人，没有实力和靠山的刘师培处境不算太糟糕。因北洋政府不愿大张旗鼓地惩办帝制罪魁的态度，[146]据说再加上大佬李经羲"爱惜人才"的求情，[147]刘师培才未被列入"帝制祸首"之一遭受通缉。[148]后来传说中包含刘师培名字的第二批祸首名单也未公布，[149]见此情况，一度潜往天津租界避祸的刘师培又再度回到北京，[150]据说藏于东交民巷"某国医院"，[151]其人身安全虽无问题，却被时论继续追杀。

早在袁世凯尚在世之际，就有人预言刘师培因其过去赞美复辟帝制的文字将会遭遇"文字祸"：

> 筹安会之发起为杨、孙等六人，其中最有力者实为刘师培。刘本江苏布衣，学问淹博，东渡日本与章太炎倡排满说于《民报》《复报》，所著文字署名光汉者是。归国后，投端方手下，在沪上仍以笔墨为生涯，《国粹学报》中著作甚多。改革时因不容于本党遁而之他。嗣为阎锡山将军保送到京，总统颇优遇之……其为人有城府，筹安会之假造民意，多出自刘之手笔。现有某某等调查其种种确据，将宣布天下以为声罪致讨之证，刘亦危矣哉！[152]

果然，袁世凯死后，媒体对刘师培的讨伐清算更是一直不断，颇有痛打落水狗之势。像上海《时报》即发表有评论讥笑刘师培为袁世凯复辟背书之举犹如刘歆之为王莽御用："刘师培，文学远不逮其远祖歆，其鄙佞则相类，参政院参政视国师何如？遭遇不及乃祖远矣。"[153]之后，该报又发表《六君子小史》一文，回顾所谓筹安会"六君子"的作为，对之进行痛斥，其中针对刘师培的叙述为：

> 刘师培原名光汉，亦主张革命者也。后忽一变其宗旨，投前清端方门下，搜捕党人，因是夤缘博得一官。近因筹安会起，思以吮疽舐癞之术，一达其升官发财之目的。引经据典，附会谶纬，大肆其簧鼓之舌，此真卑鄙小人无足道者也。有为刘撰一联语以嘲之曰：袁政府不少功臣，未

座叨陪，参政一官承恩宠；莽大夫引为同调，先型克绍，国师两字攫头衔。于刘身分，亦颇贴切。[154]

有《申报》时论则认为政府未将刘师培等人列为帝制祸首惩办不公："刘师培反对共和，曾大发议论"，"谓其无罪，未免太觉便宜"。[155]接着，《申报》又有评论提醒读者道："独刘师培氏未逃，及惩办帝制罪魁令下，其名竟未列入，现仍安居京寓，此诚可异之一端也！"[156]

墙倒众人推，1916年7月10日，连四川涪陵县第四中学校教习刘朝桢也写密信直接上书时任大总统黎元洪，敦请诛杀包括刘师培在内的筹安会诸祸首以谢天下。[157]

面对外来的口诛笔伐，一向胆小的刘师培倒显得"老气横秋"，"现尚在京，怙恶不悛"，"心心念念不忘帝制，与人谈话每说皇帝如何好、共和如何不好"，还敢于为自己及筹安会诸人据理力争："帝制一举，首倡者大有人在，伪造民意者为夏（寿田）、顾（鳌）、薛（大可）三人。筹安会不过为进行帝制之辅助机关，且系奉命而设，不能自主，凡事莫不听首倡者之指挥"，他自己及筹安会诸人应该无罪，杨度、孙毓筠"二人实不当祸首之罪"。刘师培这里还表示他曾致电杨度，"教他大胆来京，到法庭自首，与其辩论"，只是"杨度至今尚无复电，大约不敢来也"。[158]

刘师培上述之言虽有硬撑成分，但确实也提醒我们不能太过强调刘师培等所谓筹安会"六君子"在促成洪宪帝制中的作用。表面看起来筹安会似乎是"恢复帝制大业"的"功臣"，实际上该会只是袁世凯的傀儡和时论针对的箭垛——袁政府内部嫉恨其导夫先路之功和嫌弃其文人气太重，时论则恨其伪造民意、甘做傀儡和复辟工具，这样无形中提升了作为众矢之的的筹安会本未具有的重要性与影响力。帝制派媒体对此也是洞若观火，如《上海亚细亚日报》的评论：

> 国体问题之生发，表面上虽似以筹安会为原动力，实则军人派之暗中活动较之政客、书生辈之文字鼓吹，尤激烈百倍。且彼等心理尤有与政客、书生大异之处，即坚持拥戴说是也。盖彼等心意中莫不怀有一种陈桥驿故事之思想，以为君主之成立，当然须出于军人之拥戴，与政客、书生有何干系，故每以法定程序解决为迂回曲折，太不痛快。设非有最大势力者坚持审慎态度，压抑之于上，则黄袍加身之事实早已见之数月以前矣！[159]

可以说，筹安会一帮文人为复辟帝制大吹法螺，固然功不可没，但若是没有这帮文人的鼓吹帮闲，袁世凯同样可以规复帝制。简言之，杨度、刘师培和筹安会不过是为袁世凯所利用的棋子，仅仅起到鼓噪复辟舆论、伪造民意的作用。假若没有袁政府的默许和暗中操纵，以及一帮军人的武力恐吓，杨度、刘师培及筹安会一帮文人哪里有能力兴风作浪？这也正如武人张敬尧在全国请愿联合会演说中的暴力威胁，军人让袁世凯黄袍加身只需要"五分钟"，根本用不上文人的舞文弄墨："诸君文人，非曰学理之研究，必曰公众之表决，以我辈军人看来，只要五分钟即可成事。"[160]王闿运稍后也曾致信袁世凯，劝其不必顾虑日、英、法、俄四国列强反对恢复帝制的劝告，"不为其所惑"，同样也不须在乎人民反对，"既任天下之重，亦不必广询民意"，避免由此"转生异论"，言外之意同样是劝袁世凯要做皇帝尽管去做，不需要巧言粉饰，大作关于国体更易必要性的文章，只要事后能把国家治理好，即便是名不正也无妨："若必欲筹安，自在措置之益，不在国体，且国亦无体，禅征同揆。唐宋篡弑，未尝不治。群言淆乱，何足问乎？"[161]同一日，王闿运在写给杨度的信中更是直白地批评袁世凯借民意为自己复辟帝制背书的矛盾做法："欲改专制，而仍循民意，此何理哉？……即不便民国，何民意之足贵？"以民意作为借口，"自谓圆到，适成一专制而已。自古未闻以'民'主国者，一君二'民'，小人之道，否象也，尚何筹安之有"？[162]

然而顾虑到外国列强的反对，[163]袁世凯才不敢如张敬尧、王闿运等人所建议的那样直接称帝，才不得不费尽心思伪造民意希图通过法律和选举程序来规复帝制，"对内多一分斡旋，即对外少一层辣手"。[164]这样刘师培及筹安会等一干文人才得有用"文"之地，可惜他们并不自知，反企图与其他派系争功，结果很快就被边缘化：

> 而筹安会三数书生，乃欲以咬文嚼字之能，攘人之功为己有，亦多见其不知量矣。夫学理之为物，与势力孰胜？人有实际之势力，而我乃空张一学理之旗帜以与之争，则与夫赤手空拳而昌言反对帝制者，又奚以异？以筹安会诸君子之明哲，胡竟见不及此，毋亦知二五而不知一十者乎？然而可以休矣。[165]

其实不管是在时人的意识中，或是在后来的有关历史叙述中，筹安会更多是承担了恶名和骂名的角色，就其具体在洪宪帝制中所发挥的作用，主要是冒天下之大不韪发起帝制讨论、鼓噪"民意"、运动串联帝制请愿，所谓"筹安而全国反因之不安"。[166]当规复帝制成为确定的目标之后，筹安会所承担的任务也就算完成，之后其所扮演的角色也就无足轻重，顶多是帮闲而已。但护国运动爆发之后，刘师培等筹安会一干文人不但被视为发起帝制、伪造民意的始作俑者，也被袁世凯认为是"误我"首谋，成为替罪羊，为各方声讨。所以当护国军起兵通电中要求诛杀筹安会"六君子"以谢天下之时，一向反袁的上海《中华新报》当即发表评论称规复帝制的罪魁祸首应该是袁世凯，护国军将矛头针对杨度等筹安会诸人并未选准对象：

> 夫杨度等何人？变更国体何事，非有旋转乾坤之力者为之主宰于其中，安敢于共和国体之下昌言无忌、为所欲为？盖帝制发生之由来，苟有目者，已莫不知有黑幕之指使者，杨度诸人不过一机械之作用耳。果出自杨度等个人之意，早已为袁平治（1913 年建议袁世凯称帝者，引者注）、劳乃宣（1914 年公开鼓吹清帝复辟者，引者注）之续，又何待诸公之远为电请哉？避万众指目之主名，至令李代桃僵，处非其罪，冤哉枉也！吾恐杨度等且笑公等之畏强而欺弱也矣！[167]

稍后，该报刊出模仿杨度口气的反驳文章，再度表明杨度不过是被利用的工具，"当局蓄谋帝制已越数年，兹特利用度之心习为之发皇，昭心共见，岂能掩耳盗铃"？[168]

洪宪败局之后，虽未被列入帝制祸首，但刘师培有些走投无路，其境况倒有点类似当年赠吴彦复诗中所谓的："更无人地容真隐，为写新愁入小诗。"[169]这时真正帮刘师培解困的还是一直看重其学术水准的昔日老友蔡元培。[170]作为新任北大校长的蔡元培顶住舆论压力，聘请人在天津"是时病瘵已深"的刘师培为北京大学教授，[171]使其"生活赖以不匮。自兹谢绝交游，神志颓丧"。[172]

五、结　语

盘点刘师培在袁世凯当政时期的行迹，身为书生的他居然热衷仕途，"不能亡情爵秩"，[173]且"帝王师"情结浓厚，所以才会甘心为袁世凯利用，主动以学术作政论，武断曲解证据，援古证今：

> 刘申叔则以有文无行之浪人，忽思乘机攫取利禄，乃作帝制文章，欲以轰动袁氏。岂知袁氏者，乃奴使文士之曹瞒，非伪饰经术之新莽，而申叔之伪古文遂不能邀其青睐矣！[174]

结果刘师培不但误人误己，成为洪宪帝制与武人政治的牺牲品，还落下"曲学阿世""莽大夫""龌龊书痴"等恶名，"为世诟病"，以致其朋友钱玄同也认为此时的刘师培，"身败名裂，一钱不值"。[175]

不过，如果换个角度看，刘师培自己何尝不是在利用袁世凯以实现个人的目的？比如他反复呈请将贾逵附祀孔庙的愿望终于在袁世凯支持下得以实现，另外则是袁世凯帮助刘师培成功复刊《中国学报》，使其能够借此面对晚清以来的"学变"，"扬祖国之光荣，示学人以楷模，以昌亭林、船山之余绪"。[176]可以说，袁、刘双方固然是在互相利用，其实也各有所需、各有所求。无怪乎有时论认为刘师培等筹安会"六君子"是借倡导君主立宪、恢复帝制作为自己追求"吃饭主义"的工具。[177]

事实上，为了功名富贵，清末时已经由倡导"反满"革命的古文经学者变为无政府主义者的刘师培突然投靠端方，出卖革命同志，已经是误入歧途，时人和舆论纷纷对之表达不齿与惋惜之意。倾向革命的上海《神州日报》还专门刊出讽刺小说《书生侦探》，对刘师培投靠清廷事进行讽刺挖苦，"是国粹党而新充南洋侦探者"。[178]激进的《民呼日报》则模拟刘师培以端方门生口气作文，"南洋秘密侦探队沐恩门生刘光汉谨禀"，借以挖苦刘师培品行不端，甘作暗探，投靠端方，随幕北洋。[179]《大公报》也对刘师培脱离革命党入端方幕府事有讥评：

> 徐锡麟，安庆之候补道也，而竟革恩铭之命。刘光汉，著名之革命党也，而竟入某督之幕。乃最相反之事而竟以一身兼之，论者鲜不以为怪而不知非也。今之志在入幕者，无不以革命为终南之捷径，即今之热心革命者，无不以入幕为最后之目的。放眼前途，革命乎？入幕乎？直一而二，二而一也。[180]

稍后戴季陶更是直接挖苦刘师培为"水性杨花之志士"，为了功名利禄而投靠清廷："非向主张革命提倡社会主义者乎？而今则仅不过因一四品京堂数百月薪，遂全变其旧日之气概，忘其旧日主义焉。"[181]徐兆玮后来在看了《民立报》等报刊上登载的幸德秋水被杀害的报道后，将之与刘师培进行对比道：
"日本社会党幸德秋水之死，中西各报皆详纪其事，幸德不幸
而传矣。刘申叔在日本亦极力提倡，而利禄熏心，中途改节，
能无愧杀？"[182]

难得的是，这时已同刘师培决裂的昔日同道章太炎却未落
井下石，仍希望刘能迷途知返，特意致信刘师培进行劝说和提
醒，[183]期待刘能归隐山林，壹意学术，然而刘师培并未理
睬。[184]反倒是章太炎为此又背上恶名，一些革命党的舆论传
言他同刘师培"和好如初，且受端方委任，担任解散革命党，
及充常驻东京之侦探员"。[185]

1911、1912 年之交，当追随端方到四川镇压革命的刘师培
生死不明之际，章太炎不念旧恶，在 1911 年 12 月 1 日的《民
国报》上公开发表《章太炎宣言》，替刘师培变节进行辩护。
继而，章太炎又联合蔡元培在 1912 年年初的《大共和日报》
上连续发布《求刘申叔通信》的共同署名广告，希望能联络到
刘师培。[186]这样，刘师培"赖清流营救，仅乃得免"。[187]其
中章太炎之举，让刘师培尤为感动，主动致信章太炎表示感谢，
并对以往两人的矛盾情况进行了解释与道歉，表示愿意同章太
炎冰释前嫌，言归于好。只是刘师培的态度并不诚恳，信中尤
其显示出其势利反复一面。[188]

时过境迁，当刘师培到北京为袁世凯效力后，即全然不顾
当年章太炎与蔡元培联合发电拯救他的铁肩道义，以及他昔日
信中的歉意，非但不去看望被袁世凯囚禁中的章太炎，还为袁
世凯大肆歌功颂德，完全无视章太炎因反对袁世凯被长期囚禁
的现实。难怪刘师培和章太炎共同的旧友黄节在 1917 年 10 月
22 日特意致信蔡元培，表达对其收留刘师培在北大任教的不

满，认为将"贻学校羞"，信中又严厉指责刘师培反复多变、大节有亏的行径，还特意拈出其忘恩负义于章太炎的往事：

> 民国初年，申叔以委身端方，流亡蜀中。是时死生失耗。公与太炎尝试登报访问，恕其既往，谓其才尚可用……公等故人待之，不为不厚矣！及其来京入觐，太炎方被梏察，乃始终未一省视，何论援手？[189]

凡此均可见刘师培言行引发的诸多争议，同时亦可发现刘氏之势利善变乃其来有自，肇端于其功名心切，并非完全系受外缘诱迫所致。[190] 其甘愿加入筹安会即是如此，"刘氏之性情若此，其欲变更国体者，亦意中事耳"。[191] 故后来有时论结合刘师培当年善变历史讽刺道："本书生之无知兮，欲尝革命之味也。纵侦探之可为兮，不如封侯之贵也。孔子曰：君子有三变，斯人之谓也？"[192]

值得反思的是，刘师培之所以招致诸多批评，除却其本人具有的名流效应外，还应同其善变且吃相难看有关，所谓曾"就食于便溺者"，更主要或因其系"被服经术，泛滥百家"的饱学之士，只是其为人为学却同顾炎武所谓博学以文、行己有耻的要求大相径庭，亦同昔日友朋的极高期许大相违背，[193] 特别与其旧时在《国粹学报》中的自我标榜相矛盾："侈言经世"，"执古御今"，落入"策士纵横之习"，"以雅颂致升平，以经术饰吏治，名为用世之良规，实则干时之捷径。虽金人所乐道，亦君子所羞称"。[194] 一言以蔽之，在时论看来，刘师培之无行不惟系其自我作贱，更让当权者由此更加"贱视儒生"：

危乱之世，而作违心之论，喔咿儒睨，安所不至，徒令怙权借势之雄，羞贱儒冠，轻蔑当世之士，则未始非若辈之历阶也。宁人又云：士大夫无耻，是谓国耻。悲哉！何其言之激切而深痛也。[195]

转而言之，身为一个"势弱"书生，刘师培之所以饱受争议和批评，同时人与时论的"势利"也有一定关系。毕竟，批评他不会带来"不自量"的风险，且可借此展示"正义的火气"，甚至借炒作文人无行、书生误国等话题来吸引读者眼球，无形中很容易掩饰或让人忽视"吾国社会之无良"这一深层造因。

时过境迁，当刘师培到北京大学任教后，其新闻效应已经不复旧观，舆论亦适可而止，不再穷追猛打，使刘师培稍得以发挥长才，教书育人，只可惜天不假年，他很快便于贫病中英年早逝，余下无尽遗憾和争议，留与后人评说。然而不管如何，作为学者的刘师培依然成就卓著。如后世评论所言："世虽鄙其人，亦尚哀其遇，而赞其文焉！"[196]刘师培旧友汪东也表达过类似见解，刘师培品行上的误点与多变性格："虽亲者不能讳，然彼所成就，本在学术。昌明国故，覃及百世，卓尔与余杭并宗。功绩之伟，视所诖误，轻重的然矣。"[197]

注释

〔1〕参看笑：《筹安会之文坛》，《时报》1915 年 9 月 16 日，第 1 张第 2 页。

〔2〕参看万仕国编：《刘师培年谱》，广陵书社 2003 年版。

〔3〕参看万仕国编：《刘申叔遗书补遗》，广陵书社 2008 年版。

〔4〕有关南桂馨与刘师培的关系，可参看拙文《南桂馨和刘师培》，《近

代史研究》2018 年第 3 期，第 129—140 页，已收入本书。

〔5〕参看南桂馨：《辛亥革命前后的回忆》（李泰棻执笔，1959 年 3 月），《山西文史资料》第 2 辑，1962 年 2 月，第 98 页。

〔6〕《刘师培送觐之保荐呈》，《申报》1914 年 10 月 21 日，第 6 版；《阎百川将军特荐经学通儒》，《宗圣汇志》第 1 卷第 10 号（1914 年 11 月），"丛乘"，第 1—2 页。

〔7〕《批同武将军督理山西军务阎锡山呈保荐经学通儒前分省补用知府刘师培请恩准送觐量才录用由》，收入骆宝善、刘路生编：《袁世凯全集》第 29 卷，河南大学出版社 2013 年版，第 97 页；《同武将军督理山西军务阎锡山呈，前呈保荐经学通儒刘师培遵批送觐文，并批令（中华民国三年十月二十五日）》，《政府公报》第 891 号，1914 年 10 月 28 日，第 32 页。

〔8〕时正积极请愿规复帝制的恽毓鼎 1915 年 9 月 13 日也被袁世凯任命为政治咨议，"月支薪二百元"，则刘师培当亦相同。参看史晓风整理：《恽毓鼎澄斋日记》第 2 册，浙江古籍出版社 2004 年版，第 743 页。

〔9〕《刘师培交教育部从优任用令》，骆宝善、刘路生编：《袁世凯全集》第 29 卷，第 635 页；《补录命令》，《申报》1915 年 1 月 9 日，第 11 版。

〔10〕《刘师培谢恩骈呈》，《申报》1915 年 1 月 24 日，第 6 版。该文也被收入万仕国编：《刘申叔遗书补遗》下册，第 1317 页。唯文章名字有所差别。

〔11〕《刘师培之谢恩文》，《新闻报》1915 年 1 月 24 日，第 2 张第 1 版。樊增祥当时也曾因被袁世凯赏识而写过肉麻吹捧袁世凯的文字，并辩解自己系"文字报国"。有关情况，笔者会另文叙述。

〔12〕刘师培：《告旧中国同盟会诸同志书》，万仕国编：《刘申叔遗书补遗》下册，第 1330—1333 页。

〔13〕《专电》，《申报》1915 年 2 月 4 日，第 2 版。

〔14〕讷：《难得此党人之言》，《申报》1915 年 2 月 4 日，第 11 版。

〔15〕参看《刘师培将遭文字祸》，《顺天时报》1916 年 4 月 24 日，第 2 版。

〔16〕《吴士鉴函》二十，钱伯城、郭群一整理：《艺风堂友朋书札》，上海人民出版社 2018 年版，第 571 页。

〔17〕《交旨》，《大公报》1911 年 5 月 19 日，第 1 张；《谕旨》，《申报》1911 年 5 月 24 日，第 2 版。

〔18〕《表彰贾逵之刘师培》，《新闻报》1911 年 5 月 18 日，第 1 张第 3 页。

〔19〕《刘师培恶历史》，《天铎报》1911 年 5 月 25 日，第 3 版。

〔20〕《章太炎致钱玄同函》（1911 年 8 月 30 日），马勇编：《章太炎书信集》，河北人民出版社 2003 年版，第 140 页。

〔21〕关于清末三大儒入祀孔庙的情况，可参看段志强：《孔庙与宪政：政治视野中的顾炎武、黄宗羲、王夫之从祀孔庙事件》，《近代史研究》2011 年第 3 期，第 120—133 页。

〔22〕参看刘师培：《汉儒贾逵学行卓绝呈请从祀孔庙以挽世风而维经术呈》，万仕国编：《刘申叔遗书补遗》下册，第 1321、1323 页。又可参看《专电》，《申报》1915 年 2 月 4 日，第 11 版；《刘师培呈请以贾逵从祀孔庙之原文》，《（长沙）大公报》1915 年 12 月 21、22 日，均在第 2 张第 6 页；《刘师培请祀贾逵之原呈》，《上海亚细亚日报》1915 年 12 月 17 日，第 2 张第 4 页；《贾逵从祀孔庙之复议》，《时事新报》1915 年 12 月 17 日，第 1 张第 3 版、第 2 张第 2 版。

〔23〕参看刘师培：《汉儒贾逵学行卓绝呈请从祀孔庙以挽世风而维经术呈》，万仕国编：《刘申叔遗书补遗》下册，第 1323 页。

〔24〕参看《专电》，《申报》1915 年 12 月 11 日，第 2 版。

〔25〕参看《贾儒附祀孔庙之将核准》，《顺天时报》1915 年 12 月 13 日，第 2 版。

〔26〕消摇：《论学术因时而显》，《神州日报》1915 年 12 月 19 日，第 1 页。

〔27〕《皇帝声中贾逵之从祀问题》，《中华新报》1915 年 12 月 18 日，第 2 张第 3 版。

〔28〕民盾：《三世儒林》，《（长沙）大公报》1915 年 12 月 21 日，第 2 张第 7 页。

〔29〕转见友箕：《我独无解于今日之刘师培》，《神州日报》1915 年 5 月 24 日，第 1 页。

〔30〕《专电·北京电》，《申报》1915 年 5 月 1 日，第 2 版；《北京专电·刘申叔尚作承平雅颂谈》，《神州日报》1915 年 5 月 2 日，第 1 页。

〔31〕《最近拟议中之两机关》，《申报》1915 年 5 月 7 日，第 6 版。

〔32〕《方略馆主张原来如是》,《神州日报》1915 年 5 月 5 日,第 2 页;《方略馆开办之批准》,《神州日报》1915 年 5 月 3 日,第 2 页;《专电》,《申报》1915 年 5 月 5 日,第 3 页第 2 版。

〔33〕友箕:《我独无解于今日之刘师培》,《神州日报》1915 年 5 月 24 日,第 1 页。

〔34〕默:《挨时日》,《申报》1915 年 5 月 2 日,第 7 版。

〔35〕老谈:《琐言》,《神州日报》1915 年 5 月 4 日,第 4 页。

〔36〕友箕:《我独无解于今日之刘师培》,《神州日报》1915 年 5 月 24 日,第 1 页。

〔37〕参看顾颉刚:《顾颉刚读书笔记》第 15 卷,中华书局 2011 年版,第 71 页。

〔38〕参看《北京电》,《申报》1915 年 5 月 17 日,第 2 版。

〔39〕参看《王鸿猷之忠言》,《大同月报》第 1 卷第 6 期（1915 年 6 月 15 日）,第 35 页。

〔40〕《内国专电》,《时报》1915 年 5 月 21 日,第 1 张第 1 页。

〔41〕参看顾颉刚:《顾颉刚读书笔记》第 15 卷,第 58—59 页。

〔42〕参看顾颉刚:《顾颉刚读书笔记》第 15 卷,第 70—71 页。

〔43〕参看顾颉刚:《顾颉刚读书笔记》第 15 卷,第 71 页。

〔44〕参看顾颉刚:《顾颉刚读书笔记》第 15 卷,第 59 页。

〔45〕觉迷:《滑稽小说·亏得刘师培》,《申报》1915 年 5 月 5 日,第 14 版。

〔46〕伍子余:《言之者无罪》,《甲寅杂志》第 1 卷第 7 号,1915 年 7 月 10 日,"通讯",第 8 页。

〔47〕事实上,当时参与中日谈判的外交人士如外交总长陆徵祥、次长曹汝霖等也认为此次交涉的胜利者为中方,认为中国在强大的日本压力下,已经尽可能将伤害降低到最小程度,虽然袁政府签署承认协议,但已将最关键的第五项中的管控中国军械、警察、铁路、全部聘用日本顾问等日方无理要求另行再议（芮恩施所谓该项内容"实际上把中国政府管理自己事务的实权全部剥夺了"）,"容日协商",并未完全满足日本的勒索。日本国内舆论亦认为日方此次交涉目的并未达到,反而激发了中国人的反日情绪和英美等列强对日本的不满,故此次交涉实为日本的失败,舆论要求更换外相及驻华公使。此时正身在美国求学的胡适也非常关注中日间关于"二十一条"的

交涉结果，认为"此次交涉，余未尝不痛心切齿，然余之乐观主义终未尽消"，其乐观略有之一即在于袁政府"此次对日交涉，可谓知己知彼，既知持重，又能有所不挠，能柔亦能刚，此则历来外交史所未见。吾国外交，其将有开明之望乎"？后来学者王芸生也认为当时袁政府的外交策略"颇为正确，在技术上亦多可取之处"，其中外交人员的贡献之外，"始终为直接之指导者"的袁世凯也功不可没，"袁氏对此幕交涉之指导，颇为正确"。曹汝霖事后的回忆也认为自己及"二十一条"均被污名化："揣日本此次所提之《二十一条》，包罗万象，集众大成……凡此苛刻条件，思以雷霆之压力，一鼓而使我屈服。若使随其所欲，直可亡国。幸我府院一心，内外协力，得此结果，亦是国家之福。世人不察，混称《二十一条》辱国条件，一若会议时已全部承认者，不知二十一条中之第五项各条，不但辱国，且有亡国可能，已坚拒撤回不议。而所议定者，不满十条。世人对此交涉内容，以讹传讹，尽失真相。尤异者，我虽列席会议，而此约之签字者是外交总长陆徵祥，我是次长何能签约？世人都误以为此约由我签字……"参看：黄花通信：《痛定中都人士之情状》，《神州日报》1915 年 5 月 19 日，第 2 页；《中日交涉最后之一把痛泪》、《外交当局之振振有词》，《神州日报》1915 年 5 月 19 日，第 3 页；芮恩施：《一个美国外交官使华记》，李抱宏等译，商务印书馆 1982 年版，第 106 页；胡适：《留学日记》，1915 年 5 月 10 日，曹伯言整理：《胡适全集》第 28 卷，安徽教育出版社 2003 年版，第 129 页；王芸生：《六十年来中国与日本》，天津《大公报》社 1933 年版，第 6 卷，第 80—402 页；第 7 卷，第 1—41 页；曹汝霖：《一生之回忆》，中国大百科全书出版社 2016 年版，第 133 页。

〔48〕黄花通信：《痛定中都人士之情状》，《神州日报》1915 年 5 月 19 日，第 2 页；雨生通信：《外交屈辱前后之见闻种种》，《神州日报》1915 年 5 月 22 日，第 3 页。

〔49〕老谈：《各派之推想》，《神州日报》1915 年 5 月 19 日，第 4 页。

〔50〕南桂馨：《辛亥革命前后的回忆》（李泰棻执笔，1959 年 3 月），《山西文史资料》第 2 辑，第 98 页。

〔51〕参看《北京专电》，《神州日报》1915 年 6 月 19 日，第 1 页；《金永祸晋之罪史》，《神州日报》1915 年 7 月 27 日，第 3 页；友箕：《闻

金永自劾感言》，《神州日报》1915 年 7 月 28 日，第 1 页；《北京专电》，《神州日报》1915 年 8 月 14 日，第 1 页；《肃政又提四参案》，《神州日报》1915 年 8 月 15 日，第 1 页；等等。

〔52〕参看天忏生、冬山合编：《八十三日皇帝之趣谈》上卷，文艺编译社 1916 年版，第 20 页；野史氏编：《袁世凯轶事续录》卷四，文艺编译社 1916 年版，第 49 页。

〔53〕据许指严关于筹安会来历的记载，袁世凯曾指望刘师培写作一文"以解释国体，将与古德诺之西文并刊，期以此变改全国舆论"，并出面组织筹安会，但刘师培写出的文章"博引繁称，词胜于意，甚不惬袁旨，筹安会几不得成立"，袁世凯不得已只好利用杨度撰文并组织筹安会。许此说的可信度颇值得商榷，仅供读者参考。参看许指严：《新华秘记》，中华书局 2007 年版，第 59 页。该书初版是上海清华书局 1918 年出版的。

〔54〕《内国专电》，《时报》1915 年 8 月 15 日，第 2 张第 3 页。

〔55〕北京特约通信：《如是我闻之筹安会》，《神州日报》1915 年 8 月 23 日，第 2 页。

〔56〕笑：《筹安会六人之分析》，《时报》1915 年 8 月 22 日，第 2 张第 4 页。

〔57〕一个于清末时曾与刘师培在东京有深厚交情的日本社会主义者竹内善朔在 1948 年回忆刘师培成为筹安会"六君子"之一时，感到非常不理解："一个无政府主义者竟然成为袁世凯帝制的拥护者"，他认为这是"由于杨度的劝诱"。竹内完全不清楚刘师培后来的思想转变情况及其被阎锡山、袁世凯利用的情况，所以才会误判。参看竹内善朔：《本世纪初日中两国革命运动的交流》，曲直等译，《国外中国近代史研究》第 2 辑，中国社会科学出版社 1981 年版，第 357—358 页。

〔58〕黄节信见：《粤省对于筹安会之态度》，《时报》1915 年 9 月 11 日，第 3 张第 5 页；《黄晦闻与刘师培书》，《新闻报》1915 年 9 月 13 日，第 1 张第 3 版；《是是非非之变更国体谈》，《神州日报》1915 年 9 月 14 日，第 3、4 页。黄信又见万仕国编：《刘师培年谱》，第 243 页。

〔59〕介：《新评一》，《新闻报》1915 年 9 月 13 日，第 1 张第 3 版。

〔60〕北京特约通信：《如是我闻之筹安会》，《神州日报》1915 年 8 月 25

日，第 3 页。

〔61〕参看《筹安会之分理职务》，《顺天时报》1915 年 9 月 2 日，第 2 版；《国体改变问题之最近要闻》，《时报》1915 年 9 月 6 日，第 2 张第 4 页。

〔62〕《筹安会之面面观》，《新闻报》1915 年 8 月 22 日，第 1 张第 2 版。

〔63〕《内国专电》，《时报》1915 年 8 月 22 日，第 1 张第 2 页。

〔64〕仲斌：《国体问题最近之新气象》，《时报》1915 年 10 月 8 日，第 2 张第 4 页。

〔65〕时中：《六君子与王荆公》，《顺天时报》1915 年 9 月 5 日，第 7 版。

〔66〕笑：《文字收功日》，《时报》1915 年 8 月 30 日，第 1 张第 2 页。

〔67〕刘师培：《国情论》，原见《申报》1915 年 9 月 1 日，第 6 版；又名《刘师培君之国情论》，《顺天时报》1915 年 9 月 1 日，第 3 版；又载《国体问题纪闻》，《时事新报》1915 年 9 月 1 日，第 2 张第 2 版。该文已被收入万仕国编：《刘申叔遗书补遗》下册，第 1326—1327 页。

〔68〕《刘师培之国情论》，《新闻报》1915 年 9 月 1 日，第 1 张第 3 版。

〔69〕《国内专电》，《时报》1915 年 8 月 30 日，第 1 张第 2 页。

〔70〕时中：《刘师培引经据典》，《顺天时报》1915 年 8 月 31 日，第 7 版。

〔71〕《是是非非之变更国体谈》，《神州日报》1915 年 9 月 2 日，第 3 页。

〔72〕介：《新评一》，《新闻报》1915 年 9 月 1 日，第 1 张第 3 版。关于吕调元的主张，参看《吕调元之大文章》，《新闻报》1915 年 9 月 1 日，第 1 张第 3 版。吕调元之如此表态，或跟他之前受到肃政史弹劾他有"朦蔽中央"之罪的参案有关（参看《肃政又提四参案》，《神州日报》1915 年 8 月 15 日，第 1 页），为求自保，吕不得不极力献媚讨好袁世凯。

〔73〕参看《筹安会之成立》，《大同月报》第 1 卷第 9 号（1915 年 9 月 15 日），第 35 页。

〔74〕《似是而非之论理》，《新闻报》1915 年 9 月 18 日，第 1 张第 2 版。

〔75〕《正刘师培国情论》，《顺天时报》1915 年 9 月 26 日，第 3 版。该文又见：《又有痛驳刘申叔之文章》，《神州日报》1915 年 9 月 30 日，第 3 页。

〔76〕陈无咎：《国势论》，《神州日报》1915 年 9 月 21、22 日，均在第 1 页。

〔77〕可参看刘师培：《共和解》，收入南桂馨等编：《刘申叔遗书》下册，江苏古籍出版社 1997 年影印本，第 1468 页。

〔78〕刘师培：《论唐虞禅让与民国制度不同》，原见《顺天时报》1915 年 9 月 2 日，第 3 版；又见《申报》1915 年 9 月 3 日，第 6 版；转见《是是非非之变更国体谈》，《神州日报》1915 年 9 月 4 日，第 3、4 页；《是是非非之变更国体谈》，《神州日报》1915 年 9 月 7 日，第 3 页；《国体问题纪闻》，《时事新报》1915 年 9 月 3 日，第 1 张第 3 版。该文也被收入万仕国编：《刘申叔遗书补遗》下册，第 1328—1329 页。

〔79〕黄节信见万仕国编：《刘师培年谱》，第 247—248 页。

〔80〕瞿：《杂书》，《神州日报》1915 年 9 月 4 日，第 2 页。

〔81〕刘世珩：《答刘申叔之辨民制》，《顺天时报》1915 年 9 月 7 日，第 3 版。此文又见《是是非非之变更国体谈》，《神州日报》1915 年 9 月 7 日，第 3 页。

〔82〕时中：《李刘之同室操戈》，《顺天时报》1915 年 9 月 3 日，第 7 版。

〔83〕布陶：《刘师培之文章》，《申报》1915 年 9 月 3 日，第 2 张第 7 版。

〔84〕《说经与国体》，《时事新报》1915 年 8 月 30 日，第 1 张第 2 版。

〔85〕介：《新评一》，《新闻报》1915 年 9 月 5 日，第 1 张第 3 版。

〔86〕《是是非非之变更国体谈》，《神州日报》1915 年 9 月 4 日，第 3 页。参看《汪荣宝之民国立君说》，《上海亚细亚日报》1915 年 9 月 12 日，第 1 张第 1 页；《汪荣宝主张总统世袭说》，《时事新报》1915 年 9 月 14 日，第 2 张第 3 版；《民国皇帝又备一说》，《上海亚细亚日报》1915 年 9 月 14 日，第 1 张第 1 页；《译电》，《时报》1915 年 9 月 11 日，第 1 张第 2 页；《愈趋愈奇之调停》，《时报》1915 年 9 月 24 日，第 2 张第 4 页。

〔87〕《民主世袭说之变调》，《新闻报》1915 年 9 月 16 日，第 1 张第 3 版。

〔88〕参看《孙少侯也做文章》，《时报》1915 年 9 月 13 日，第 2 张第 3 页。该文又被收入崔唉生编辑：《最近国体风云录》，乙卯九月刊行，出版者信息不详，"国体类·甲说"，第 48—52 页。

〔89〕《刘师培君对于民国帝政说之驳议》，《顺天时报》1915 年 9 月 12 日，第 3 版；《刘师培驳民国帝政说》，《时事新报》1915 年 9 月 15 日，第 2 张第 2 版。

〔90〕该信见《筹安会记事》,《顺天时报》1915 年 9 月 17 日,第 3 版;
《国体问题纪闻》,《时事新报》1915 年 9 月 20 日,第 2 张第 2 版。

〔91〕介:《新评一》,《新闻报》1915 年 9 月 19 日,第 1 张第 3 版。

〔92〕参看刘师培:《〈国粹学报〉三周年祝辞》,收入南桂馨等编:《刘
申叔遗书》下册,第 1791—1792 页,引文在第 1791 页。

〔93〕《来函》,《时事新报》1915 年 10 月 2 日,第 2 张第 3 版。

〔94〕《讲经会中两种言论》,《神州日报》1915 年 10 月 5 日,第 2 页;
《北京讲经会之尾声》《讲经会感言》,《神州日报》1915 年 10 月 8
日,第 4 页;《讲经会之功德圆满》,《时事新报》1915 年 10 月 7
日,第 2 张第 3 版。

〔95〕《电报》,《时事新报》1915 年 10 月 7 日,第 1 张第 2 版。

〔96〕《关于国体问题之京讯》,《申报》1915 年 10 月 21 日,第 2 张第
6 版。

〔97〕《全国教育界请愿会简章》,《顺天时报》1915 年 10 月 7 日,第 3
版;《关于国体问题之京讯》,《申报》1915 年 10 月 21 日,第 2 张
第 6 版。

〔98〕《蔡儒楷不愿长教育》,《顺天时报》1915 年 9 月 27 日,第 2 版。

〔99〕《刘申叔有大学校长之望》,《神州日报》1915 年 10 月 25 日,第
2 页。

〔100〕南桂馨:《辛亥革命前后的回忆》(李泰棻执笔,1959 年 3 月),
《山西文史资料》第 2 辑,第 97 页。

〔101〕《北京特别通信》,《申报》1915 年 10 月 4 日,第 3 版。

〔102〕《北京特约通信·筹安会与全国联合会》,《新闻报》1915 年 10 月 1
日,第 1 张第 3 版。

〔103〕《任命刘师培职务令》,收入骆宝善、刘路生编:《袁世凯全集》第
33 卷,第 186 页。该令又见:《大总统策令》,《顺天时报》1915
年 10 月 24 日,第 7 版;《命令》,《申报》1915 年 10 月 26 日,第
2 版。

〔104〕《批署参政院参政刘师培呈恭陈谢悃由》,收入骆宝善、刘路生编:
《袁世凯全集》,第 33 卷,第 258 页;《大总统批令》,《顺天时报》
1915 年 11 月 2 日,第 4 版。

〔105〕《觐见单》,《顺天时报》1915 年 11 月 2 日,第 7 版。

〔106〕《授刘师培、林万里官秩令》,收入骆宝善、刘路生编:《袁世凯全

集》第33卷，第398页。又见：《大总统策令》，《顺天时报》1915年11月16日，第7版；《命令》，《申报》1915年11月17日，第2版。

〔107〕洗心：《阔哉！刘上大夫》，《顺天时报》1915年11月17日，第7版。

〔108〕悲观：《为欲从大夫游者告》，《顺天时报》1915年12月5日，第7版。

〔109〕《大总统策令》，《顺天时报》1915年11月21日，第7版。参看《批署参政院参政刘师培呈奉令授官沥陈谢悃由》，收入骆宝善、刘路生编：《袁世凯全集》第33卷，第428页；《恭报奉到简任状暨申令日期呈》，收入万仕国编《刘申叔遗书补遗》下册，第1336页。

〔110〕知我：《新评二》，《新闻报》1916年2月15日，第2张第2版。

〔111〕参看《专电·北京电》，《申报》1915年7月6日，第2版。该文亦被收入白蕉：《袁世凯与中华民国》，中华书局2007年版，第133页。

〔112〕无是：《国将恢复封爵之制耶？》，《顺天时报》1915年7月18日，第7版。

〔113〕《封爵制恢复之由来》，《顺天时报》1915年7月20日，第2版。

〔114〕《规复封爵制之提议》，《时报》1915年10月16日，第1张第2页。

〔115〕《中华民国四年中国大事记》，《顺天时报》1916年1月1日，第6版。稍后刘成禺曾评论袁世凯此举："以大总统令封侯，为世界创举。"见刘成禺、张伯驹：《洪宪纪事诗三种》，上海古籍出版社1983年版，第166页。

〔116〕参看《刘师培请封汉人世爵原呈》，《申报》1915年11月14日，第6版；《汉人世爵之呈请》，《时报》1915年11月14日，第2张第3页；《刘师培请复汉人封爵之文章》，《神州日报》1915年11月15日，第4页；《刘师培请绍封汉人世爵之文章》，《中华新报》1915年11月15日，第2张第2版；《刘师培请复世爵》，《时事新报》1915年11月12日，第1张第3版。该文正式名为《汉人世爵应与满蒙汉军一律请予绍封呈》，已经被收入万仕国编：《刘申叔遗书补遗》，第1334—1335页。

〔117〕《刘师培请封汉人》，《申报》1915年11月12日，第6版。

〔118〕浩然：《新评一》，《新闻报》1915 年 11 月 12 日，第 1 张第 3 版。

〔119〕《刘师培请绍封汉人世爵之文章》，《中华新报》1915 年 11 月 15 日，第 2 张第 2 版。

〔120〕《批署参政院参政刘师培呈汉人世爵应与满蒙汉军一律请予绍封由》，收入骆宝善、刘路生编：《袁世凯全集》第 33 卷，第 327 页。

〔121〕参看《封爵案参仿清制》，《上海亚细亚日报》1915 年 12 月 27 日，第 1 张第 1 页。

〔122〕参看《新帝国封爵之盛典》，《上海亚细亚日报》1915 年 12 月 25 日，第 1 张第 2 页。

〔123〕《礼部将与帝制同恢复》，《神州日报》1915 年 12 月 8 日，第 1 页；《规复礼部之呈请》，《上海亚细亚日报》1915 年 12 月 10 日，第 3 张第 5 页。

〔124〕《专电·北京电》，《大公报》1915 年 12 月 9 日，第 1 张。

〔125〕《国内专电》，《时报》1915 年 12 月 3 日，第 1 张第 1 页。

〔126〕《呈文改用奏折之首先公布者》，《时报》1915 年 12 月 5 日，第 2 张第 3、4 页；《国内专电》，《时报》1915 年 12 月 20 日，第 1 张第 1 页。

〔127〕参看刘成禺：《世载堂杂忆》，山西古籍出版社 1996 年版，第 243—245 页。

〔128〕《〈中国学报〉之消灭》，《顺天时报》1916 年 7 月 5 日，第 2 版。参看《祸首决不置之度外》，《申报》1916 年 7 月 8 日，第 2 张第 6 版。

〔129〕该文上篇、中篇（下篇未见）原载《中国学报》1916 年 1 月号、2 月号，收入南桂馨等编：《刘申叔遗书》下册，第 1708—1711 页。

〔130〕原载《中国学报》1916 年 3 月号，收入南桂馨等编：《刘申叔遗书》下册，第 1712—1722 页。该文又载《上海亚细亚日报》1916 年 3 月 2—11 日，均在第 1 张第 1 页。

〔131〕杨度：《君宪救国论》（上、中、下）（1915 年 4 月），刘晴波主编：《杨度集》，湖南人民出版社 1986 年版，第 566—584 页。

〔132〕昂若：《民国稗闻·筹安会》，《民生》第 37 号（1936 年 9 月 24 日），第 23 页。

〔133〕《日人又欲造成联邦制之议论》，《神州日报》1916 年 1 月 21 日，第 1 页；《冯朱之联邦思想》，《民国日报》1916 年 1 月 23 日，第 2

张第 6 版；《南京快信》，《民国日报》1916 年 1 月 29 日，第 1 张第 3 版；等等。

〔134〕《冯朱果倡议联邦君主制乎?》，《民国日报》1916 年 1 月 31 日，号外第 1 版。

〔135〕《御用报反驳联邦论》，《民国日报》1916 年 1 月 31 日，第 2 版。

〔136〕《刘申叔力辟联邦之名著》，《上海亚细亚日报》1916 年 2 月 17 日，第 1 张第 1 页。

〔137〕木强：《新评三》，《新闻报》1916 年 3 月 25 日，第 3 张第 2 版。

〔138〕参看《撤销承认帝位案停止筹备事宜令》，收入骆宝善、刘路生编：《袁世凯全集》第 34 卷，第 766—767 页。

〔139〕参看《杨参政之回光返照》，《顺天时报》1915 年 4 月 11 日，第 2 版。

〔140〕云侠：《政闻片羽·帝制人物之下场》，《神州日报》1916 年 4 月 16 日，第 2 页。

〔141〕燕：《细拟帝制派六伟人对待法》，《民国日报》1916 年 4 月 20 日，第 12 版。

〔142〕《辞参政院参政奏稿》，原见杨亮功：《早期三十年的教学生活》，黄山书社 2008 年版，第 21 页。该文又见万仕国编：《刘申叔遗书补遗》下册，第 1338 页。值得注意的是，杨度在 1915 年 5 月成为参政院参政，刘师培出任参政则是该年 10 月底，持续时间并没有一年，他这里使用"一载于兹"的时间界定，或系受到稍前杨度辞呈的影响，杨之原文即有"备位参政，一年于兹"这样的表达。参看杨度：《辞参政院参政呈文》（1916 年 4 月 10 日），收入刘晴波主编：《杨度集》，第 612—613 页。

〔143〕《国内专电》，《时报》1916 年 4 月 23 日，第 1 张第 1 页。

〔144〕《国内专电》，《时报》1916 年 7 月 1 日，第 1 张第 1 页。

〔145〕《〈中国学报〉之消灭》，《顺天时报》1916 年 7 月 5 日，第 2 版。

〔146〕亦省：《志撤回申令之两大原因》，《时报》1916 年 7 月 21 日，第 1 张第 2 页。

〔147〕陶菊隐：《六君子传》，中华书局 1946 年版，第 349 页。

〔148〕《命令·大总统申令》，《顺天时报》1916 年 7 月 14 日，第 7 版。

〔149〕《对于惩办祸首令之外论》，《民国日报》1916 年 7 月 20 日，第 1 张第 3 版。

〔150〕《国内专电》，《时报》1916 年 7 月 27 日，第 1 张第 1 页。

〔151〕《关于帝制余孽之记载》，《时报》1916 年 7 月 23 日，第 2 张第 7 页。

〔152〕参看《刘师培将遭文字祸》，《顺天时报》1916 年 4 月 24 日，第 2 版。

〔153〕北京劫外生投稿：《警告新大总统及南方倡义诸公》，《时报》1916 年 6 月 22 日，第 1 张第 2 页。

〔154〕章鉴：《六君子小史》，《时报》1916 年 7 月 3 日，第 2 张第 5 页。

〔155〕《惩办祸首令之各种曲折》，《申报》1916 年 7 月 18 日，第 2 张第 6 版。该文又名《惩办祸首之内幕》，《时事新报》1916 年 7 月 19 日，第 1 张第 3 版。

〔156〕《帝制罪人之惩治与逃匿》，《申报》1916 年 7 月 21 日，第 3 版。

〔157〕《刘朝栋（桢）请惩办筹安会祸首呈》（1916 年 7 月 10 日），张黎辉等编辑：《北洋军阀史料·黎元洪卷》（一），天津古籍出版社 1996 年版，第 583—594 页。

〔158〕《杨度自首之传说》，《时报》1916 年 7 月 23 日，第 2 张第 3 页。相似内容之报道又见：《自首之不确》，《民国日报》1916 年 7 月 23 日，第 2 张第 6 版。

〔159〕子奇通信：《国体问题之轶闻》，《上海亚细亚日报》1915 年 10 月 4 日，第 2 张第 3 页。

〔160〕参看仲斌：《国体问题最近之新气象》；笑：《五分钟》，两文均见《时报》1915 年 10 月 8 日，第 1 张第 2 页。

〔161〕《与袁大总统》（1915 年 11 月 7 日），马积高主编：《湘绮楼诗文集》卷第九，岳麓书社 1996 年版，第 1135 页。

〔162〕《与杨度》（1915 年 11 月 7 日），马积高主编：《湘绮楼诗文集》卷第九，第 1134 页。引文标点有更改。

〔163〕美国驻华公使芮恩施即曾认为当时袁世凯一度"想强制实行帝制"，但又担心"某些列强采取行动，它们可能对承认新政权提出难于接受的条件"。芮恩施：《一个美国外交官使华记》，文化艺术出版社 2010 年版，第 137 页。

〔164〕《北京致各省查照两元电并多认定有复选被选资格者电》，《民意征实录》，第 21—22 页，收入王水乔、刘大伟主编：《护国运动文献史料汇编》第 10 卷，云南人民出版社 2015 年版，第 355—356 页。

〔165〕景光：《瞻谈》，《神州日报》1915 年 10 月 22 日，第 2 页。

〔166〕时中：《防乱政策》，《顺天时报》1915 年 11 月 19 日，第 7 版。

〔167〕狷：《为杨度等呼冤》，《中华新报》1915 年 12 月 22 日，第 2 张第 3 版。

〔168〕白虚：《戏拟杨度致云南唐将军、任巡按使电》，《中华新报》1915 年 12 月 23 日，第 3 张第 4 版。

〔169〕刘师培：《赠吴彦复》，收入万仕国编：《刘申叔遗书补遗》下册，第 1339 页。万先生将此诗系为刘师培 1916—1917 年居住天津时所作，误，吴 1913 年即去世。

〔170〕钱玄同后来曾致信郑裕孚说："自癸卯至己未十七年间，对申叔终无恶意及非议者，惟蔡公而已。"之后，钱又致信蔡元培说："先生对于申叔之交始终不渝，不以其晚节不终而有所歧视。"参看《钱玄同致郑裕孚》（二）、《钱玄同致蔡元培信》（1936 年 7 月 5 日），刘思源等编：《钱玄同文集》第 6 卷，中国人民大学出版社 1999 年版，第 187、277 页。

〔171〕蔡元培：《刘君申叔事略》，收入南桂馨等编：《刘申叔遗书》上册，第 18 页。

〔172〕冯自由：《革命逸史》中册，第 514 页。关于刘师培去北大任教的经过，台静农说是陈独秀到天津看到刘师培窘状，就向蔡元培推荐刘师培作北大教授："关于申叔之入北大教授，据我听前辈说过，还是陈独秀先生的意思。当袁世凯垮台后，独秀去看他，借住在庙里，身体羸弱，情形甚是狼狈。问他愿不愿教书，他表示教书可以，不过目前身体太坏，需要短期修养。于是独秀跟蔡先生说，蔡先生也就同意了。申叔死后，他的太太何震发了神经病，时到北大门前喊叫，找蔡先生，找陈独秀。后来由独秀安排，请申叔的弟子刘叔雅将她送回扬州。"台说当属实，刘、陈关系应该比较亲密，曾有和诗往还，在民国肇建之时，陈独秀也曾响应章太炎、蔡元培请四川当局释放刘师培的呼吁，以安徽都督府秘书名义（"陈仲"等）致电临时大总统孙中山，恳请"宽宥"刘师培当年变节之过："当玄黄再造之日，延读书种子之传，俾光汉得以余生，著书赎罪。"五四新文化运动期间陈独秀被捕入狱之时，刘师培也曾居首签名参与北京学界联合保释陈独秀的呈文中，后来刘师培的丧事也由陈独秀负责打理。台静农：《〈早期三十年的教学生活〉读后》，

收入中国现代文学馆编、计蕾编：《台静农代表作》，华夏出版社
1998 年版，第 255—256 页；刘师培：《得陈仲甫书》，《刘申叔遗
书》下册，第 1915 页；桑兵主编、赵立彬编：《各方致孙中山函电
汇编（1895—1912.2）》第 1 卷，社会科学文献出版社 2012 年版，
第 304 页；《北京学界保释陈独秀呈文》，收入万仕国编：《刘申叔
遗书补遗》下册，第 1453 页。

〔173〕陈钟凡：《刘先生行述》，南桂馨等编：《刘申叔遗书》上册，第
15 页。

〔174〕参看许指严：《新华秘记》，第 60 页。

〔175〕钱玄同 1916 年 9 月 19 日日记，杨天石主编：《钱玄同日记》上册，
北京大学出版社 2014 年版，第 291 页。

〔176〕《〈中国学报〉之复活》，《神州日报》1916 年 2 月 17 日，第 2 页。

〔177〕瞿：《杂书》，《神州日报》1915 年 9 月 13 日，第 2 页。

〔178〕参看《滑稽小说·书生侦探》，《神州日报》1909 年 2 月 9 日，第
1 页。

〔179〕《拟刘光汉谢新擢直督随带赴任禀》，《民呼日报》1909 年 7 月 24
日，第 4 页。

〔180〕《革命党入幕》，《大公报》1909 年 7 月 29 日，第 2 张。

〔181〕参看戴季陶（天仇）：《水性杨花之志士》（原刊上海《天铎报》
1910 年 12 月 12 日），收入桑兵等编：《戴季陶辛亥文集》上册，
香港中文大学出版社 1991 年版，第 358 页。

〔182〕参看徐兆玮 1911 年 2 月 4 日日记，《徐兆玮日记》第 2 册，李向东
等标点，黄山书社 2014 年版，第 1147 页。

〔183〕参看章太炎：《与刘光汉书七》，收入南桂馨等编：《刘申叔遗书》
上册，第 23 页。

〔184〕参看万仕国：《刘师培年谱》，第 177—178 页。

〔185〕参看《章炳麟与刘光汉及何震书五封》，转见吴稚晖：《吴稚晖全
集》卷八，九州出版社 2013 年版，第 317 页。

〔186〕参看汤志钧编：《章太炎年谱长编（增订本）》上册，中华书局
2013 年版，第 220 页。

〔187〕友箕：《我独无解于今日之刘师培》，《神州日报》1915 年 5 月 24
日，第 1 页。

〔188〕有关情况，可参看笔者另文《刘师培与章太炎关系再考察》，待刊。

〔189〕黄节该信也被收入万仕国：《刘师培年谱》，第263—264页。

〔190〕清末以来，曾不断有人为刘师培辩护，认为刘师培之所以善变乃至误入歧途，是因为外来的影响，特别是其妻何震在背后鼓动威逼的结果。像前引《天铎报》那篇评论即认为刘师培之反复多变乃是出于其妻和汪公权的诱惑、欺骗与胁迫。顾颉刚的友人张剑秋则认为刘师培之所以投靠端方，"盖穷极使然"。郝昺蘅为刘师培所作的辩解与《天铎报》评论类似："即其遭命所至，实亦有由。外荧志于孔壬，内湛情于房闼。瘠渴积年，勃谿累日。磨而不磷，古有几人。此则世所悯谅者也。"刘师培的外甥梅鹤孙后来在书中也曾几次有意无意暗示结婚后刘师培的人生抉择受到何震的左右，暗示刘投奔端方亦是因为何震的"名利思想"，而刘师培"疏于世故""不能坚定立场"，被何震"要挟"；刘师培后来参加筹安会，亦多是因何震教唆。刘师培旧友汪东也认为刘"惑于金壬，屡易其操"。马叙伦也有如此认识，认为刘师培投靠端方及加入筹安会，"为妇胁而然"。参看：《刘师培恶历史》，《天铎报》1911年5月25日，第3版；顾颉刚：《顾颉刚读书笔记》第15卷，中华书局2011年版，第70页；郝昺蘅：《吊刘申叔先生文并序》，《进德月刊》第2卷第4期（1936年12月1日），第101页；梅鹤孙：《青溪旧屋仪征刘氏五世小记》，上海古籍出版社2004年版，第48、54页；汪东：《题青溪旧屋仪征刘氏五世小记后》，转见梅鹤孙：《青溪旧屋仪征刘氏五世小记》，第96页；马叙伦：《石屋余沈》，上海书店1984年版，第192—193页。

〔191〕柳惠南寄：《筹安会发起人之略史》，《顺天时报》1915年8月29日，第3版。该文又见《国体问题纪闻》，《时事新报》1915年9月2日，第2张第2版。

〔192〕尘梦：《六君子赞》，《民国日报》1916年8月14日，第3张第12版。

〔193〕昔日与章太炎、刘师培、梁启超、严复等人均为好友的吴保初（彦复）曾写诗形容刘师培："人言病夫老大，我见支那少年；东方卢梭有几，申叔夫子最贤。"见吴保初：《怀人诗》，收入吴著《北山楼集》，孙文光点校，黄山书社1990年版，第75页。该诗也被收入梁启超：《饮冰室诗话》，人民义学出版社1982年版，第84页。

〔194〕刘师培：《〈国粹学报〉三周年祝辞》，收入南桂馨等编：《刘申叔

遗书》下册，第 1791—1792 页。

〔195〕友箕：《我独无解于今日之刘师培》，《神州日报》1915 年 5 月 24 日，第 1 页。

〔196〕黄华：《有文无行之刘师培》，《中央日报》1936 年 6 月 15 日，第 3 张第 1 版。

〔197〕汪东：《题青溪旧屋仪征刘氏五世小记后》，转见梅鹤孙：《青溪旧屋仪征刘氏五世小记》，第 96 页。

（原发表于《史林》2019 年第 2 期）

南桂馨与刘师培[*]

——兼论《刘申叔先生遗书》的成书过程

从民国肇建一直到 1930 年代初，南桂馨（佩兰）（1884—1968）长期系阎锡山的得力干将，也是一个巨商，不但在山西地方政界、商界、警界，举足轻重，还一度活跃在北洋政界和平津商界，交通甚广，影响匪浅。只是今日的我们往往以后见之明，将其作为不够重要的"小人物"来看待，从而忽略了对类似南桂馨这样人物的研究。[1]

尽管一些学者在研究刘师培时曾涉及南桂馨，特别是涉及南桂馨后来出钱资助《刘申叔先生遗书》编印的情况。[2]但这些研究依据的均是南桂馨本人叙述，所论比较简单。之所以如此，大概是涉及南、刘关系的材料，由于刘师培的早逝及有关记载的完全缺乏，我们看到的都是南桂馨的一面之词，且多是南时过境迁后的追忆，即便有钱玄同、张继等人曾谈及南、刘关系，所据也都是南桂馨单方面的回忆及其愿意出巨资编印刘师培文集的善举。[3]这种出自个体的回忆材料，虽然价值很大，但也太具有主观性和遮蔽性，若是我们缺乏旁证与考辨，又太

* 本文曾蒙《近代史研究》匿名审稿人及编辑部、北京师范大学历史文化学院李帆教授、华中师大中国近代史研究所郑成林教授、中国人民大学历史学院黄兴涛教授、中国社科院世界史所汪朝光教授和近代史所马忠文教授、工波兄、湖州师院鲁卫东教授、复旦大学古籍所博士生金菊园同学等，或惠赐教言，或提供帮助，谨致谢忱。

过依赖之，无疑会被误导，等于是站在南桂馨立场上发言，不利于更全面地认识南、刘关系及南桂馨本人的真实情况。

所幸有关南桂馨本人的材料尚有不少，特别是北洋时期京沪津报刊上关于其本人的报道与记载即有很多，可以为我们进一步认识南桂馨本人及南、刘关系提供一些旁证。若是我们再综合其他资料尤其是阎锡山的材料深入考索，当可展现更为丰富的历史细节，进一步描述南桂馨的所作所为及其与刘师培的交谊，乃至南桂馨、刘师培和阎锡山间的互动情况，或可补前人所未逮，并避免偏听偏信之弊。

一、南 刘 交 谊

南桂馨是山西宁武人，根据南本人在 1959 年的回忆，他是 1906 年去日本东京自费留学的，之后与张继、刘师培、章太炎时相往还，同时还与日本的无政府主义者和社会主义者幸德秋水、北一辉次郎、大杉（山）荣等相互交往。[4] 之后，南桂馨于 1908 年秋天回国。在留日期间，南桂馨与刘师培建立了密切关系，还一度介入刘师培与章太炎的决裂事件中。那么南桂馨是如何涉入刘师培、章太炎这段公案的呢？

大概在 1907 年底至 1908 年 3 月刘师培回国再返回东京这段时间，章太炎和刘师培、何震夫妇的私人关系才开始恶化，后来终至不可收拾。在双方矛盾逐步激化的过程中，章太炎曾在 1908 年 6 月 20 日出版的《民报》第 21 期上发布了一则《特别广告》，为自己辩诬：

近有人散布匿名揭帖，伪造仆与锡良之电报。又有人

冒名作信，在上海《神州日报》登《炳麟启事》一则。其
散布匿名揭帖者，查得是山西宁武府人；其匿名告白，尚
待调查。合并声明。[5]

章太炎此则启事中所言的"其散布匿名揭帖者，查得是山西宁
武府人"，这个所谓的"山西宁武府人"到底是谁？章太炎没
有明说，也没有追究，而后来的研究者亦未对此加以注意。但
根据笔者推断，其人应该为当时正在日本东京留学的南桂馨，
以下我们先从南桂馨如何讲述他与刘师培的关系开始。

1937 年 7 月，在为即将出版的《刘申叔先生遗书》所撰序
言中，南桂馨表明了他与刘师培关系之密切及双方友情延续时
间之长久："桂馨非能讲明申叔之学术者也，然交申叔于弱冠
之年。曩来太原，实主余家。及其殁也，蒙以身后之事相托，
情意缱绻垂十五载，不可谓知之不深。"[6]严格来讲，上述序言
中所说的"交申叔于弱冠之年"存在问题，明显是南桂馨将认
识刘师培之时提前到 1904 年左右了，实际上两人结识时间最早
不超过 1906 年南去日本留学时。至于说到刘师培到太原投奔他
的情况，亦是语焉不详。接下来，该序言又较为详细地讲述了
章太炎、刘师培的学术次第与学术理念之异同，特别说起刘、
章决裂情况："申叔与太炎初以说经而交密，晚以政治而途分，
离合之故，天下人皆能言之，桂馨尤深悉其本末。"[7]随后，序
言又表示刘在校雠学上成绩高于章太炎："申叔初年所主与太
炎悉同，晚亦未甚变迁，独其遍校古书，勤悫过于太炎。"进
而该序言又暗示刘师培的学术成就其实已经超过章太炎，因为
"申叔之学一切以校雠为基"。此序言虽然为南桂馨倩人代
作，[8]但内容肯定要经南桂馨过目和首肯，部分内容且应来自

南桂馨口述，所以序言能够代表南桂馨的立场与看法，当无问题。

同样，南桂馨亲信郑裕孚（友渔）在《刘申叔先生遗书后序》所言及的刘、南交谊，亦大致相似，同样突出南桂馨对于刘师培的仗义相助、雪中送炭："申叔与南公交最笃，囊同游学东瀛，相得欢甚。鼎革后由蜀来晋，主公家，公奉之若骨肉，申叔亦以兄事公。后客京师，侘傺而卒。"[9]同南桂馨的序言由人代作一样，此处的郑裕孚序言亦出自"郭元叔君"代笔，[10]但其内容应该闻之于南桂馨，[11]文中所述虽有代作者本人的坚持，[12]仍应能够反映南桂馨之意见。可惜的是，两则序言对刘、章早年交谊破裂情形仅仅一笔带过，或许是因为不少当事人像张继、汪东、钱玄同、丁惟汾等均健在，故南桂馨在此不愿多说。不仅在此序言中不愿多说，在别处，南桂馨对清末留日时他与刘师培的交谊情况也讲得非常简单，[13]而对于民初之后他跟刘师培夫妇的交谊，同样简单带过，但所欲突出的亦是南本人"不负死友"的"古道热肠"。

然而又过二十多年后，除了汪东（1890—1963）、景梅九（1882—1961）外，有关当事人均已去世，在此情况下，拥有后见之明的南桂馨遂借撰写辛亥革命回忆录的机会开始重构五十多年前的故事，借此突出显示自己昔日光荣的革命事迹，并再度强调自己当年与刘师培的亲密关系：

> 章炳麟、刘师培之间，因主张不同，意见日益加深。章主张单纯民族革命，彼以为世界革命远而无望，反而松懈了我们的民族革命事业。刘和我们以为联络世界革命党人，对于我们的革命事业有益无害。章大不以为然。彼此

的分歧就此发生了。记得章让他的弟子钱复（玄同）通知我们，不可参加幸德秋水他们的会议。而刘师培、汪公权、丁惟汾及苏曼殊等，均主参加。因此，刘和章炳麟也互相轧轹。刘（刘母亦精《说文》）评章讲小学之无当，章亦反讥。我本来是个穷学生，章为照顾我，使我兼任《民报》会计，但此时要禁止我和刘师培往来，我就愤而去职。[14]

值得注意的是，在南的回忆中，有许多夸大或想象性的记述，重点在于展示南桂馨自己的革命先行作用与光辉业绩，[15]但在说及章太炎、刘师培之决裂时，字里行间的态度却是很明显，现实意味也非常强烈——对主张"世界革命"的刘师培的支持与对只愿进行"民族革命"的章太炎的反对。

假若再参照当事人钱玄同之前的叙述，上述之言要详加辨析："弟与南公面谈两小时，承彼告我关于刘氏夫妇至山西事甚详。南公本系老同盟会，彼在东京时与弟差不多同时。惟前此虽曾在民报社见过数次，而未曾交谈。"[16]在钱看来，南桂馨在当时东京与章、刘交往过程中并没有给他留下什么突出印象，双方甚至都没有谈过话。但对于另一个刘师培的挚友丁惟汾（1874—1954），事过近三十年，钱玄同仍记忆深刻："丁君昔年亦刘君挚友，刘戊申冬归国，其母尚是丁君送归也。"[17]进言之，钱玄同语出现在钱致南桂馨的好友兼代办郑裕孚的信中，自然不会无中生有，瞎编乱造关于南桂馨或丁惟汾的故事。不过对于彼时的南桂馨全不熟悉，这正说明钱玄同其实是被蒙在鼓里，对于南桂馨在东京参与的活动，特别是他在章太炎、刘师培交恶过程中所起的作用，全然未有意识，即便是三十年后进行追忆，亦未曾觉察。故此，心直口快的钱玄同才会在日记中未加记载。

不仅钱玄同对南桂馨当年所作所为全无察觉，即便当时同在日本留学，同为刘、章决裂一事见证者的张继、丁惟汾与汪东在为《刘申叔先生遗书》写序时，亦均未提及南桂馨当时在日本的事情及其与刘师培的关系。不知道他们这里是在有意避讳不提南桂馨在当时扮演的不光彩角色？或是对南桂馨在刘、章决裂中的作用如钱玄同一样全无意识？

事实上，在刘师培发起的社会主义讲习会活动中，钱玄同一直是一个很积极的参与者，朱希祖也比较积极。但在他们保留下来的这一时期的日记中，一直没有关于南桂馨只言片语的记载。而关于章、刘交恶的情况，钱玄同在日记中一直有详细记载，这完全不像南桂馨回忆中所言的那样不堪——章太炎禁止南等同刘师培交往，还禁止南桂馨等人参加幸德秋水等人组织的社会主义讲习会。其实，即便是在章、刘交恶后，对于爱徒钱玄同与刘师培的私人交往，甚至钱玄同参加刘师培组织的世界语讲习班，章太炎都未曾加以劝阻，遑论阻止南桂馨同刘师培交好？

但南桂馨事隔五十年后，却依然对章太炎耿耿于怀，甚至不惜歪曲事实对章太炎进行构陷中伤，由此可见南在感情上对于刘师培和章太炎的厚此薄彼，或可证明当初在刘、章矛盾中那位宁武的"散布匿名揭帖者"，应该就是南桂馨。

二、各取所需

在 1959 年的"命题作文"中，南桂馨曾对民国以后他同刘师培的关系有详细的追忆：

> 初时，刘（师培）入清廷两江总督端方的幕府，颇得信任。辛亥端调四川总督，入川后为革命党人执杀，刘的性命也有危险，幸章炳麟有电营救，才得保全。因此就暂留川省，由谢无量资助衣食，始免冻馁。民国成立，刘妻何震从汉口辗转入京，行李萧条，生活无着。这时同盟会老同志杜羲，因事到了太原，向我谈到何震的落魄情况，我即请她到了太原暂住我家，由我把她先荐到女子师范任教，后又转任阎锡山的家庭教师。后来，何震探知师培在川之消息，由阎及我各赠川资百元，何遂引师培入晋，任都督府顾问。迨都督府改编为将军府，编制缩小，顾问裁缺，刘的生活因此无着。我正替他着急，适逢帝制议起，我认为有机可乘，遂建议阎锡山专电保刘入京，请袁任用。袁既素闻刘名，而袁的亲信秘书闵尔昌，又系刘的亲戚，也向袁称道他。所以翌日即得袁电，命刘入京。刘到京后，由袁的长子克定带领觐见，初任总统府内史，后兼参政院参政。关于筹安会的文件宣传，刘也费了一番功夫，所以颇得袁的青睐。这就是刘师培作莽大夫的由来，以及他和阎的关系。[18]

透过这段事过四十多年后的描述，我们可知在民国初年刘师培夫妇陷入困境之时，南桂馨提供了雪中送炭式的帮助，曾收留过何震，只是南桂馨这里并没有详细说刘师培夫妇何时到太原及何时被保荐给袁世凯的，同样没有提及刘师培在四川的情况如何。不过，我们通过报刊（尤其是可以方便检索的《申报》）等材料上的报道与记载，并结合既有的研究成果，对刘师培在四川的情况稍作钩沉，不但可以弥补纠正南桂馨叙述中的空缺和错误，还能对刘师培夫妇远赴山西投奔南桂馨的情形有更全面的了解。

1912 年旧历一二月间，刘师培在四川资州被释放后，即被四川都督尹昌衡聘为新成立的四川国学院"院副"。此后大约一年半的时间，[19] 刘师培在成都颇受尊敬，他认真讲学答疑，"不敢康宁，竭尽顽图，思自策励，得展万一，以达二三君子之末"，[20] 结交了不少学者如吴之英、廖平、谢无量、吴虞等多人，相互之间往还论学，写诗唱酬，交情匪浅。[21] 其间，刘师培对四川一地学风观察颇为仔细，认为"蜀人自为风气，俨如古国"，[22] 他还不断发表一些政论与学术文章，收获颇丰，待遇也应不差。[23] 加之何震亦从太原寻夫到此，[24] 刘师培暂无后顾之虞，却为病体所累，且又动了思乡之情："益以迩来沉绵痼疾，志意衰落，发白早凋，夙夜悼心，若涉渊水，常恐殒没。犬马齿穷，永衔罪责。入于裔土，企心东望，每用依依。一得生还，日见江海，不胜狐死首丘之情。"[25] 于是刘师培决定先回扬州省亲。

或许对成都这里的生活颇为满意，刘师培回扬州办理的手续是"请假回里"，表明他依然有重回成都任职的打算，然而甫离成都，刘师培一家即遭遇劫匪，损失惨重。此事颇为时人关注，刘师培朋友吴虞于友人处得知刘师培遇劫消息后，曾在日记中也作了简单记载："刘申叔舟行七十里即被劫，损失约千余金。"[26] 稍后，远在上海的《申报》对此也有追踪报道：

国学院长刘申叔请假回里，于七月二十九号挈眷登舟，三十号由东门外江干启行，午后四时，行至距省约七十里之红花场，突来一舟，载盗十余人，执持快枪利刀，将刘仆戳伤。刘行时，华阳唐知事派有巡缉队四名护送，亦无可如何，听其饱掠而去。计所受损失：川资、衣物及宝贵书籍，约数千金。闻该院得信，已专人迓其回省矣。[27]

限于材料，我们不能确切知道此次遇劫事件带给胆小多病的刘师培心理影响到底有多大，[28]常理推测，这桩意外可能会让刘师培就此完全打消复返四川的计划，代之以北上太原——这一决定对之后刘师培的生活影响深远。《申报》还就此次遇劫事件特意发表评论感叹刘师培命途多舛：

> 刘申叔，博学好古士也。时初主革命，而又提倡国学，官场捕之急，乃赴东。抵东后忽又改变其宗旨，与党人不相能，乃归而投诸端方之门下，相与摹娑金石，品评书画，翕如也。迨路事风潮起，端方提兵入川，挈刘行，并携带图书彝鼎甚众。不数月而难作，端既毙于兵，所带古玩复尽失。刘得人说项，乃脱险，孑身从间道抵川，匿年余，而始长该省之国学院。今者久离桑梓，回省情殷，遂匆匆请假东返，不谓剧盗无情，复遇浩劫，虽其生命获免，所遭不及端方之惨，而数年来心血所积之异书古器，已荡然矣！其遇抑何可悲也！[29]

返回成都国学院短暂休整后，该年夏天，刘师培还是顺江而下，经由上海到扬州，在扬州停留一段时间后，刘师培夫妇又取道上海北上太原，投奔南桂馨。[30]

　　至于南桂馨，他于 1908 年秋从日本返国后，即在太原同阎锡山等一起开展反清活动。其间，南、阎成为密友，为之后两人长期的政治合作打下了坚实基础。武昌起义爆发后，阎锡山、南桂馨等成功策划了太原起义，最终山西成功独立。袁世凯成为民国大总统后，任命阎锡山为山西都督。南桂馨则相继在阎锡山麾下出任多个要职，为阎锡山出谋划策，尤其是其只身犯险，帮其解决盘踞河东一带的李鸣凤（岐山）势力（即下文要提及的南桂馨在河东筹饷局被鞭挞一事），[31]居功至伟，深得阎锡山信任。刘师培夫妇到达太原后，深谋远虑的南桂馨即将刘师培推荐给其上司阎锡山。阎锡山则聘请刘师培为都督府顾问，何震依然被聘为阎锡山的家庭教师。[32]

　　但急于巩固自己在全国统治地位的袁世凯对山西王阎锡山并不真正放心，特派亲信金永担任山西巡按使，[33]以牵制和监视阎锡山。为求自保，并为了取信于袁，阎锡山采取了多种措施，其中之一即是在南桂馨的建议下，把到太原尚未满一年、但同袁世凯亲信闵尔昌有亲戚关系的刘师培推荐给袁世凯，希望他能充当密探和说客，在袁世凯那里打探情报并为阎锡山缓颊。[34]可以说，南桂馨、阎锡山这样的做法明显是在把刘师培当作一笔政治投资来预谋的，借刘师培为自己换取政治利益，根本没有顾忌这个做法对刘师培个人可能带来的伤害。如南桂馨接下来的回忆，他们送刘师培入京的主要目的在于让他在袁世凯面前为阎锡山辩护，缓和同袁世凯关系，麻痹袁世凯亲信山西巡按使金永，[35]保住阎锡山的山西都督之位。而不符合此目的的刘师培之作为，如后来刘师培想做山西巡按使的计划，即不被南桂馨支持。[36]

　　此后，刘师培尽力为袁世凯歌功颂德、粉饰太平，赢得了袁世凯的信任。在为袁世凯卖力鼓吹之余，刘师培也为阎锡山出力不少。据南桂馨回忆，稍后山西巡按使金永也曾向袁世凯密告阎锡山可能反对袁世凯称帝，处于被动的阎锡山不愿束手就擒，马上派南桂馨入京运动，请求已经赢得袁世凯信任的刘师培帮忙解释，"设法疏通，让袁世凯不必偏信金永的话，阎锡山也是赞成帝制的。同时阎并拨款二万元，作为筹安会的经费"。[37]当筹安会两次公开电告"各省军民大吏，请速派代表来京与会"，讨论事关国家根本的国体问题。[38]刘师培也专门以筹安会名义连发两次电报给阎锡山，嘱其速派代表来京"讨论国家安危根本问题"。阎锡山非常重视刘师培的通报，马上复电筹安会表示："两电均悉，贵会讨论国家安危根本问题，卓识伟论，无任纫佩。已遵嘱派遣代表崔廷献、南桂馨赴会讨论，乞赐接洽。"[39]之后又专门致电刘师培："筹安会刘申叔先生鉴，来电诵悉，除前电已派代表崔廷献、南桂馨赴会，兹复加派邢殿元、马骏、徐一清、范元澍为代表，请即转达为盼。"[40]或可说，在袁世凯称帝过程中，阎锡山能够摆脱被动局面，最终赢得袁世凯的信任，刘师培功不可没，"经过此番刘的奔走，阎的表现，因而袁对阎的疑忌也颇释然"。[41]

有意思的是，刘师培甘心为袁世凯、阎锡山、南桂馨卖命，这固然跟其功名心切、慌不择路，喜以经术文饰政论有关，但又何尝不是被南桂馨、阎锡山当作保全自己权位的工具蓄意利用所致？在这场复辟帝制的活动中，大家实际各怀鬼胎，各取所需。

三、刘师培在北大

袁世凯称帝后，国内外哗然，护国运动兴起，袁世凯渐有众叛亲离之势："自国体问题发生，群情惶惑，重以列强干涉，民气益复骚然。"[42] 3月22日，袁世凯放弃洪宪皇帝称号，复称大总统。至于筹安会诸人更是人心惶惶，在舆论压力下，原来怂恿袁世凯称帝的一帮健将包括筹安会主脑杨度、孙毓筠等见到形势不妙，遂各自向袁世凯请辞参政院参政。[43] 这时的刘师培见大势已去，也效法杨度等人上书袁世凯请辞参政院参政。自此之后，失望至极的刘师培不再公开著文议政参政，发表在《中国学报》3月号（第3册）上的政论文《联邦驳议》，[44] 大概是他公开议政的绝响。[45]

较之参与复辟的其他诸人能够迅速摆脱袁世凯之累，刘师培的处境则糟糕很多。其时已经摆脱袁世凯复辟牵连的南桂馨（包括阎锡山，详后），大概没有想到再去照顾这个在政治上已经没有利用价值的好友刘师培，即便刘师培"几无以为生"，正是需要援助之时。[46] 这时真正帮刘师培解困的还是一直都极为看重其学术水准的老友蔡元培。[47] 作为新任北大校长的蔡元培顶住舆论压力，聘"是时病瘵已深"的刘师培为北京大学教授。[48]

到北大任教后，刘师培的健康情形欠佳，经常请假停课，[49] 似已病入膏肓："刘氏现在多病，时常告假，气象委靡，态度消沉。"[50] 为了治病，刘师培的经济状况非常窘迫，不断借钱度日，难怪刘师培会在临死之前写给弟子陈钟凡的信中，对陈肯借钱给他表达感谢，还希望陈能继续代他借钱缓急："前蒙借款，感谢之至。兹因各薪未发，药费不给，陶款务祈设法代借，以救目前眉急。无任籲感。"[51]

1919年11月19日夜间，刘师培病逝于北京寓所。[52]《晨报》为此也刊发了一则简短的消息："北大文科教授刘师培，号申叔，为国故派中之重要分子，兹因病已于昨晨逝世。"[53]
稍后《时报》也刊发了简单报道："北京大学教授刘师培于昨
晚（十九）卒于京寓，噩耗惊传，京外同深悼惜。"[54]据后来
时论报道说，刘师培去世后，因家贫"死了三天还无法官殓"，
何震遂去求助昔日与刘师培同被袁世凯任命为参政院参政的林
万里，而林万里当年之所以得以署理参政，主要依赖刘师培的
大力推荐与提携，刘、林两人关系密切，不料何震的求助却遭
遇林万里的闭门羹，受到刺激的何震气急败坏之下发疯。[55]最
后还是在北大校长蔡元培的干预下，加上陈独秀的热心帮忙，
刘师培后事才得以处理。12 月 3 日，刘师培出殡移厝于妙光
阁，北大为之安排了公祭。[56]

刘师培死后的情境，当时媒体及时人均有报道与记述。如
《申报》记者"野云"即曾有比较详细的报道：

> 刘君师培，字申叔，江苏仪征人。粹于经术，其历史
> 世多能道之。蔡孑民长北大后延为国文门教授，讲授文学。
> 学生信仰之者，颇不乏人。自北大有新文学派之提倡，刘
> 氏极不谓然，自居于国故派首领，学生笃于旧学者，辄趋
> 和之，至编辑《国故》杂志，以示与《新潮》杂志相对
> 抗。近年患肺病极剧，然时犹力疾入校任事。前日竟卒于
> 京师寓所，身后萧条一无所有，历二日始入殓，所有殓资
> 均系陈君独秀代为经理。现闻北大方面已议给恤金若干，
> 而学生中亦已提议为开追悼会云。[57]

《时报》也有类似报道，不过较为简单："北人国义系中国文学
教授刘师培学问渊博，忽于十九日夜因肺疾逝世，身后萧条，

琴书之外，别无长物。其学生等钦崇宿学，痛惜凋零，现正呼吁集资，以便殡殓，并拟于日内开会追悼，以志哀思云。"[58]可惜不知何故，北大预先为之计划好的追悼会并未办成，记者"野云"曾跟踪报道了其后情况，述及刘师培之追悼会被"无行取消"一事：

> 文科教授刘申叔之死，身后极其萧条，校中只有国文门数班学生与之素有感情者，曾赴其寓，一为吊唁。至于开追悼会之举，现已无形取消矣。其著述之稿，存于寓所者颇多。闻死之次日，蔡校长即派人移运到校，以便保存之。[59]

此追悼会之所以取消，颇不合常理，据笔者推测很可能同何震与北京大学所闹的不愉快导致，因时论后来曾报道过何震 1920 年 2 月 9 日曾去北京大学"索款大闹"。[60]由此推测，之前失常的何震当也去北京大学闹过，否则刘师培的追悼会无理由不举办。最终，1920 年 2 月中下旬，刘师培灵柩由其门人刘文典护送运回扬州安葬。[61]其妻何震发疯失踪被寻获后也被护送回扬州老家，刘师培之母则悲伤过度，于刘师培去世四十多日后亦辞世。[62]而刘师培所遗书籍器具共八十二件曾暂时寄存北大，于 1919 年 12 月底由其堂弟刘师颖"悉数领去，并出有收据"。[63]

由现有材料可知，刘师培之死也引起时人的关注。1919 年 11 月 27 日，从广东任职地返回上海治病的旧友陈去病从章太炎处得知刘师培病逝的消息，感到很震惊，继而他又通过当日《申报》的报道了解刘去世之后的凄凉情景后，当天即致信老友北大校长蔡元培去打听刘师培的身后事安排，信中还深情追忆了他同刘师培的友谊，极度惋惜刘之英年早逝：

> ……兹因就医返沪，行装甫卸，即闻太炎云申叔死矣。正惊访间，而《申报》亦复详列其事，为之懊丧不置。去病曩与申叔，周旋江海，砥错有年。虽中途契阔，而情谊相孚，未尝有几微之隙。顷闻溘逝，涕泪弥襟。逊清一朝，吾吴经史文学之传，首推亭林大师，而为之继者，厥为阮伯元，颇能集其大成。申叔幼承家学，瓣香前哲，词章经术，兼容并包，实为当世所罕睹。盛年摧折，著作鲜传，此固不第为乡国痛，且为我读书稚子深无穷之悲也。后事如何，诸希明教……[64]

类似陈去病的惋惜，有时人在为刘师培撰写的挽联中也感慨："周秦文，汉魏诗，浊世终伤违世用；扬雄才，刘向学，苍天胡竟夺天年。"[65]人在成都讲究生活安逸才能读书做学问的刘师培旧友吴虞得知刘师培"贫病以死"的消息后，在日记中感慨"可为学者一叹"。[66]

以上情况表明，刘师培晚年乃至病死之后，情形甚是凄凉，曾引发舆论和友朋之间的极大关注。时为北大学生的杨亮功后来在回忆录中对刘师培之死也有简单追述，正好可与之前叙述对比参看，不过杨这里误记刘师培的去世时间为"十一月十日"：

> 刘先生在北大授课时肺病已到第三期，身体虚弱，走起路来摇摇欲倒，真是弱不禁风。他在刮风下雨的时候，照例是请假。他在北大教学总计不到两年，于民国八年十

一月十日夜间去世，年仅三十六岁。除其夫人何震已疯外
（于刘先生死后即神经失常），别无亲属同居，丧事由陈独
秀先生主持，我们十几位同学帮助料理。一棺在室，空庭
悲风，真是极身后凄凉之惨。[67]

可以说，刘师培去世之后，不管是其家情形，或是其身后事的
处理，均非常悲惨。这种情况也表明，刘师培晚年乃至病死之
后，南桂馨未曾予以资助，两人甚至都未曾再有过联系。然而
时隔近十八年后，在为即将出版的《刘申叔先生遗书》所写序
言中，南桂馨却说，刘师培临终之际，"以身后之事相托"。[68]
郑裕孚则说南桂馨资助了刘师培丧葬事："公首以兼金赙之，
始得成丧。"[69]两处表达各有侧重，似乎均表明刘师培临死前
曾托付南桂馨处理身后之事，南桂馨也确实曾出资帮忙。但这
样的说法应该是南桂馨、郑裕孚事后的美化与掩饰，因为这时
（1919 年 11 月 11 日）的南桂馨刚获得北洋政府的奖励，应该
无暇顾及刘师培："兼署内务总长朱深呈：山西全省警务处处
长南桂馨办理警学，卓有成绩，拟请给予警察奖章。"大总统
徐世昌随即批示："由呈悉准，如所拟予奖。此令。"[70]

有意思的是，1960 年代初，刘师培外甥梅鹤孙撰成《青溪
旧屋仪征刘氏五世小记》一书，仍求序于南桂馨。在标识为
1962 年 6 月 25 日完成的该书序言中，南桂馨深情说道："民国
壬子，申叔自西川间关入晋，夫妻同馆余家。西窗话旧，情好
靡殷。如是者二年，始复入京……其在太原时，每以生平述作
见托。情意缱绻，敢不引为己任？"[71]与 1937 年 7 月的《刘申
叔先生遗书》序言相比，该序言除了更具文学性以外，南桂馨
在文中把刘师培托付他帮忙整理出版著作的时间提早到也准确

到刘氏夫妇尚在太原时，跟之前的模糊表达明显不同。这里暂且不论南桂馨前后相隔二十五年的两序言所述刘师培托付事之真假，我们从1962年这则序言中至少可以确定，刘师培临终时并没有委托南桂馨处理身后事及遗稿事，南桂馨也没有资助刘师培丧葬事。那么接下来的问题就是：刘师培病重身故期间为何不见南桂馨出现？南桂馨到底是一个什么样的人？

四、资助《刘申叔先生遗书》

类似刘师培，刘师培的东主、南桂馨的上司阎锡山同样深深陷入袁世凯复辟的泥潭中，最后依靠南桂馨等人的奔走才得以脱困。此后阎、南两人依然亲密合作，直到1928年9月，南桂馨在天津特别市长任上遭遇重挫，却没能得到阎锡山的有效支持，从而被迫辞职。[72]之后，像其他许多"仕而优则学"的旧官僚一样，闲居北平、亦官亦商的南桂馨在做生意之外，也开始花一部分精力投入到学术文化事业中，资助《刘申叔先生遗书》的编纂出版就是其中一项工作，所谓"南公自卜居旧都，优游文史，独居深念，每以国学废坠为忧。申叔经学名家，宜有不可没者"。[73]然而郑裕孚这样的话太具有遮蔽性和误导性，等于是有意无意地掩盖了《刘申叔先生遗书》编纂的真正源起。

其实，根据当事人之一广东名士张伯桢之子张江裁（次溪）（1908—1968）的叙述，《刘申叔先生遗书》是由其率先提议编纂，然后经由郑裕孚说服南桂馨资助，再合众人之力汇编而成。原来张江裁在天津法院工作时与郑裕孚正好是同事，南桂馨其时恰任天津市长。在此期间，张、郑结下了深厚的忘年友谊。后张转至国立北平研究院工作，郑也别走。1933 年，郑裕孚由绥远经北平顺道访张，张设宴招待。酒酣耳热之际，郑裕孚向张江裁说出自己同其一样希望"表扬学术"的夙愿，深为张赞许。张遂建议郑"取先哲之著述，而悉心勘订以刊行之，乃为有造于世"，并向郑裕孚推荐了自己的父执藏书甚富的同乡伦明（1875—1944）——即"伦丈哲如"，认为可以从其收藏中"求假一二""刊行之"。不过郑裕孚对于选择何种书籍刊行并无判断力，张江裁即向郑具体推荐刊印刘师培的著作："二十年来，谈学者往往称仪征刘氏申叔，谓太炎章氏之外，斯人仅见。"相比起来，年近古稀的章太炎著作"泰半已得行世"，但刘师培早逝，"遗著复散落人间，而湮晦莫彰者比比皆是"，让后来者对刘师培的学问著作"殊难以见其精深博大"。所幸"哲如丈""秘有先生佳著多种，当年抄校又极精深"，若是张本人去求借刊行，必能如愿。张这里又激将郑裕孚，说伦明"夙重然诺"，如果郑能够将刘师培遗稿刊布，他就去代借，否则不必借。经此劝诱，郑裕孚极力赞同张议，表示愿意游说南桂馨赞助此事。恰巧政治上失意的南桂馨也住北平，正闭门谢客，"以潜研儒释诸藏"。在郑裕孚的游说下，南桂馨最后答应资助编纂《刘申叔先生遗书》，"不数月而议诸事举"。可以说，为刘师培编辑遗文集，首倡者为张江裁，"玉成此事"者为郑裕孚，财力雄厚的南桂馨则提供了最重要的经济资助，而其他参与遗书收集、编纂、校对工作的学者还有很多，如赵羡渔、余嘉锡（季豫）、蒙文通、吴承仕、张少元等人，这些参与者皆由张江裁或张托伦明介绍而来。[74]

不过，读者或许会质疑张江裁叙述的真实性，尤其是在张继、黎锦熙、钱玄同、刘师颖诸人在序言中通篇都未提及张江裁只言片语，却纷纷表彰南桂馨的发起之功和资助之力的情况下。考虑到张文发表时南桂馨、钱玄同、郑裕孚等人均在世，且张文中述及很多刘师培遗书编辑过程中的内幕，如编纂地点之七次迁移、刘师培遗稿字迹潦草和头绪繁多、关于收入《攘书》与否的争论等，张江裁若非局中人，很难洞悉如此众多的内情。我们再将之与郑裕孚的《后序》及伦明的《刘师培》一文进行对比，就会发现张江裁所言应该属实。如在《后序》中，郑裕孚亦曾讲到请张江裁向伦明代借刘师培遗稿一事，只是郑裕孚为了突出上司南桂馨与刘师培的深厚友情和提供经费之功，故意强调南桂馨特意计划为刘师培编辑文集一事，而有意不提张江裁的倡导之功：

> 民国廿二年癸酉五月四日，裕孚奉简命典试绥远，来故都拟撰《归绥县志》。适南公议刊申叔遗书，谇综搜校之役。裕孚不学，重菫见闻，兢兢惧弗克任。乃从友人张君次溪征稿于伦君，得如干种……[75]

而伦明也写诗赞扬南桂馨"故人高谊邈难攀"，并加注说：

> 仪征刘申叔先生师培，记诵该博，手所校注纂录至多。余于己未（1919）始得识面，身顾而瘦，沉默寡言笑，手不释书，汲汲恐不及。逾年病殁，年止三十八（六）。遗稿散佚，余所得除印本外，另从友人家抄得十余种。南君桂馨，先生故友也，托郑友渔介于张次溪而识余，述南君意，余尽举所有与之。南君捐资十万，属友渔主任校事，已将次竣工矣。

接下来，伦明还自谓本来他想拉余嘉锡"共任雠对"，只是后来两人，"俱苦其烦，改由赵羡渔专任之，恐未能尽善而无憾也"。[76]张江裁和伦明文章还都特别提到，由于刘师培字迹难认，再因其写作"时恃其强记，不暇覆审原书，加以印本草率，字多鱼鲁"，故此校对工作异常繁重，而担任"全书理董之责"的是南桂馨"卑礼厚币以聘来"的赵羡渔，可惜赵羡渔等人的贡献根本未被南桂馨等人在序言中提及。不过，可以理解的是，像赵羡渔一样，南桂馨对参与刘师培遗书编纂的各个学者应该都支付了一定的酬金，为此他自然不希望在序言中太过突出各人的贡献。而"君子羞言利"，包括钱玄同在内的各个接受了酬金的当事者又都讳言及此，无怪乎作为后辈的张江裁要于事成后自夸发起之功，[77]并大力表彰伦明、赵羡渔等人的贡献，借此彰显自己的居间联络之功。

知人论世，如果不了解南桂馨所作所为及其之前在政界的挫折，不知道张江裁的提议与郑裕孚的中介作用，我们就不容易理解为何在刘师培去世十三年后南桂馨才想起为之编纂文集，而刘师培处于困顿中乃至去世之时为何又不出现。当南桂馨愿意资助刊刻刘师培遗书的消息传开后，《大公报》对此也有报道并表达了希望：

> 刘师培字申叔，一名光汉子，江苏仪征人。学问博通，为近代冠，逝世时年才三十六。身后著作稿本，散佚各处。往岁赵万里氏曾潜心访辑，亲自抄撮，所发不少。最近闻南佩兰氏桂馨拟刊刘氏遗书，即以赵君所录为据，计画已就，即可发刊，诚盛事也。按刘氏学问末年殚心《三礼》，《礼经旧说考略》《周礼古注集疏》二书尤为精粹。又入蜀

讲学为刘氏学问转变关键，其在川所出《国学杂志》而
外，其他关于《左传》之作不少，俱可以见其为学之概。
此等书外间不无传本，发刊遗书，允宜肆意搜求，以成全
璧也。[78]

为了化被动为主动，也为了昭示在十余年后资助整理出版
刘师培遗文集的合理性，南桂馨不得不在多个场合都要强调当
年他与刘师培的深厚友谊，以及过去他对刘师培夫妇的关照情
况。为此南桂馨甚至不惜夸大其词、乱改年月，从而不仅误导
和欺瞒了像钱玄同这样的当事人，还成功影响了后来的研究者
关于刘师培与南桂馨关系的认知。

现在看来，南桂馨一生中最为学者所纪念之事，当是他资
助编纂出版这部《刘申叔先生遗书》了，南桂馨聘请跟随他多
年的亲信郑裕孚负责刘师培遗文的收集整理事宜，但实际的承
担者主要是钱玄同。

根据钱玄同 1934 年 2 月 11 日日记的记载，因为好友黎锦
熙的介绍，加上过去同刘师培的关系，钱玄同才答应加入刘师
培文集的编纂工作中。而钱玄同的主要联系人即是南桂馨聘任
的代办郑裕孚："南君佩兰，为刘君之挚友，发愿刊行其遗书，
延郑友渔君主其事。郑君稺余昔年与刘君为友，关于刘君之著
作，略有所知，欲余助其收罗材料，此事固余所乐为。"[79] 在
日记中，钱玄同又写道：

郑系南桂馨之信人，南欲出资一万元印刘申叔遗著也。
郑言约有中国页二千七百页左右，此时尚在收林撰（整理
版原文如此，笔者参考手稿本，亦发现手稿本"林"后的

字的确难以辨识，引者注），亦正在付印也。吴示样本，
印得很佳，胜于《王忠慤遗书》。我拟参考编目及搜
稿事。[80]

这时钱玄同名义上虽然只被聘为"顾问"，而实际却是
"董其事"者。大概根据南桂馨与钱玄同达成的协议，钱玄同
只拿钱做事，不能署名，所以在最后《遗书》即将刊刻之时，
钱玄同不得不请郑裕孚在《刘申叔先生遗书》的《后序》中不
要过多表扬自己的贡献。[81]在收集整理过程中，懒散且又患
"脑病"的钱玄同因耽误了文集的编修工作，常受郑裕孚的催
逼，苦恼之余，钱玄同在日记里曾经骂过当日跟踪他行迹的郑
裕孚道："此等可厌之小官僚，只要拍其上司（南桂馨）之马
屁，人情世故全不懂，真可鄙可厌也。"[82]

饶是如此，钱玄同并未太过用心收集刘师培发表在各个报
刊上的文字。在编纂过程中，钱玄同经常以生病为借口拖延文
集的编修工作，而且在明知《警钟日报》《天义报》《衡报》等
报刊收录大量刘师培文章的情况下，[83]钱玄同也没有着力
搜罗。

虽然存在很多遗憾之处，但仍是主要依靠钱玄同的努力，
花费三年多时间，《刘申叔先生遗书》才告竣工。而南桂馨的
大名竟然赖此得以流传后世，反倒是其过去的政商风云，包
括后来沦为日伪"合作者"，也曾成为首届"国民大会山西代
表"，以及1949年后主动将家产、房产和煤矿尽数捐出等重
要过往，却渐渐被历史研究者遗忘，这不能不说是历史的
吊诡！

不过，《遗书》出版以后，南桂馨马上表现出另外一面。

当为编印《遗书》出力甚大的刘家后人刘师颖与郑裕孚联系赠书事宜之时，郑裕孚居然避而不见，刘师颖不得不致信南桂馨求助，"请其见赠若干部，以备分送亲友"。然而南桂馨也只让人代复，"称南公患病，不能见客及阅信"。[84]此种态度，较之以前南桂馨亲自写信求助于刘师培家人时的谦逊，简直判若两人。[85]刘家人对此也无可奈何，原来希望在《遗书》出版后索回原版纸型和版权的事情也无下文。[86]

与此形成鲜明对比的，则是南桂馨对居上位者的态度。据胡适1948年1月1日日记记载，当时为北大校长、学界领袖的胡适在北平时曾收到南桂馨主动赠与的定价不菲的《刘申叔先生遗书》一套："刘申叔（师培）遗书七十四册，南佩兰（桂馨）出钱编印的。南先生送我全部，昨夜翻了一部分，今天又翻看一部分。"为此胡适第二天专门致信南桂馨道谢。[87]至于刘氏后人一直关心、而被南桂馨一直居为奇货的《刘申叔先生遗书》原版纸型，直到1949年后，才被南桂馨拜托时为北京市副市长的旧友张友渔转赠给北京的古籍出版社。[88]

另外两件值得提及的事情是，南桂馨在《刘申叔先生遗书》的编纂过程中绝非仅是挂名，在很多问题上他的意见都起着决定性作用。如关于《攘书》一著是否该收入《刘申叔先生遗书》时，刘师培弟子刘文典与编纂者钱玄同产生了意见分歧，刘文典以其系"排满"宣传，不够学术，"主张不刊"，主事者郑裕孚亦认可刘文典的想法。而钱玄同则认为不论是从学术价值，还是从其对"反满"革命的贡献乃至现实意义来讲，该书都应该被收入《刘申叔先生遗书》："以为凡申叔有价值之文章，必当乘此机缘，为之刊布，故不愿独缺此《攘书》一种也。"[89]此事最后由郑裕孚呈请南桂馨裁决，南决定依照钱玄同的意见处理。[90]另外一个例子是，钱玄同搜罗到的刘师培发表在第十八号《民报》上的《辨满洲非中国之臣民》一文，[91]在印刷时也出现争议，除了刊布该文会导致卷数多出外，[92]更关键的是南桂馨认为再发表该文（南桂馨误将该文名字写为《满洲非建州卫考》）会有利于日本侵略东北："但在余校刊《遗书》时，正值日寇侵略东北，成立伪满洲国之际。恐资借口，因而考虑再三，终于割爱。"[93]关键时刻，老谋深算、历仕多朝的南桂馨并不糊涂，所以他在后来加入日伪组织，包括被日军命令去太原组织伪政府时，都曾称病暂避。据其事后自谓"避入德国医院二年有余"，[94]南桂馨之言或许存在自我美化、避重就轻的嫌疑，但此语出现在初向新组织交心的自我陈述中，大体上可以采信。

五、结　语

阎锡山晚年在台湾回忆为什么他没有选择与复辟帝制的袁世凯对抗时，自谓是受到孙中山的劝告，为了保留革命党在北方的基地不得不委曲求全，阎锡山这里完全不顾自己当年为了保全个人权位而主动逢迎袁世凯的事实。在接下来回忆曾为自己投靠袁世凯卖命的刘师培时，阎锡山又不惜倒放电影：

> 刘师培是个"左"倾学者，他参与筹安会，并非主动，他有一次曾到山西，但始终未劝我赞成帝制，因他与我的警务处长南桂馨私交甚笃，经南介绍，我对他谈话较为恳切。我曾告诉他说："今日大势所趋，世界各国均向民主途径转变，中国民主力量尚在萌芽时期，但亦是日长一日，

诸君子出谋筹安，固有苦衷，然逆势亦当顾虑。"他对我这话未表赞成，亦未表反对。[95]

较之阎锡山的存心作伪，前引南桂馨在回忆文章中的所述并不算太过分，然而却更容易误导读者。因为两个回忆录虽然都是在根据当下的形势和需要来重新诠释与建构过去同现在自己的关系，都是在投合时代需要和意识形态来重新描绘自己的昔日经历。不过就接受程度而言，后来相关问题的历史研究者不太容易被阎锡山的回忆迷惑，[96]然而研究刘师培的学者却几乎都被南桂馨的说辞所误导，对之信而不疑。无他，因为阎锡山本人留存下来的资料太多、且太容易找到；但对于研究刘师培，以及考察刘师培和南桂馨关系的学者来说，可以据为佐证或反证的材料难以见到，很容易让后来者与研究者有意无意地把历史当事人南桂馨的个人回忆当作过去历史的真相，从而忽略了其中的歪曲与虚构成分。[97]

研究刘师培，很容易涉及南桂馨，可惜几乎没有学者曾深入关注过南桂馨其人其事。可以说，当前史学界对南桂馨的研究非常薄弱，这与其在近代史上的作用和实际地位大不相符。职是之故，本文更多地使用了当时的报刊报道、当事人的回忆录、书信、日记等材料，以与南桂馨、阎锡山等人的回忆进行参照比对，借此进行旁敲侧击式的史实重建工作。最终，笔者希望本研究能够有助于较为全面、深刻地认识南桂馨本人及其与刘师培的关系，乃至《刘申叔先生遗书》最终得以出版的前后情况，同时期待拙文能对南桂馨研究及刘师培研究起到些许提示或拾遗补阙的作用。

注释

〔1〕笔者所见仅有以下三篇，均非常简单：王树森根据南桂馨等人的辛亥革命回忆文章等材料汇辑成《辛亥革命前后的南桂馨》一文，收入宁武县党史资料征集办公室、宁武县县志编纂委员会办公室编：《宁武县文史资料》第3辑，宁武县史志编办印，1982年6月版，第34—43页；《南桂馨》，收入北京文史研究馆编：《北京文史研究馆馆员传略》，2002年4月印刷，第84—86页；张友庭：《晋藩屏翰——山西宁武关城的历史人类学考察》，上海社会科学院出版社2012年版，第285—297页。

〔2〕参看王利明：《南桂馨与〈刘申叔遗书〉编纂始末》，《山西档案》2013年第2期，第45—47页；散木：《南桂馨与刘师培以及刘氏著作的整理和出版》，《历史学家茶座》2008年第2辑，山东人民出版社2008年版，第13—26页。有关《刘申叔先生遗书》的编纂情况及南、刘关系，还可参看郑师渠：《钱玄同与〈刘申叔遗书〉》，《北京师范大学学报》2003年第6期，第72—82页；李振声：《钱玄同参与〈刘申叔先生遗书〉编纂始末发微》，《中国现代文学论丛》第1卷·2，上海人民出版社2007年版，第68—88页；葛星明：《"扬州书信"所见"青溪旧屋"刘氏著作刊行考略》，《史学月刊》2010年第4期，第104—108页。

〔3〕像钱玄同对于刘师培"民国初年为南公所保护之事"，本来一无所知，后全系得自南桂馨之讲述。刘师培弟子张重威也是当面听到南桂馨之言，才知南、刘关系如此密切："南君自谓与申丈多年至好，此次发愿刊行遗集，以报死友。窥其意旨，极为诚恳。"参看《钱玄同致郑裕孚》（六三），收入《钱玄同文集》第6卷，中国人民大学出版社1999年版，第292—293页；《张重威致刘师颖函》（三），参看杨丽娟整理：《学海遗珍：仪征刘氏家藏书札笺注》，广陵书社2014年版，第119页。

〔4〕南桂馨：《辛亥革命前后的回忆》（李泰棻执笔，1959年3月），《山西文史资料》第2辑，1962年2月版，第80—81页；南桂馨该文亦被以《山西辛亥革命前后的回忆》之名收入《辛亥革命回忆录》第5集，文史资料出版社1981年版，唯内容较之《山西文史资料》版本有较大的删减。

〔5〕汤志钧：《章太炎年谱长编（增订本）》上册，中华书局2013年

版，第 152 页。

〔6〕南桂馨：《刘申叔先生遗书序》，《刘申叔遗书》上册，第 32 页。

〔7〕南桂馨：《刘申叔先生遗书序》，《刘申叔遗书》上册，第 33 页。

〔8〕根据钱玄同 1937 年 4 月 2 日致郑裕孚的信函可知，南序系由"郭元叔君"代笔。《致郑裕孚》（六三），《钱玄同文集》第 6 卷，第 290 页。

〔9〕郑裕孚：《后序》，《刘申叔遗书》下册，第 2408 页。

〔10〕钱玄同信中曾说："先生之序，前闻亦系请郭公代作。"《致郑裕孚》（六三），《钱玄同文集》第 6 卷，第 293 页。

〔11〕郑裕孚曾致信刘师颖说他在太原时曾受到刘师培的教诲："南公佩兰与申叔先生前在东洋，即系至好。申叔旅晋，交谊尤笃。彼时弟在晋供职，亦时相过从，备聆教益。"郑是南桂馨亲信，所述也没有超过南桂馨所言之外。参看《郑裕孚致刘师颖函》，杨丽娟整理：《学海遗珍：仪征刘氏家藏书札笺注》，第 113 页。

〔12〕郑裕孚曾致信钱玄同说代作者"郭允叔君""多不愿他人改易"其文字。《致郑裕孚》（六八），《钱玄同文集》第 6 卷，第 299 页。

〔13〕据钱玄同所言，南桂馨曾跟他详细谈过在东京时的革命党旧事，许多为其未知，但钱并没有说具体有哪些事："此次谈及东京革命党情形，弟有知有不知，闻之极感兴趣。"《致郑裕孚》（六三），收入《钱玄同文集》第 6 卷，第 293 页。

〔14〕南桂馨：《辛亥革命前后的回忆》，《山西文史资料》第 2 辑，第 81—82。有关精通小学的刘师培母亲对章太炎多有批评的回忆，皆出自南桂馨之口，还可参看南桂馨：《序一》，收入梅鹤孙：《青溪旧屋仪征刘氏五世小记》，上海古籍出版社 2004 年版，第 3 页。

〔15〕如其说及革命党人大闹政闻社筹备会会场一事，南桂馨在回忆录中说系自己带头动的手。而当事人景梅九、汪东、但懋辛的回忆则均说带头人系张继。参看景梅九：《罪案》，京津书局 1924 年版，第 86—88 页；汪东：《故国史馆馆长沧县张公墓志铭》，收入沈云龙编：《汪旭初先生遗集》，台北文海出版社 1973 年影印版，第 380 页；但懋辛：《同盟会会员与保皇党分子在日本的几场战斗》，《辛亥革命回忆录》第 6 册，第 34 页。

〔16〕《致郑裕孚》（六三），收入《钱玄同文集》第 6 卷，第 293 页。

〔17〕《致郑裕孚》（五儿），收入《钱玄同文集》第 6 卷，第 283 页。

〔18〕南桂馨：《辛亥革命前后的回忆》，《山西文史资料》第 2 辑，第 97

页。关于闵尔昌本人及其与袁世凯的关系,可参看卞孝萱:《冬青老人口述》,赵益整理,凤凰出版社 2019 年版,第 246—249 页。

〔19〕刘师培外甥梅鹤孙回忆说,在 1914 年旧历三月二十九日,刘师培曾到北京法源寺参加过王闿运举办的百位名流宴会,此应为错记。这一时间刘师培还在四川,不可能到北京。另外据《申报》报道,梅说的大会应该系因王闿运赴京而举办的法源寺"留春大会",该会在 1914 年春天由易顺鼎等发起,梁启超、严复等名流都曾参加,唯报道中未见有刘师培名字。梅鹤孙所记刘师培参加的聚会或为 1915 年 5 月 2 日由袁克文发起的那场,但这次名流集会都未登载参加者名单。参看梅鹤孙:《青溪旧屋仪征刘氏五世小记》,第 51 页;《名人诗话中之忧乐观》,《申报》1914 年 4 月 30 日,第 6 版;严复 1914 年 4 月 24 日日记,收入马勇等编校:《严复全集》卷八,福建教育出版社 2014 年版,第 592 页;《地方通信·北京》,《申报》1915 年 5 月 5 日,第 7 版;《北京之文酒会与义务戏》,《申报》1915 年 5 月 7 日,第 6 版。

〔20〕刘师培:《与成都国学院同人书》,收入《刘申叔遗书》下册,第 1741 页。

〔21〕参看黄锦君:《刘师培入川形迹交游略考之一》,收入徐希平主编:《长江流域区域文化的交融与发展(第二届巴蜀湖湘文化论坛论文集)》,四川大学出版社 2014 年版,第 48—58 页;谢桃坊:《批评今文经学派——刘师培在四川国学院》,《成都大学学报(社会科学版)》2008 年第 2 期,第 44—48 页;张凯:《"今""古"之争:四川国学院时期的廖平与刘师培》,《四川大学学报(哲学社会科学版)》2009 年第 2 期,第 11—18 页。

〔22〕参看万仕国编:《刘师培年谱》,第 239 页。

〔23〕如这时刘师培曾为国学院捐赠一大笔买书款一百二十元,或可为证明。参看《附件一·国学院捐助图书金石题名》,《四川国学杂志》1912 年第 4 期,第 1 页。该文来自上海图书馆晚清、民国时期期刊全文数据库。

〔24〕万仕国先生将何震到达成都时间系为 1912 年春,未知何据。参看万仕国编:《刘师培年谱》,第 213 页。

〔25〕刘师培:《与成都国学院同人书》,收入《刘申叔遗书》下册,第 1741 页。

〔26〕吴虞 1913 年 8 月 4 日（旧历 7 月 3 日）日记，中国革命博物馆整理：《吴虞日记》上册，四川人民出版社 1984 年版，第 96 页。

〔27〕《地方通信·四川·刘申叔遇劫》，《申报》1913 年 8 月 24 日，第 6 版。

〔28〕清末在日本时曾是刘师培密友的丁惟汾在后来回忆说，刘师培母亲曾向他道及刘在生活中非常胆小，拜托丁在刘回国时护送一下刘。参看丁惟汾口述、罗家伦笔记：《刘师培做侦探的经过》，《山东文献》第 22 卷第 4 期（1979 年 3 月 20 日），第 103—104 页。

〔29〕默：《杂评二·刘申叔》，《申报》1913 年 8 月 24 日，第 6 版。

〔30〕刘师培：《左盦诗录·卷三》，收入《刘申叔遗书》下册，第 1929 页。

〔31〕参看山西省政协文史资料研究委员会编：《阎锡山统治山西史实》，山西人民出版社 1984 年版，第 41—42 页；李居义：《李岐山事略》，《山西文史资料》总第 76—77 辑，1991 年版，第 308—309 页。还可参看王树森：《辛亥革命前后的南桂馨》，《宁武县文史资料》第 3 辑，第 40—41 页。

〔32〕参看万仕国编：《刘师培年谱》，第 229 页。

〔33〕《命令》，《申报》1914 年 5 月 29 日，第 2 版。

〔34〕1962 年，南桂馨在为《青溪旧屋仪征刘氏五世小记》写序时则回忆说：刘师培在太原停留了"二年，始复入京"，此回忆显然有误。南桂馨：《序一》，收入梅鹤孙：《青溪旧屋仪征刘氏五世小记》，第 3 页。

〔35〕关于这一时期金永在山西的所作所为及其与阎锡山的关系，可参看李凤翔、俞家骧：《金永控制山西时的政治情况》，《山西文史资料》第 2 辑，1962 年 2 月，第 114—119 页；南桂馨：《辛亥革命前后的回忆》，《山西文史资料》第 2 辑，第 95—100 页；等等。

〔36〕南桂馨：《辛亥革命前后的回忆》，《山西文史资料》第 2 辑，第 98 页。

〔37〕南桂馨：《辛亥革命前后的回忆》，《山西文史资料》第 2 辑，第 98 页。

〔38〕《国体问题之近讯》，《时报》1915 年 9 月 3 日，第 2 张第 3 页。

〔39〕《山西阎将军电》，见《君宪纪实》第 1 册 "函电"，全国请愿联合会印行，北京法轮印字局代印，1915 年 9 月，第 11 页。

〔40〕《筹安会之最近消息》，《申报》1915 年 8 月 30 日，第 6 版。参看《与会代表之名单》，《时报》1915 年 9 月 4 日，第 3 张第 5 页。

〔41〕南桂馨：《辛亥革命前后的回忆》，《山西文史资料》第 2 辑，第 98 页。

〔42〕《唐继尧等通电》（1915 年 12 月 23 日），见何智霖编注：《阎锡山档案：要电录存》第 1 册，第 187 页；又见《唐继尧任可澄致袁世凯电》（1915 年 12 月 23 日），收入李希泌、曾业英、徐辉琪编：《护国运动资料选编》上册，中华书局 1984 年版，第 114 页。

〔43〕参看《杨参政之回光返照》，《顺天时报》1915 年 4 月 11 日，第 2 版；《命令》，《顺天时报》1915 年 4 月 13 日，第 7 版；《译电》，《神州日报》1916 年 4 月 13 日，第 1 版；《命令》，《申报》1916 年 4 月 15 日，第 2 版。

〔44〕该文见《中国学报》第 3 册（1916 年 3 月），第 1—21 页。

〔45〕朱维铮教授则认为 1916 年 1、2 月间，《中国学报》上连载的刘师培《君政复古论》一文，"表征着刘师培问政的最终结束"。朱维铮：《关于刘师培》，收入朱著《近代学术导论》，中西书局 2013 年版，第 263 页。

〔46〕冯自由：《革命逸史》中册，新星出版社 2009 年版，第 514 页。

〔47〕钱玄同后来曾致信郑裕孚说："自癸卯至己未十七年间，对申叔终无恶意及非议者，惟蔡公而已。"之后，钱又致信蔡元培说："先生对于申叔之交始终不渝，不以其晚节不终而有所歧视。"参看《致郑裕孚》（二）、《致蔡元培》（1936 年 7 月 5 日），《钱玄同文集》第 6 卷，第 187、277 页。

〔48〕蔡元培：《刘君申叔事略》，《刘申叔遗书》上册，第 18 页。

〔49〕参看《文科教务处告白》，《北京大学日刊》1918 年 1 月 10 日，第 1 版。

〔50〕静观：《北京通信》，《申报》1919 年 11 月 5 日，第 2 张第 6 版。

〔51〕《与陈钟凡书》（三），《刘申叔遗书补遗》下册，第 1457 页。

〔52〕《刘师培教授在京病故》，《北京大学日刊》1919 年 11 月 21 日，第 2 版。

〔53〕《刘师培作古》，《晨报》1919 年 11 月 21 日，第 6 版。

〔54〕《国内无线电》，《时报》1919 年 11 月 24 日，第 3 张，《小时报》附录"余兴"。

〔55〕参看《刘师培身后之惨状》，《戊午日报》1920 年 2 月 14 日，第 2 版。

〔56〕《刘申叔先生出殡定期广告》，《北京大学日刊》1919 年 12 月 1 日，第 1 版。

〔57〕野云：《京学界要人之凋谢》，《申报》1919 年 11 月 27 日，第 2 张第 7 版。

〔58〕鸣世：《刘师培死后所闻》，《时报》1919 年 11 月 30 日，第 3 张，《小时报》附录"余兴"。

〔59〕野云：《北京通信·最高学府之新气象》，《申报》1919 年 12 月 15 日，第 2 张第 6 版。

〔60〕《专电》，《中外新报》1920 年 2 月 11 日，第 1 张第 2 版。

〔61〕刘富增：《亡侄师培墓志铭》，《刘申叔遗书》上册，第 16 页。

〔62〕刘富增：《亡侄师培墓志铭》，《刘申叔遗书》上册，第 16 页。

〔63〕《庶务部杂务科启事》，《北京大学日刊》1919 年 12 月 27 日，第 1 版。参看刘师颖跋，《刘申叔遗书》下册，第 2407 页。

〔64〕《陈佩忍君致校长函》，《北京大学日刊》1919 年 12 月 5 日，第 3 版。

〔65〕《特约马路电》，《时报》1919 年 12 月 11 日，第 3 张第 7 页，《小时报》附录"余兴"。该联又被徐兆玮转记于 1919 年 12 月 12 日日记中，《徐兆玮日记》，第 3 册，第 2053 页。

〔66〕吴虞 1919 年 12 月 25 日日记，《吴虞日记》上册，第 509 页。

〔67〕杨亮功：《早期三十年的教学生活》，黄山书社 2008 年版，第 20 页。

〔68〕参看南桂馨：《刘申叔先生遗书序》，《刘申叔遗书》上册，第 32 页。

〔69〕郑裕孚：《后序》，《刘申叔遗书》下册，第 2408 页。

〔70〕参看《命令》，《政府公报》1352 号，1919 年 11 月 12 日，第 149 册，第 274 页。

〔71〕南桂馨：《序一》，收入梅鹤孙：《青溪旧屋仪征刘氏五世小记》，第 3 页。

〔72〕关于这一时间段内南桂馨与阎锡山的关系，详笔者另文《南桂馨与阎锡山》，已收入本书。

〔73〕郑裕孚：《后序》，《刘申叔遗书》下册，第 2408 页。

〔74〕以上参看张江裁：《〈刘申叔先生遗书〉刊行始末记》，《国学论衡》第 8 期（1936 年 11 月 20 日）"外稿"，第 7—12 页。

〔75〕郑裕孚：《后序》，《刘申叔遗书》下册，第 2408 页。

〔76〕参看伦明：《辛亥以来藏书纪事诗·刘师培》，收入东莞图书馆编：

《伦明全集》第 1 册，广东人民出版社 2012 年版，第 107—108 页。伦明这里所说南桂馨捐资十万资助编辑《刘申叔先生遗书》，当系文人的夸张之词或误记，借以彰显南对刘师培的"高谊"。

〔77〕张江裁在文中自谓写作此文并非为表彰自家贡献，只为点名自己的"倡始"之功："余也仅居倡始，无裨大计。一语之微，顾足诩为劳绩耶？此必预为申述者一也。"张江裁：《〈刘申叔先生遗书〉刊行始末记》，《国学论衡》第 8 期"外稿"，第 8 页。

〔78〕《刘师培遗著之发刊》，《大公报》1934 年 2 月 10 日，第 11 版。

〔79〕钱玄同：《总目》，收入《刘申叔遗书》上册，第 18 页。

〔80〕1934 年 2 月 12 日日记，《钱玄同日记》下册，第 990 页。

〔81〕可参看李振声：《钱玄同参与〈刘申叔先生遗书〉编纂始末发微》，《中国现代文学论丛》第 1 卷·2，第 78 页。

〔82〕1935 年 4 月 5 日日记，《钱玄同日记》下册，第 1091 页。

〔83〕参看《刘师颖致刘葆儒函》（五）、《钱玄同致刘师颖书札》，分别收入杨丽娟整理：《学海遗珍：仪征刘氏家藏书札笺注》，第 68、85 页。

〔84〕《刘师颖致刘葆儒函》（十七），收入杨丽娟整理：《学海遗珍：仪征刘氏家藏书札笺注》，第 75 页。据之后拟写南桂馨传的作者说，南桂馨这时的确病了，且正在躲避日伪的逼迫。聊备一说，供读者参考。参看杨丽娟整理：《学海遗珍：仪征刘氏家藏书札笺注》，第 75 页注释 1。

〔85〕参看《南桂馨致刘师颖书札》，收入杨丽娟整理：《学海遗珍：仪征刘氏家藏书札笺注》，第 84 页。

〔86〕参看《刘师颖致刘葆儒函》（十二），收入杨丽娟整理：《学海遗珍：仪征刘氏家藏书札笺注》，第 72 页。

〔87〕参看曹伯言整理：《胡适全集》第 33 卷，安徽教育出版社 2003 年版，第 693 页。

〔88〕参看南桂馨：《序一》，收入梅鹤孙：《青溪旧屋仪征刘氏五世小记》，第 5 页。

〔89〕《致郑裕孚》（四），《钱玄同文集》第 6 卷，第 193—194 页。张江裁也认为《攘书》"见者难免微词，第史证确凿，举往代诸史家所弗敢发者，毕予言之。斯固不能为贤者病也"。参看张江裁：《〈刘申叔先生遗书〉刊行始末记》，《国学论衡》第 8 期"外稿"，第 12 页。

〔90〕《刘师颖致刘葆儒函》（十一）；《南桂馨致刘师颖书札》，分别收入杨丽娟整理：《学海遗珍：仪征刘氏家藏书札笺注》，第71、84页。

〔91〕1935年4月5日日记，《钱玄同日记》下册，第1095页。

〔92〕《致郑裕孚》（五八），《钱玄同文集》第6卷，第280—281页。

〔93〕南桂馨：《序一》，梅鹤孙：《青溪旧屋仪征刘氏五世小记》，第4页。

〔94〕《北京文史研究馆馆员登记表》，转见张友庭：《晋藩屏翰——山西宁武关城的历史人类学考察》，第286页。参看《美丽的太原》，《申报》（汉口版）1938年7月27日，第二版。

〔95〕阎锡山：《阎锡山早年回忆录》，台北传记文学出版社1968年版，传记文学丛书之二十九，第52页。

〔96〕不过也有一些例外，如国民党党史会为阎锡山写的小传中，即完全采用了阎锡山自己的说法。参看杜元载主编：《革命人物志》第九集"阎锡山"，中国国民党中央委员会党史会1972年版，第383—406页。

〔97〕这里我们或可以尝试借用一下钱锺书先生的论述作一参考。钱氏在《管锥编》中曾引用18世纪一法国妇人言："吾行为所损负于道德者，吾以言论补偿之。"在南桂馨和刘师培的关系上，我们或可说，南桂馨的确有负于晚年刘师培，所以在之后屡屡向人回忆刘师培的时候，南桂馨一再用言论显示和建构自己当年与刘师培的亲密关系，借此取信于人和隐藏愧疚。诚如钱锺书所谓："观文章固未能灼见作者平生为人行事之'真'，却颇足征其可为、愿为何如人，与夫其自负为及欲人视己为何如人。"有关的讨论可看钱锺书：《管锥编》第4册，中华书局1994年版，第1388—1390页。

（原发表于《近代史研究》2018年第2期）

南桂馨与阎锡山

学界对于阎锡山重要幕僚山西宁武人南桂馨（佩兰，1884—1968）作为的专题研究，不但少，且参考价值不大。[1]其中部分原因或在于有关南桂馨本人资料的零碎和缺乏，南桂馨除了个人的个别回忆文章，[2]其他资料尚不多见，仅有个别文史资料回忆录中偶会涉及。而与其关系密切的上司阎锡山（1883—1960），晚年于回忆录中对南桂馨虽有谈及，[3]但非常简单。至于台湾后来整理出版的十卷本《阎锡山档案》，[4]收录的主要是北洋时期阎锡山收发的公文、电稿，内中涉及南桂馨之处不多。故此，学界对阎锡山的研究绝少会涉及南桂馨。所幸有关南桂馨本人的材料留存不少，特别是北洋时期京沪津报刊上关于其本人的报道或其所发布的启事、声明即有很多，再结合有关的时人日记、回忆录等材料，我们仍然有可能借此重构南桂馨本人在北洋时期的活动情况及其和阎锡山的关系。

一、附袁前后

据南桂馨 1959 年的回忆，他同阎锡山在太原武备学堂时是前后届同学，1906 年赴日本东京警察学校留学，在东京同刘师培、章太炎时相往还，同时还与日本的无政府主义者和社会主义者大杉（山）荣等交往密切。[5]1908 年秋天回国后，南桂馨在太原从事政治活动，其间与阎锡山成为密友，为之后两人长期密切的政治合作打下了坚实基础。武昌起义爆发后，黄国樑、阎锡山、南桂馨等人策划了太原起义，最终山西独立。袁世凯成为民国大总统后，仍任命阎锡山为山西都督。南桂馨则相继在阎锡山麾下出任多个要职，为阎锡山出谋划策，尤其是其只身犯险，帮其解决盘踞河东一带的李鸣凤（岐山）势力（即南桂馨在河东筹饷局被鞭挞一事），[6] 居功至伟，深得阎锡山信任。为此在 1913 年 5 月 2 日，阎锡山特意致电袁世凯及国务院为之请功，请求给予"勋位"，加以表彰：

> 前河东筹饷局局长南桂馨，游学有年，热心革命。归国后，派充军需官，运动军界，收效至大。晋军起义之后，奔驰南北，联合诸军，艰苦备尝，卒臻底定。上年办理河东筹饷局，悉心擘划，任劳任怨。其代理警道，回复秩序，保卫治安，至今舆论称之。尤见任事实心，卓有治绩。[7]

镇压"二次革命"后，急于巩固自己在全国统治地位的袁世凯对阎锡山并不真正放心，特派亲信金永担任山西巡按使，以牵制和监视阎锡山。为求自保，并为了取信于袁，阎锡山采取了多种措施。其中之一是在南桂馨的建议下，阎锡山把到太原投奔南桂馨的刘师培推荐给袁世凯，希望他能充当密探和说客，在袁世凯那里打探情报并为阎锡山缓颊。此外，阎锡山还把南桂馨等一帮亲信干将推荐给袁世凯，向袁输诚，同时让南等在京四处活动，配合刘师培，打探情报。而为了笼络阎锡山，袁世凯回应称南桂馨"才识明通，堪膺艰巨，实为不可多得之才"。[8]

饶是如此，1915 年 7 月底，阎锡山仍遭到肃政史弹劾，不得不作出"呈请辞职"的表示。[9]此一消息公布后，时论即传出继阎锡山任者为袁乃宽之说。[10]对阎锡山更不利的是，据南桂馨回忆，山西巡按使金永也曾向袁世凯密告阎锡山可能反对袁世凯称帝。处于被动的阎锡山不愿束手就擒，马上派南桂馨入京运动，请求已经赢得袁世凯信任的刘师培帮忙解释，"设法疏通，让袁世凯不必偏信金永的话，阎锡山也是赞成帝制的。同时阎并拨款二万元，作为筹安会的经费"。[11]当筹安会两次公开电告"各省军民大吏，请速派代表来京与会"，讨论事关国家根本的国体问题。[12]阎锡山马上复电筹安会表示将派遣代表崔廷献、南桂馨赴会讨论。[13]之后阎锡山又专门致电刘师培知会此事。[14]阎锡山不但让南桂馨赴北京开会，还让其到北京后立即加入筹安会，显示自己对规复帝制大业的支持程度。进一步，阎锡山还指令南桂馨拜见袁世凯，当面向其表达支持更改国体之意，以化解袁世凯的疑虑。只是这个见面要求被袁世凯婉拒："同武将军督理山西军务阎锡山呈存记人员南桂馨情殷展觐，请训示由。南桂馨业经存记，毋庸觐见。此批。中华民国四年九月六日。"[15]

　　稍后，摸透袁世凯真正意图的阎锡山遂充当了帝制急先锋，请愿劝进，动作频频。如在 1915 年 9 月 16 日，庆祝袁世凯五十六岁生日之际，阎锡山指使南桂馨、谷如墉、崔廷献、徐一清、邢殿元等人以"山西省公民"名义请愿呈请袁世凯及早实行君主立宪。[16]后阎锡山又按照袁世凯政府的要求，让南桂馨等人组织召开国民会议，于 10 月 29 日快速"选举"出一百零二位"国民代表"，"投票解决国体"，一致赞成恢复帝制。10 月 31 日，山西决定国体的投票结果出炉后，南桂馨以个人名义致电筹安会主事者之一的孙毓筠（少侯），将投票结果进行了通报："北京孙少侯先生鉴：国民代表已于今午投票君主立宪，全体一致赞成，并推戴今大总统为大皇帝。全晋人民，同声欢忭，谨飞电以闻。南桂馨。三十一。"[17] 同日南桂馨又同其他山西国民代表一起致电袁世凯，吹捧其功绩品德，请其根据民意尽早由大总统变为中华帝国之大皇帝。[18]

大概正是因为率先拥护袁世凯称帝有功，南桂馨被袁任命为"陆军军需监"，[19] 阎锡山更被封为"一等侯"。[20] 之后袁世凯继续笼络南桂馨，先后任命他为"晋北镇守使署参谋长""陆军少将"。[21] 或可说，在袁世凯称帝过程中，阎锡山能够摆脱被动局面，赢得袁世凯的信任，南桂馨的策划和运作功不可没。[22]

洪宪帝制失败后，阎锡山、南桂馨均受到牵连。特别是阎锡山，被目为"帝制余孽""袁党嫡派"，大受时论抨击。此后更有山西旅沪人士王薇伯"电诉元首"，吁请大总统黎元洪、国务总理段祺瑞撤换这个"臭名昭著""暴戾恣睢"的山西督军阎锡山。[23] 王氏更致电参议院陈述阎锡山治晋劣迹，电报内容与前电略似，"祸晋虐民，有口皆碑。上受其患，下罹其劫，恐乡人骨暴命尽"，请求弹劾阎锡山。[24] 南桂馨也被迫宣称要退休隐居，不过仍有时论针对南桂馨，历数其过往劣迹，尤其是揭发南桂馨在袁世凯复辟帝制期间的恶行，认为作为阎锡山谋士的他"无廉无耻""死有余辜"：

……去年筹安会发生，狼心复萌，诸方运动，露头献面，诡态百出，得充山西将军代表，一月之内，京汉正太铁路往返数次。晋省国民代表大会成立，实系南某一人之力。厥后各省反对帝制，纷纷独立。山西大同一隅官兵，

均不以帝制为然。南某献策于阎云：吾有善法，破坏大同
独立。阎某无不言听计从……不幸上天厌恶袁逆冥诛，帝
制沉沦，未一周间，共和仍然复活……南某见事失败，佯
病归田，并致函各友，此后不问世事。近闻又大施运动，
将欲驱逐德全，谋晋省警务处一席。南某既与民党反对，
旋又驱逐帝尊。总之伎俩鬼蜮，利禄熏心，无廉无耻，可
谓至矣。吾故曰：南桂馨死有余辜。[25]

面对舆论的抨击，阎锡山为弥补过去盲目追随袁世凯的错
误，更为保住山西督军之位，又命南桂馨等亲信携款二十余万
元，在北京四处活动，贿赂收买袁死后之北洋政府高层，为保
住阎锡山的权位奔走转圜。[26]最后，尽管山西省内曾发生针对
阎锡山的"逐督"兵变，[27]但在南桂馨等人的努力下，阎锡山
非但没有受到惩办，还顺利替代山西省长孙发绪，成为一身二
任的督军兼省长。[28]

为阎锡山奔走转圜之余，南桂馨也自保成功，顺利攀上时任
国务院秘书的徐树铮和国务总理段祺瑞这条线，被北洋政府任命
为"山西警务处处长仍兼省会警察厅厅长"。[29]随后，春风得意
的南桂馨回到山西，开始担任"山西警务处处长"职务，负责培
训新警察和禁烟、禁赌等事宜，同时他又利用职权，官商一体、
长袖善舞，大做各种生意，倒卖木材、煤炭与鸦片，大肆捞钱。
为此，时人称之为"南处长"与"南半城"，指的就是南桂馨不
但政治上权势熏天，而且在经济上也大发不义之财。[30]

二、办理模范省

这时，从盲目追随袁世凯的失败中吸取了教训的阎锡山，

其政治手腕日渐成熟，尤其注意不再轻易介入北洋政府内部的争端中，把重心放在努力维护自己在山西的统治大权方面，以"保境安民"为名义，主动向以黎元洪为首的北洋政府表示愿意像此前袁世凯时代的京兆地区一样试办模范省，推行模范自治。

此后，得到首肯的阎锡山开始积极推行包括兴修水利、推广蚕桑、提倡种树、反对妇女缠足、剪辫、禁烟在内的所谓"六政"及倡导种棉、造林、畜牧"三事"。[31]这些政策在实施过程中，取得了一定的效果，特别是在剪发、兴修水利、禁止妇女缠足、禁赌乃至禁烟、兴办义务教育方面，均有很大成绩，山西人民"幸得安居乐业"，较少受到"兵灾匪祸之蹂躏"，"一时外人之前往考察者络绎不绝"，像沈恩孚、庄俞、黄炎培等江苏教育会人士和经亨颐、蔡元培、马寅初、梁漱溟等国内教育界名流与外国名人如杜威、孟禄等纷纷访问山西，不少人对山西治理情况揄扬有加，阎锡山也对来考察者"无不优予礼容，故当时颇获言论界之好评、报章间之宣传"。[32]山西由此博得"中国模范省"之誉，阎锡山也被赞誉为"模范督军"，沈恩孚甚至称山西模范省成绩之突出原因即在于有阎锡山这样的"好长官"，"如阎督军者，通中国不易得第二人"。[33]连对当时政局悲观的严复亦受到影响，认为阎锡山"声誉极隆，自是庸中佼佼"。[34]由此也更加吸引了《申报》《晨报》《民国日报》等中国媒体及部分外人在华报刊如《北华捷报》（*The North-China Herald*）、《密勒氏评论报》（*The Weekly Review*）等的注意，开始更密切关注阎锡山治理山西的表现。而《密勒氏评论报》发起的"中国今日的十二大人物"评选，也提名阎锡山为入选者，且阎锡山在每周的读者评选中均名列前茅，最后的决选中自然胜出，名列第九。[35]

　　坊间关注赞扬之余，关于山西模范省的一些内幕和真相也随之被挖掘出来，其中不少深度报道或观察涉及南桂馨、阎锡山的形象与山西模范省的实相问题。根据这些外来的报道和观察，再结合山西省内时人的耳闻目睹记录，限于客观条件，所谓的"模范省"建设虽然取得一定成绩，但存在的问题也不少，其名大于实，更多还系阎锡山的宣传标榜与自保措施，借以获取外部舆论和民众同情之外，主要目的是为避免介入北洋内部政争，防止北洋政府干涉和其他地方军阀觊觎山西，努力将山西变成自己一人控制的独立王国，时论所谓"阎氏政策，向主圆滑，因是直皖、直奉诸役，阎氏介乎诸大之间，均能孤守一隅，延至此十五年之久，宁作金钱之牺牲，而未曾一入漩涡者，要亦此种政策运用之力也"。[36]在此过程中，阎锡山亲信南桂馨为维护和巩固阎锡山在山西的统治地位立下了汗马功劳，是阎锡山左右手之一，深得阎氏信任。如亲历者后来分析，独掌山西大权的阎锡山手下主要分为三派，互相独立、互相牵掣，都绝对听命于阎锡山，其中警务处长南桂馨就是三派之一的所谓"南党"的首领，为阎锡山左右手之一，阎锡山对外交往中的"疑难杂症"统由南去解决，故南桂馨颇恃宠自骄。[37]对此情况，《申报》也有报道：

　　　　南年少好胜，往往盛气凌人，为朋辈所不能堪，嚣张跋扈，不可向迩。山西省之有南桂馨，好像中华民国北方之有张作霖，始终不脱绿林之气习。其禁赌、禁烟非常认真，往岁高审厅叶推事及地审厅邱厅长因贺寿赌牌，南亲往捕之，以是人益惮其锋棱。禁烟警务处有一种附捐，被害者累累，虽曰犯法之民，罪有应得，然其对于须送法庭之犯，每先用刑，亦嫌过当。因之山西司法界均不怕阎锡山，独怕南桂馨。必谓其为何等坏人，亦非公论，惟其不中理之蛮横，时时事事见之。[38]

但四个月后，另外一个《申报》记者却发表了一篇《太原通信》，赞扬南桂馨查禁"金丹"（鸦片）的措施：

> 阎锡山、南桂馨两氏之禁烟，不能谓为不认真，然与金丹宣战，而终不能使烟民忏悔、金丹绝迹者，其病仍在过于宽宥。近日省城设立戒烟局，四处传老幼男女烟民入戒，办法可谓正当，惟闻东缉虎营一带烟民，避匿抗传，昼伏夜出。南氏至命警察于清晨傍晚捕之，烟民之怙恶不悛，可窥一斑矣。[39]

以上这两个报道颇有些自相矛盾，但或恰能反映出所谓模范省的实际与外观情况的差异。

实际上，毒品"金丹"的流行在晚清以来的山西一直很严重。1919年10月，受阎锡山之邀赴山西访问考察的经亨颐归途与地方官榆次县知事"俞家骥"交流时，才得知山西"金丹"问题的严重性："谈山西行政，得闻所未闻者。六政中禁烟反肇害，日本人特制金丹畅销于山西，竟每户（无）不食，小民更甚。"[40]稍后，经亨颐在公开发表的文章中也指出阎锡山禁烟的"结果是很不好"："有一种叫做金丹的药，实在就是吗啡，替代鸦片的，山西境内畅销得了不得，并且已经普及到劳动社会。"[41]与外来的观察者经亨颐所见略同，本地人刘大鹏对于金丹在山西的流行情况也有记载，他对其危害忧心忡忡："金丹之害，甚于洋烟，而人多迷恋。日费巨赀，每日用钱数千或十数千钱，至于倾家败产而不悟此，近年之大灾也。"[42]

因此，在建设模范省的旗号之下，阎锡山虽然厉行禁烟，"或卖或吃则犯罪之"，[43]但由于利润巨大，在全国其他地方无法有效禁烟的情况下，阎锡山自然也无法禁止外省烟土特别是金丹的输入，"烟土之祸未绝，金丹之害顿炽"，[44]也无法禁止自己身边高官暗中贩卖走私鸦片，禁烟政策执行下来逐渐沦为一种敛财的手段，上下心照不宣，禁者自禁，种者自种，吸食者自吸食。而在时论看来，这种情况的出现也跟阎锡山自身的作为有关。

正是由于阎锡山的包庇纵容，身为警务处处长的南桂馨不但自己抽大烟，还贩卖"金丹"牟利。[45]北京《晨报》曾刊文揭发阎锡山统治山西期间的黑暗，其中特别说到阎四个帮凶之一的南桂馨公开罚没"金丹"转手赚钱，并详述其各种劣迹：

> 南桂馨一卑鄙恶劣之小人。民国二年，在河东筹饷局被张士秀鞭挞后，阎氏引为心腹。近在警务处任内，滥施职权，违法害民，无恶不作。科罚商号义元生、老德记、保安氏西药房、屈臣氏大药房、永泰义等金丹，罚金四万有奇。侵占警察第二区署之官地，建筑住宅。霸占开化寺之庙产，建筑商场。加征灰渣捐、稳婆捐、杏子油捐、狗牌捐等。种种苛税，营私舞弊，罄竹难书……[46]

《晨报》的报道为南桂馨所知后，南桂馨马上在《顺天时报》上连续发布广告为自己辩护，表示自执掌山西警务处长一职六年来，"平日但知束身谨慎，守法奉公"，并无贩卖金丹等报道中所说的情况，他批评《晨报》的报道为不实，系别有用心的"毁人名誉"，并反称《晨报》被别种势力操纵，存心为难山西省治，不过自己宽宏大量不会予以追究：

> 查该报本有其他作用，故每次记载晋省消息，无不捕风捉影，妄肆攻击，蜚语横来，是其惯技。如绳以法律，原有明文。惟鄙人坦白为怀，实可付之一笑，所恐观者不查，涉及误会，用特掬诚声明，尚希公鉴。[47]

针对南桂馨的辩护，旁观的《申报》记者却以局中人身份发表了更为激烈的批评进行回应，认为山西警界如此黑暗，其罪魁祸首便是执法犯法、肆无忌惮的南桂馨，其自辩乃自欺欺人、强词夺理：

> 关于山西官吏吸食及贩卖烟丹情形，各报均载其一二。本报欧沧君通讯，亦迭记其详情矣。娘子关内，何地非烟？太原城中，无官不吸。欲述其内幕，则更仆难尽。即举其姓名，非五车能容。此盈千盈百之烟官中，最为社会之目标者有三人：一警务处长南桂馨，烟瘾最大而心术最险，部下吸烟者几居大多数，凡沿黄河各县保安警察所驻之地，即烟丹最盛之处，罚款之重，尤骇听闻，人民之倾家荡产者，比比皆是。而烟官、烟警皆成资本家，警署拘留所之黑暗，乃比之巴黎当年之巴时的大狱。年来吾晋烟禁之所以毫无效果，且变本加厉者，实南氏一人之罪。最近京津

各报纷纷记载南氏贩卖及吸食烟丹，与被路工总局职员赵守钰搜拿等事实。南仍不知敛迹，反嚣嚣登报自辩，人益轻之。说者谓南果惜毛爱羽者，何不径赴京调验，以大白于全晋，否则揽镜自照，亦当无言矣。南以与烟禁最直接有关系之人，而不自行检举，当然无人敢告发之，使之服罪。但此人不悟，山西之烟禁，终无肃清之望……[48]

从上述媒体发表的激烈批评中可以看出，在山西警务处长任上，南桂馨的所作所为曾招致公愤，被认为是造成山西警界乱象的重要因素，也是山西鸦片难以禁绝的大阻力。

当然，匪唯南桂馨控制的警界如此黑暗不法，阎锡山治下的山西也被认为半斤八两。如身处其中生活的太原旧派人物刘大鹏即认为，"六政""三事"，皆是扰民劣政，系收税发财借口与加强控制的手段，老百姓已经不堪其扰。因之刘大鹏在日记中对此屡屡进行批评指责，不过他也认识到很多问题导源于执行"不善"：

自民国六年设立六政考核处，而实查委员纷纷四出办理六政，行之二年，则所兴之利非惟无效，而民且被此政制害矣。所除之弊，烟终未除，而剪发、天足两政，扰民尤甚，晋民之怨于今大起。初意非不善，乃奉行不善之所致也，六政之害，疑亦大矣！[49]

在1920年2月14日的日记中，刘大鹏又揭发所谓山西"模范省"的真相道："吾晋号称模范之省，而群黎百姓十室九空，受政苛虐，迥异寻常，官且与民争利……"[50]考虑到刘大鹏一向不满阎锡山统治，以及文人爱发清高之论的情况，刘大鹏这里的批评或不免有过激夸大之处，但如果结合媒体报道及其他一些访问过山西的旅行者记载，我们可发现刘大鹏之论大致从一个内部的视角讲出了阎锡山的新政施行后带给山西平民百姓的影响，所谓的"六政""三事"虽属改造乡村社会松散面貌的措施，但所谓的村治根本就缺乏"实在自治精神"，是一种自上而下的指导和控制，"上下有系统，前后左右有联络"，"例如村民会议的不实在，出席的人数少，以及有人操纵等情，都是很多。因而各公职人员的选举，以及应行公同讨议事项，多半是表面而已……而村长的人选不好，和村长、村民间的争执纠纷尤甚多"，结果导致官方要举办的各项行政，多数"失败无成"。[51]故此，在刘大鹏看来，"六政""三事"在落实过程中早变为"无一不扰民，无一不害民"的苛政，[52]"时局阽危，民不聊生，晋政苛虐，日甚一日，草野百姓，十室九空……"[53]刘语虽苛刻，但也不全是夸大，梁漱溟在山西考察时也根据自己的耳闻目睹，认为阎氏新政"足为民病"：

> 听说从前省令督饬植树，有反倒拔树的事情。因为树秧预备的不够，而省令不敢不遵，只好拔树来植树，于是活树倒死了。又洪洞、赵城各校，种棉很发达，可算省中推行奖励的好结果。但是人民一面获利，一面亦有问题。他们原来的农业，是一种自给自足的经济。而现在棉花则是贩出远地的商品；手里得到钱而没有粮食。粮食屯着不易消耗，而钱在手里容易花；每每到后来，种谷的还有饭吃，而获利的已竟无饭。[54]

不但局中人刘大鹏和外来观察者梁漱溟如此见解，来自当时大众媒体上的报道更是全面揭示了阎锡山治下所谓山西"模范省"的真相究竟如何。像北京《晨报》曾接连发布专题报道——"太原特约通信"，揭露所谓模范省山西的黑幕。[55]《申报》上也辟有《山西通信》栏目，不断对内中黑幕进行曝光，尤其是针对吸食贩卖鸦片现象流行的情况，还特意挖苦山西的政治是"纸面政治"，其统治腐败之极。《申报》系列《山西通信》发表后，原来对山西"模范省"抱有极大期望的《申报副刊》编辑周瘦鹃也忍不住评论道：

> 上次我谬采阎锡山治晋的虚声，说山西人安居乐业，这山西一省直好似世外桃源。谁知这几天连读了本报的《山西通信》，才知道我失言了！这号称中国模范省的山西，也不过是一只纸老虎，如今可经山西人搠穿咧！别的事情不说，单是山西官吏吸食和贩卖烟丹情形，据说是娘子关内，何地非烟，太原城中，无官不吸，甚么警长、司令、市长者，是一邱之貉，不过是苦了许多小百姓。可又合着只许州官放火不许百姓点灯的一句话，这种事可是模范省中所应有的么？唉！我们心目中以为世外桃源的山西尚且是纸老虎，那些连纸老虎都说不上的省分，又待怎样？我们只索准备着无尽藏的辛酸眼泪给中国前途痛哭罢咧！[56]

可以说，与阎锡山的所作所为相比，身为下属的南桂馨只是小巫见大巫。无怪乎尽管南桂馨引起的争议极大，阎锡山仍对其信任有加，时人所谓"路人侧目，阎不以为异"。[57] 也许正是在上述媒体的批评指责之下，阎锡山不得不再下令禁"金丹、洋药、吗啡，雷厉风行，不少宽假，拟限一两月肃清"。[58]严厉执行之下，查禁工作似"大有效验"。[59]但此"效验"持续时间应该并不久长，很快反弹，之后诸多的材料均表明山西毒品泛滥现象依然严重，山西人"以吸食白面为时尚"，"当局熟视无睹，任其畅运"，阎锡山的禁毒工作终归流于表面，所谓的模范省，早已"金玉其外，败絮其中"，只能欺骗不懂行的局外人罢了。[60]到1932年，阎锡山东山再起重新执掌山西后，他干脆以发售戒烟药（戒烟药成分主要由吗啡构成）名义推行烟土专卖政策，这等于变相实行了"鸦片公卖"。[61]

有意思的是，1919年时曾陪杜威访问过山西的胡适却对阎锡山评价很高，并公开为其辩护。1922年6月中旬，胡适特意撰文公开赞扬阎锡山的治晋举措，认为山西的确存在一些问题，"但山西这一点'有计划的政治'的精神，确是可以做全国的模范的"，故此阎锡山"确有不可及的地方"，他尤为推崇阎锡山推动义务教育的举措：

> 现在有许多人爱批评阎锡山，但是阎锡山确有不可及的地方。他治山西，是有计画的。例如他决心要办普及的义务教育，先做一个分年期的计画。四年的师范不够养成教员，他就设速成的国民师范；这还不够用，他就设更速成的传习所。他依着这个计画做去，克期进行，现在居然做到了义务教育！江苏、浙江还办不到的事，阎锡山在那贫陋的山西居然先做到了！人称山西为模范省，又称阎锡山为模范督军。[62]

稍后在日记中，胡适也曾期待已经同孙中山决裂后的陈炯明向阎锡山学习，做"模范督军"，"努力把广东的治安办好，不妨做一个阎锡山，但却不可做杨森"。[63] 显然，这时热衷于好政府主张的胡适在一厢情愿地寄希望于阎锡山，完全忘记了当年他陪杜威在山西旅行演讲中曾"微示不满于山西"的往事，亦不了解阎锡山治下山西模范省的真相，且无视当时诸多揭露其黑暗的报道，更无视阎锡山大搞尊孔活动、不断加强个人专制统治的事实。

就胡适这里高度赞扬的山西义务教育情况来说，当时跟胡适一起亲身到山西考察过的经亨颐也有观察，当他到为了"培养国民小学教员"的国民师范学校参观后，就发现校舍的构造同营房一样，管理方式也是军队化的，学校领队的也是军人，阎锡山等人每周去训一次话，"课程中每星期有军国主义"，"各校皆如此"，[64] 经亨颐乃意识到山西的义务教育可能只是纸面宣传，因为它面临严重的"师资不足"问题，只能"以兵兴学"，"师资不足的时候，糊里糊涂讲普及教育，真真危险"。[65]至于阎锡山在山西推行的"精神教养的事业"——自省堂、洗心社，更是充满"军国精神"的教化设置，是一种自上而下推行的洗脑措施和愚民教育措施，恰足表明"军气冲冲的山西和'德谟克拉西'大相反的"。[66]通过经亨颐的描述，我们可以清楚看出阎锡山之所以大办乡村教育，还有将其作为基层动员工具和控制手段的考虑，学校就是一个军营，学生就是军人的预备队，不但可以用来作战，还可以随时用来镇压老百姓的反抗。

与经亨颐的记录类似，后来《国闻周报》上的深度报道所见略同，认为阎锡山兴办的义务教育事业表面看起来进步很大，学校数量大量增加，但其办学质量与效果却难言乐观，"实多未洽人意"，"外人辄有以'门楼教育'呼之者"，因为实际中师资缺乏，"长校者强半无经办教育之真正精神与远大目标，即专司教育之官厅，亦只能做官样文章，而不少尽监督之职责，全省学校与学生之数量上虽逐年增加，而学校之内容并未略有进步……"[67]这主要在于阎锡山将教育作为包装粉饰自己的手段，其真正目的乃是为了借此"愚民"，实现其所谓的军国主义。无怪乎稍早时《每周评论》上即发表有简单评论，认为阎锡山在山西办的教育事业，倒不如其他没有兴办义务教育的一些省份，"像那阎锡山式的教育，把青年子弟脑筋中装进去许多乾隆、嘉庆年间的思想，这种教育的遗毒恐怕比较没有教育还要厉害"！[68]

较之经亨颐、吕承言和涵庐上述从启蒙角度所作的批评与反思，曾在山西亲身考察过村制情况的梁漱溟则从在地农民的角度进行了观察，其见解可能更符合当时乡土中国的国情、"民情"。在梁漱溟看来，在当时农村的状况下，片面在乡村强调扫盲教育、推广识字运动，是罔顾其实际情况的，效果并不会好，因为农民实际的"兴趣和需要"不在此，在于基本的生存需要——他们太过贫困，而且乡下人接触文字的机会太少，即便识了几个字也很难经常使用，不用的情况下，很快就会被忘记，故此，"单纯识字运动"是无法推行下去的。[69]对于阎锡山在山西推行的四年制义务教育运动，梁漱溟也有颇为详细的批评，认为阎锡山的举措，虽然在乡村增建了很多学校，确实让山西农民识字者增加不少：

> 但以中国简陋的小农作业，农民实无文字、符号之需要，所以中国人不识字的，要到百分之八十至九十的成数，

原是自然之势。幼时定要他读书，长大却去种笨地，终年看不见、用不着，种上七八年地，从前所辛辛苦苦读来的书，早都忘记了。乡下农资读书，更用不着，你设想他将来有余闲，能亲近纸笔墨砚吗？有余钱置备纸笔墨砚吗？亦强其读书四年，徒苦四年耳，有何意义？

梁漱溟这里还认为，花钱建设那么多学校，又要花巨款来维持其运行，这根本超出了山西的实际条件和农民的负担水准，而且这样办起来的学校教育又"办得不高明"，"要办好教育要钱更多"，合适的教员也难找，最后只能造成金钱、人力和劳力的浪费。[70]梁漱溟1929年的观点看起来不够"近代化"和"文明"，但较之此前胡适，以及十年前庄俞对山西义务教育情况的表面描述和单纯赞美，[71]梁漱溟对于当时山西现实的认识显然更为真切，也更符合实际情况。

三、渐 行 渐 远

1927年3月后，国民革命军向北推进，试图统一中国，吴佩孚、孙传芳接连溃败，奉系军阀张作霖、山西军阀阎锡山均面临威胁。在此情况下，阎锡山看清形势，见风使舵，主动示好国民党中央，并自封为晋绥总司令，模仿国民革命军编制设立晋绥总司令部政治部，任命南桂馨为主任，并邀请武汉方面派员来担任副主任。[72]稍后，宁汉分裂，阎锡山迅速与蒋介石的南京国民政府方面联络，表示接受三民主义，加入北伐阵营，与蒋联合对奉系作战，并将所部改为国民革命军。[73]不仅如此，阎锡山还完全参照南京建制在太原就地模仿追随，采取一系列措施向南京示好；被允担任国民革命军北方总司令后，阎锡山又撤销山西旧有官制进行改革，任命南桂馨为新设的山西民政厅厅长。[74]为了更好保存实力，不与奉军直接冲突，阎锡山于 1927 年 6 月 8 日又派南桂馨到北京与奉方杨宇霆接洽，"劝奉方服从三民主义"。[75]不过奉方态度强硬，表示可以相对接受三民主义，但不会悬挂青天白日旗。[76]原计划由北京赴南京进行下一步交涉的南桂馨不得不改变预定行程，于 6 月 10 日匆忙返回太原向阎锡山汇报情况。[77]在阎锡山支持下，南桂馨一度努力希望促成晋、奉、宁三角妥协局面，这样最有利于防止宁方独大，更好维护晋阎和奉张利益。[78]

此后三个月时间，南桂馨往返于太原、北京之间，就晋奉关系、奉宁关系等问题与奉系展开反复谈判。在这期间，南桂馨和阎锡山的关系大概开始出现裂痕，根据媒体的事后推测，起因或在于阎锡山怀疑南桂馨在北京同旧识安福系及段祺瑞暗通款曲。[79]八月底返回太原后，自知不妙的南桂馨想试探阎锡山对他的信任程度，于是向阎提出要辞去包括警务处处长在内的所兼各职，宣布从 9 月 1 日起不再"视事"。[80]只是此次辞职并没获准，之后，南桂馨仍然作为阎锡山的私人代表到北京与奉系谈判。九月底返回太原后，南桂馨又提交了第二次辞呈，遂被阎锡山批准，但阎保留了南桂馨省政府委员兼民政厅厅长的职务，同时继续派南桂馨到北京与奉系交涉。[81]最后交涉失败，晋奉终于开战，南桂馨暂时避居天津日租界，其间亦曾代表阎锡山赴南京商议在北方策应北伐军及联合对付张作霖和张宗昌的计划。最后张作霖不敌蒋、阎、冯（玉祥）联军，撤离保定、北京和天津，退回关外，阎部占领北京等地，南京国民政府决定由阎锡山负责办理北京善后事宜。[82]张宗昌见大势已去，在日本主使下与南桂馨密议后，将天津交给阎锡山，由南桂馨负责接收，傅作义担任天津警备司令。[83]于是晋军不战而拥有天津，阎锡山遂让南桂馨暂时驻守天津。[84]

此次联合对奉鲁作战及顺利占领天津，南桂馨又立下大功。在阎锡山的推荐下，南桂馨被南京国民政府任命为新设立的天津特别市首任市长，而他的山西民政厅厅长一职阎锡山另找他人代替。[85]1928年6月25日，南桂馨正式就任市长，[86]同时兼任阎锡山指派的天津卫戍司令一职，[87]由此南桂馨达到他个人仕途的巅峰。

可惜好景不长，南桂馨高开低走。他初上任时曾"通电各方，报告就职"，各方政要如李宗仁、王正廷、方振武等人以及河南省政府、江苏省政府都曾致电祝贺，表达对南氏治津之期望。[88]只是在职期间，南桂馨用人行政有撇开本地势力之处，与天津本土势力发生矛盾，招致天津当地人的不满和批评。特别是因为海河水灾，导致天津的灾民问题和商业运输问题均非常严重，南桂馨希望各商会踊跃捐款救助，为此推行"重新注册"制度，[89]实际形同于强迫募捐，遂引起"各法团"极大不满。加上天津盗匪猖獗，南桂馨应对乏力，使其饱受各方抨击。不得已，南桂馨遂托天津警备司令傅作义代为缓颊，"借宴客去'疏通民众'"。[90]只是从事后情况看，南桂馨此举效果并不佳。

这时天津总商会甚至怀疑南桂馨贪污受贿，且将所得汇回山西，故此才不愿将市财政公开，遂联合"各法团"联合呈请南京政府撤换南桂馨。更有天津市民李寿昌、石振邦等竟然公开发电致"国民政府中执委会、北政分会、河北省天津市两党部、及蒋冯阎李四总司令"，"胪列事实"，陈述南桂馨任职以来的诸多劣迹，尤其抨击南桂馨在要害部门任人唯晋，大大伤害天津人本土利益，要求速将其"撤职严办"，《大公报》曾转述了该电内容：

> 电中谓南氏自充阎总司令代表，并任特别市长以来，但知凭借名义，树党营私，税差各部，全用晋人。并谓前此阎总司令通电表示，省政还之省民，今南于市政，且不还之市民，一若津埠无才，惟晋多大才、且系全才。及以事实按之，所用者非腐败官僚，即狡猾市侩，政治刷新无望，则各业日就凋残，恐行之不满期年，势必市无津人，各界全为晋产。我津非晋征服地，而南以征服地待之；我津非晋殖民地，而南以殖民地视之云云。[91]

面对此情景，北平政分会也不得不做出姿态去征求阎锡山意见。

为了不给南京方面抢夺自家地盘的借口，同时也为更好地应付舆论，阎锡山不得不派专人赴津调查情况：

> 天津总商会、商联会、教育会、农会于本月一日呈请中央撤换南桂馨。又市民李寿昌等，控南措置失当，请免职查办。昨均奉阎批覆，已令澈查核办（二十五日下午三点钟）。[92]

为了以退为进、缓解压力，同时也为了测试阎锡山对自己的支持程度，任职仅两个多月的南桂馨遂向阎锡山表示要称病辞职，阎锡山没有挽留南桂馨，同意南氏辞职，并代为屯告南京国民政府：

> 阎锡山二日电国府，称津特别市长南桂馨，因劳致疾，恳请辞职，拟请照准。遗缺并请任命崔廷献续任案，决议送政治会议。[93]

旋即，南京中央政治会议开会同意阎锡山的建议，正式批准南桂馨辞职，崔廷献取而代之出任天津特别市市长，天津当局于9月14日为崔举行了隆重的就职典礼。[94]

尽管之前南桂馨在初接任天津市长时曾高调表示功成弗居之意："雅不欲担任任何职务，且拟回晋一行"，[95]但此次被迫"辞职"获准后，对南桂馨打击很大。据《申报》报道："南桂馨辞市长照准后，甚消极，无心办党，并将辞市党指委职。"[96]

然而天津"各法团"并不因南桂馨被迫"辞职"而善罢甘休，依旧不依不饶，认为南桂馨贪污嫌疑很大，"特联名请南将任内收支款项，详细公布"。[97]天津《益世报》在关注新市长崔廷献的就职典礼时也公开报道了南桂馨下台前后的情况：

> 前任特别市长南桂馨，自长天津市政以来，一无建白，对市内财政，尤其暧昧，故各方极形不满，至有一再呈控、指摘南氏非法者。中央鉴于群情鼎沸，已令委崔廷献接替，但仍顾念南氏颜面，未予革斥名义。然闻津埠各法团，现正联络各方，筹备手续，请南氏宣布款项用途。闻南氏方面，亦略有所闻，颇现局促不安之状云。[98]

较之其他各报对南桂馨离任后的讽刺挖苦，此前南桂馨在市长任上即已派同乡旧友张友渔（1898—1992）担任总编辑的天津《泰晤士报》却不避嫌疑，接连公开为南桂馨声辩，显示两造关系非同寻常。[99]如据其报道，在崔廷献就职典礼当晚，有所谓天津"商民"投书《泰晤士报》，希望该报将他们挽留南桂馨继续担任市长的请愿电文刊布，该报馆也配合地于第二日发表了这四封电文。[100]此事后之举无疑是双方在联手做戏，类似于旧时离任者"捐廉自办"德政牌、万民伞为自己装点门面，[101]我们当不得真。正像南桂馨辞职后两次接受《泰晤士报》记者专程访问时，表示自己业已对政治不再感兴趣，但仍愿意从旁协助新任市长崔廷献一样，不足采信，因为这更多只是一种姿态的展示与为自己的公开辩护——夸耀个人过去的"革命军事"功劳及执掌天津市长以来的工作业绩和宏伟规划，借以详细反驳之前时论与天津商民的指责，为自己辩护。[102]

除致电南京国民政府及前引天津市民等各处声辩外，南桂馨还在《中央日报》《泰晤士报》《大公报》等报刊上登报自辩，自述治津苦劳与功绩，并逐条驳斥外界的指责，指出那些批评均属误会、苛责或污蔑。[103]如对于津人所指责的任人唯晋问题，南桂馨详细批驳道：

> 税差各部全用晋人等语，查天津县长水钧韶等任事，均在市政府未成立以前，所指各项差务，或系中央任用，或系省府派委，亦不在市府范围之内。在本人当时，事不能以第三集团军代表之资格委任官吏，在市政府成立后，更不能以市长资格总括中央政府及省政府之权限，用人行政，权责分明，何得妄加诋毁？至谓全用晋人一节，现在市府究有晋人若干，应令考查明白，当知本人不敢存封建思想。若以臆度之词，任意揣测，则本人不任其咎也。以上各节，均查根据事实，切实声明，公论难逃，国法具在，是非曲直，幸赐鉴裁。[104]

这样的登报声辩或许有理有据，却无法改变现实，只能是让南桂馨受到的媒体关注度提高而已。

1928 年 9 月 29 日，仕途受到重挫的南桂馨特意赴北平向阎锡山进行汇报和解释。[105] 此次出行颇受媒体关注，故南桂馨不得不在报上刊登启事进行解释："鄙人赴平仓促，各友处未及走辞，诸希原谅。"[106] 该次匆忙会面的结果似乎让双方皆不满意，阎锡山没有听信其解释，只对南桂馨表达了安慰之意，10 月 12 日，失望至极的南桂馨返回太原，四天后又去山西宁武老家休养，对外号称要退休读书。如据天津《益世报》报道，南桂馨卸任天津市长后购买了商务印书馆出版的《四部丛刊》（原报道误作《四库全书》）及《纳尔逊政治学》等书带回宁武老家："拟在家研究学问，所有现在担任之阎总司令总参议职，及平津卫戍总司令部天津行营事务，一致谢绝。"为表明决心，南桂馨还特意致电北平友人表示："弟决定在籍读书三年，专注意于未来五权宪法，关于党义书籍请尽量购寄。"[107] 南桂馨这样的公开表态自然是在"作秀"，一如十二年前他参与洪宪帝制失败后假装退休"不问世事"之故技，但此举无疑亦是在向阎锡山施压，表达对自己被迫辞职的不满。

为安抚南桂馨，1929 年初，阎锡山特意让南京国民政府任命南桂馨为山西"河东盐运使"，[108] 这位置虽是经济上的肥缺，政治上却缺乏实权，南桂馨并不满意，到年底即告辞职。[109] 由此或可表明阎锡山和南桂馨之间的关系已经今非昔比，之后双方虽仍有合作，可惜好景不在。如 1929 年时，南桂馨跟随阎锡山到郑州前线对付唐生智，他虽参与了军事策划，然而意见似并未被阎锡山采纳。[110]

此后，政治上声光渐淡的南桂馨与阎锡山渐行渐远，除了保持表面上的政治联系、偶尔参与过与阎锡山和南京国民政府有关的一些外围政治事务外，他对一些关键的政治活动就介入很少。

1930 年初，阎锡山帮助蒋介石对抗反蒋的唐生智占领郑州，南桂馨亦曾随行，并在郑州迎阎大会上代表阎锡山致辞，表示"以拥护中央、和平统一、消灭改组派为职志"。[111]但三个多月后，阎桂冯即联合讨蒋，中原大战爆发，南桂馨见势不妙，即欲脱身事外，如其对媒体公开的表示：

> 自前岁卸任天津市长后，蛰居太原，未尝与闻外事。阎总司令处，一年晤面不过一二次……适阎氏有郑州之行，约随同前往，亦不过闲游旅行而已，又以军事匆忙，未得深谈。近来旧病复发，是以携眷返平，至余对于时局，则毫无关系。[112]

在这个宣言最后，南桂馨又表示自己最近同阎与蒋均无联系，只希望"不至于有战事发生"。看得出，南桂馨这个有意而为的宣言用心颇深，在阎、蒋矛盾愈加公开化、激烈化之时进行切割，以避免站错队导致祸延己身。稍后，南桂馨又赴天津日租界做寓公。[113]

中原大战后，阎锡山失败下野，并遭蒋介石通缉，被迫对外声称要出洋游历，但他到天津时即不愿出国。南桂馨在天津住所接待了阎锡山，阎则担心南出卖自己，住南寓一晚后便匆匆离开，随即到日本卵翼下的大连长住达八九个月，才又秘密返回山西重整旗鼓，东山再起。[114]

这时，南桂馨的确主动在向蒋介石靠拢，希望获得重用，不过因其阎系色彩太浓,南京方面亦不信任他,只给予他"高等顾问"和"导淮委员会委员"这样无关痛痒的职位。1931 年 7 月底,蒋介石又怀疑他与阎锡山阴谋勾结起兵造反,在北平将之逮捕,经国民党元老张继担保澄清误会后才被释放。[115] 此后,南桂馨开始花更多心思用于在北平、天津等地大做地产和煤炭生意,于是才有后来出资资助钱玄同等人编纂出版《刘申叔先生遗书》一事。[116]

四、结　语

研究阎锡山、晋系军阀史乃至北洋时期的政治史,很容易涉及南桂馨,可惜几乎没有学者深入关注过南桂馨其人其事,这与其在近代史上的地位和实际作用不太相符。如本文所述:他长期系阎锡山的得力干将,也是一个巨商,不但在山西地方政界、商界、警界,举足轻重,还活跃于北洋政界,交通甚广,影响匪浅,且一度为首任天津特别市市长。只是今日的我们往往将其视为政治上不够分量的人物,从而忽略了对北洋时期南桂馨这样准关键角色的研究。本文这里的钩沉,或可算是一个抛砖引玉式的尝试。

注释

〔1〕笔者所见仅有以下三篇,均较简单:王树森根据南桂馨等人的辛亥革命回忆文章等材料汇辑成《辛亥革命前后的南桂馨》一文,收入宁武县党史资料征集办公室、宁武县县志编纂委员会办公室编:《宁武县文史资料》第 3 辑,宁武县史志编办印,1982 年 6 月版,第 34—43 页;《南桂馨》,收入北京文史研究馆编:《北京文史研究馆馆员传略》,2002 年 4 月印刷,第 84—86 页;张友庭:《晋藩屏

翰——山西宁武关城的历史人类学考察》，上海社会科学院出版社
2012 年版，第 285—297 页。

〔2〕参看南桂馨：《辛亥革命前后的回忆》（李泰棻执笔，1959 年 3 月），
《山西文史资料》第 2 辑，1962 年 2 月版，第 80—81 页。

〔3〕参看阎锡山：《阎锡山早年回忆录》，台北传记文学出版社 1968 年
版，传记文学丛书之二十九。

〔4〕参看何智霖编注：《阎锡山档案：要电录存》，台北"国史馆"2003
年版。

〔5〕南桂馨：《辛亥革命前后的回忆》，第 77—102 页。

〔6〕参看山西省政协文史资料研究委员会编：《阎锡山统治山西史实》，
山西人民出版社 1984 年版，第 41—42 页；李居义：《李岐山事略》，
《山西文史资料》总第 76—77 辑，1991 年版，第 308—309 页。还
可参看王树森：《辛亥革命前后的南桂馨》，第 40—41 页；南桂馨：
《辛亥革命前后的回忆》，第 93 页。

〔7〕《上北京大总统国务院冬电》（1913 年 5 月 2 日），何智霖编注：《阎
锡山档案：要电录存》第 1 册，第 45 页。

〔8〕《山西都督阎锡山、民政长陈钰呈保荐南桂馨、李元澍、孙晋陛、仇
曾诒四员，请交堂部分别存记擢用文，并批令》，《政府公报》1914
年 6 月 15 日，第 757 号，第 25—27 页。

〔9〕《译电》，《时报》1915 年 7 月 20 日，第 1 张第 2 页。

〔10〕《内国专电》，《时报》1915 年 7 月 27 日，第 1 张第 2 页。

〔11〕南桂馨：《辛亥革命前后的回忆》，第 98 页。

〔12〕《国体问题之近讯》，《时报》1915 年 9 月 3 日，第 2 张第 3 页。

〔13〕《山西阎将军电》，见全国请愿联合会印行：《君宪纪实》第 1 册，
北京法轮印字局代印，1915 年 9 月，"函电"，第 11 页。

〔14〕《筹安会之最近消息》，《申报》1915 年 8 月 30 日，第 6 版。参看
《与会代表之名单》，《时报》1915 年 9 月 4 日，第 3 张第 5 页。

〔15〕《大总统批令》，《政府公报》1915 年 9 月 7 日，第 1198 号，第
16 页。

〔16〕《具禀山西省公民谷如墉等》，《君宪纪实》第 1 册，第 17—19 页。

〔17〕《各省解决国体之佳音·太原电》，《群强报》1915 年 11 月 2 日，第
2 版；子奇通信：《关于国体问题之内外要闻》，《上海亚细亚日报》
1915 年 11 月 4 日，第 2 张第 3 页。参看《南桂馨、荣福桐谈山西国

民代表劝袁世凯登基》，《山西文史资料》第 4 辑，1962 年 12 月，第 181—182 页。

〔18〕《推戴君主之要电》，《上海亚细亚日报》1915 年 11 月 9 日，第 2 张第 3 页。

〔19〕《军需件》，《顺天时报》1915 年 12 月 7 日，第 7 版；《命令》，《申报》1915 年 12 月 8 日，第 2 版。

〔20〕《命令》，《顺天时报》12 月 22 日，第 7 版；《命令》，《申报》1915 年 12 月 23 日，第 2 版。

〔21〕《命令》，《申报》1916 年 5 月 25 日，第 2 版；《命令》，《申报》1916 年 6 月 1 日，第 2 版。

〔22〕关于阎锡山在袁世凯复辟帝制期间的具体作为，可参看拙文《阎锡山与洪宪帝制》，《史学月刊》2019 年第 1 期。

〔23〕《晋人电诉阎锡山之专横》，《申报》1916 年 9 月 11 日，第 3 张第 10 版；《山西旅沪公民致总统、总理公电》，《顺天时报》1916 年 9 月 16 日，第 7 版。

〔24〕《王薇伯请弹劾阎锡山电》，《新闻报》1916 年 9 月 12 日，第 1 张第 2 版；《王薇伯致参议院电》，《顺天时报》1916 年 9 月 17 日，第 7 版。

〔25〕《南桂馨死有余辜》，《顺天时报》1916 年 9 月 19 日，第 4 版。

〔26〕参看《阎锡山之秽史》，《顺天时报》1916 年 8 月 13 日，第 4 版；王树森整理：《辛亥革命前后的南桂馨》，《宁武县文史资料》第 3 辑，第 34—43 页。

〔27〕《关于黑晋两省逐督之所闻》，《申报》1917 年 6 月 29 日，第 6 版。

〔28〕《命令》，《申报》1917 年 9 月 5 日，第 2 版。

〔29〕《命令》，《申报》1917 年 9 月 17 日，第 2 版。

〔30〕参看《南桂馨》，山西省宁武县县志办公室编辑：《宁武县志（初稿）》，1985 年，第 840—841 页；文闻编：《晋绥军集团军政秘档》，中国文史出版社 2009 年版，第 112 页。

〔31〕参看阎锡山：《六政宣言》（1917 年 10 月 1 日），收入山西省地方志办公室编：《山西民初散记》，山西人民出版社 2014 年版，第 130—132 页；杜元载主编：《革命人物志》第九集“阎锡山”，中国国民党中央委员会党史会 1972 年版，第 393 页。

〔32〕吕承言：《阎锡山统治下之山西》，《国闻周报》第 3 卷第 19 期（1926 年 5 月 23 日），第 8 页。

〔33〕沈恩孚:《山西之政治》,《新教育》第 2 卷第 4 期（1919 年 12 月），第 486 页。

〔34〕《严复致熊纯如函》（八十八）（1919 年 10 月 23 日），收入马勇等编校:《严复全集》卷八，福建教育出版社 2014 年版，第 376 页。

〔35〕参看江勇振:《舍我其谁:胡适》第二部《日正当中》上篇，浙江人民出版社 2013 年版，第 268—276 页。

〔36〕吕承言:《阎锡山统治下之山西》,《国闻周报》第 3 卷第 19 期，第 10 页。

〔37〕王尊光:《阎锡山使用干部的手腕》,《山西文史资料》第 4 辑，第 76—80 页。

〔38〕欧沧:《山西通信·模范省阎派之三大党》,《申报》1922 年 3 月 20 日，第 2 张第 7 版。

〔39〕渊如:《太原通信·太原之金丹世界》,《申报》1922 年 7 月 19 日，第 2 张第 7 版。

〔40〕经亨颐 1919 年 10 月 23 日日记，经亨颐:《经亨颐集》，浙江大学出版社 2011 年版，第 561 页。

〔41〕经亨颐:《山西究竟怎样》（1919 年 11 月），经亨颐:《经亨颐集》，第 113 页。

〔42〕刘大鹏 1921 年 4 月 2 日日记，刘大鹏:《退想斋日记》，乔志强标注，山西人民出版社 1990 年版，第 287 页，参看第 288、290 页。

〔43〕刘大鹏 1918 年 6 月 18 日日记，刘大鹏:《退想斋日记》，第 277 页。

〔44〕吕承言:《阎锡山统治下之山西》,《国闻周报》第 3 卷第 19 期，第 9 页。

〔45〕参看王桐岗:《阎锡山的警政沿革》,《万荣文史资料》第 1 辑，1986 年，第 121—125 页。

〔46〕《阎锡山病民之六政及四凶》,《晨报》1922 年 9 月 15 日，第 6 版。

〔47〕《南佩兰启事》,《顺天时报》1922 年 9 月 20、21、22 日，第 1 版。

〔48〕壮行:《山西通信·五十万人之示威运动》,《申报》1922 年 9 月 28 日，第 3 张第 10 版。参看李树萍辑:《山西省整理村范会议办法记》,《太原文史资料》第 17 辑，1992 年，第 267—270 页。

〔49〕刘大鹏 1919 年 5 月 4 日日记，刘大鹏:《退想斋日记》，第 277 页。

〔50〕刘大鹏 1920 年 2 月 14 日日记，刘大鹏:《退想斋日记》，第 285—286 页。

〔51〕梁漱溟：《北游所见纪略》，《村治月刊》第 1 卷第 4 期（1929 年 6 月 15 日），第 14、13—14 页。

〔52〕刘大鹏 1919 年 3 月 14 日日记，刘大鹏：《退想斋日记》，第 274 页。

〔53〕刘大鹏 1919 年 4 月 1 日日记，刘大鹏：《退想斋日记》，第 275 页。

〔54〕梁漱溟：《北游所见纪略》，《村治月刊》第 1 卷第 4 期，第 14 页。

〔55〕《模范督军倒会行方便》，《晨报》1922 年 8 月 31 日，第 7 版；《闻所未闻之太原怪现象》《模范省大学考试原来如此》，《晨报》1922 年 9 月 5 日，第 3、7 版；《山西市村模范大会开幕盛典》《山西的工厂就是地狱!》，《晨报》1922 年 9 月 7 日，第 2、7 版；《山西市村模范大会之第二日》，《晨报》1922 年 9 月 9 日，第 3 版；人龙：《太原似是阎锡山的私领地》，《晨报》1922 年 9 月 10 日，第 7 版；《山西市村模范大会之第三日》，《晨报》1922 年 9 月 11 日，第 2 版；《阎锡山得意中之两盘冷水》，《晨报》1922 年 9 月 13 日，第 3 版；等等。

〔56〕《随便说说·纸老虎式的山西》，《申报》1922 年 9 月 29 日，第 5 张第 18 版。

〔57〕壮行：《山西通信》，《申报》1922 年 10 月 1 日，第 3 张第 10 版。

〔58〕刘大鹏 1923 年 4 月 16 日日记，刘大鹏：《退想斋日记》，第 306 页。

〔59〕刘大鹏 1923 年 6 月 26 日日记，刘大鹏：《退想斋日记》，第 307 页。

〔60〕参看晋人：《模范省山西的写真》，《血汤》1931 年第 1 卷第 11 期，第 7—11 页；神猫：《破鞋白面满山西》，《拒毒月刊》1934 年第 77 期，第 27—28 页；《毒祸生活之山西妇女》第 6 期，1934 年 3 月 1 日，第 5—7 页。

〔61〕参看渔：《模范省鸦片猖獗》，《礼拜六》第 452 期（1932 年 5 月 14 日），第 27 页。

〔62〕胡适：《这一周》，收入郑大华整理：《胡适全集》第 2 册，安徽教育出版社 2001 年版，第 523—524 页。

〔63〕胡适 1922 年 9 月 4 日日记，收入曹伯言整理：《胡适日记全编》第 3 册，第 786 页。

〔64〕经亨颐 1919 年 10 月 13 日日记，经亨颐：《经亨颐集》，第 555 页。

〔65〕经亨颐：《山西究竟怎样》（1919 年 11 月），经亨颐：《经亨颐集》，第 114 页。

〔66〕经亨颐：《山西究竟怎样》，经亨颐：《经亨颐集》，第 115—116 页。

〔67〕吕承言:《阎锡山统治下之山西》,《国闻周报》第 3 卷第 19 期,第 10 页。

〔68〕涵庐:《山西的教育真可怕》,《每周评论》1919 年 7 月 27 日,第 3 版。

〔69〕梁漱溟:《北游所见纪略》,《村治月刊》第 1 卷第 4 期,第 4—5 页。

〔70〕梁漱溟:《北游所见纪略》,《村治月刊》第 1 卷第 4 期,第 19 页。

〔71〕庄俞:《山西之教育》,《新教育》第 2 卷第 4 期(1919 年 12 月),第 486—190 页。

〔72〕《时局扰攘中之晋局》,《晨报》1927 年 4 月 24 日,第 5 版。

〔73〕《南京新政府之政闻》,《申报》1927 年 4 月 24 日,第 4 版。

〔74〕《宣传标语之太原,易帜后环境一变》,《晨报》1927 年 6 月 14 日,第 2 版;晋阎就职总司令之前后》,《申报》1927 年 6 月 18 日,第 9 版。

〔75〕《晋阎代表各方接洽》,《申报》1927 年 6 月 10 日,第 4 版。

〔76〕《主义固可赞成,易帜则尚须考虑》,《晨报》1927 年 6 月 11 日,第 2 版。

〔77〕《南桂馨昨早回太原,奉晋合作之大关键》,《晨报》1927 年 6 月 11 日,第 2 版;《南桂馨忽遽返晋》,《申报》1927 年 6 月 11 日,第 4 版。

〔78〕《三角妥协可望成功》,《晨报》1927 年 6 月 12 日,第 2 版。

〔79〕《京闻纪要》,《申报》1927 年 11 月 2 日,第 2 张第 5 版;《阎锡山与北平新闻界之谈话》,《申报》1928 年 8 月 3 日,第 3 张第 10 版。

〔80〕《太原要讯》,《申报》1927 年 9 月 13 日,第 9 版。

〔81〕《太原要讯·南桂馨二次辞职》,《申报》1927 年 9 月 29 日,第 3 张第 10 版。

〔82〕《阎锡山办理北京善后》,《泰晤士报》1928 年 6 月 3 日,第 1 张第 3 页。关于阎奉此次交战的情况,可看《阎锡山统治山西史实》,第 115—123 页。

〔83〕《傅作义昨就警备司令》,《泰晤士报》1928 年 6 月 13 日,第 1 张第 3 页;《晋军前晚接收天津》,《申报》1928 年 6 月 13 日,第 3 张第 9 版;《南桂馨请阎辨正协约说》,《中央日报》1928 年 6 月 18 日,第 1 张第 3 面。

〔84〕《北京治安会解散》,《申报》1928 年 6 月 12 日,第 3 版。

〔85〕《国府会议纪要》，《申报》1928 年 6 月 16 日，第 2 张第 1 版；《阎蒋电催南桂馨就职天津特别市市长》，《泰晤士报》1928 年 6 月 19日，第 1 张第 3 页；《阎电保晋省府委员》，《申报》1928 年 7 月 7日，第 4 版。

〔86〕《北平、天津两市长就职：何成濬与南桂馨》，《时报》1928 年 6 月 26 日，第 1 张。

〔87〕《天津卫戍职务由南桂馨暂代》，《大公报》1928 年 7 月 3 日，第 7版；《天津卫戍司令职务暂由南桂馨代理》，《益世报》1928 年 7 月 3 日，第 3 张第 10 版；《阎锡山不来津，南桂馨代理职权》，《泰晤士报》1928 年 7 月 3 日，第 1 张第 3 页。

〔88〕《电贺南桂馨就天津特别市长》，《泰晤士报》1928 年 7 月 2 日，第 1张第 3 页；《特别市政府贺电一束》，《泰晤士报》1928 年 7 月 6 日，第 1 张第 3 页；《南桂馨昨就市长职》，《大公报》1928 年 6 月 6 日，第 3 版。

〔89〕《南桂馨市长推举赈灾干事》，《泰晤士报》1928 年 7 月 17 日，第 2张第 6 页。

〔90〕参看《南桂馨与崔廷献》，《南大周刊》第 62 期（1928 年 10 月 2日），第 4 页。还可参看崔港珠：《祖父的市长生涯》，《寿阳文史资料》第 5 辑，1998 年，第 9 页。

〔91〕《又有攻击南市长通电》，《大公报》1928 年 8 月 13 日，第 7 版。该"攻击"通电原文应载于北平《民国日报》，笔者未看到原文，系根据下文所引《南桂馨与崔廷献》及南桂馨 9 月 20 日的通电所推测。

〔92〕《北平要讯》《天津近闻》，《申报》1928 年 8 月 23 日，第 2 张第 8版；《南桂馨不洽舆情》，《申报》1928 年 8 月 26 日，第 2 张第 8 版。

〔93〕《国府会议纪要》，《申报》1928 年 9 月 5 日，第 4 版。参看《国府会议》，《大公报》1928 年 9 月 5 日，第 2 版；《南桂馨辞津市长职》，《益世报》1928 年 9 月 5 日，第 1 张第 3 版。

〔94〕参看《崔文徵今日就市长职》，《泰晤士报》1928 年 9 月 4 日，第 1张第 3 页；《崔市长就职记》，《泰晤士报》1928 年 9 月 15 日，第 1张第 3 页。

〔95〕参看《南桂馨今日就天津市长职》，《大公报》1928 年 6 月 25 日，第 2 版。

〔96〕《国府会议纪要》，《申报》1928 年 9 月 7 日，第 2 张第 8 版。

〔97〕《平津近闻》，《申报》1928 年 9 月 8 日，第 3 张第 9 版。

〔98〕《崔廷献就职盛况》，《益世报》1928 年 9 月 15 日，第 3 张第 10 版。

〔99〕参看张友渔：《天津"地下三年"》，《天津日报》1983 年 10 月 2 日，第 4 版。

〔100〕参看《挽留南市长》，《泰晤士报》1928 年 9 月 15 日，第 1 张第 3 页。

〔101〕参看笑：《德政牌、万民伞》，《时报》1914 年 11 月 15 日，第 4 页。

〔102〕参看《南桂馨仍关心市政》，《泰晤士报》1928 年 9 月 22 日，第 2 张第 6 页。

〔103〕参看《南桂馨通电辩诬》，《泰晤士报》1928 年 9 月 19 日，第 2 张第 6 页；《南桂馨卸任后之通电声明》，《大公报》1928 年 9 月 20、21 日，均在第 3 版；《新天津市政建设之借箸谈——南桂馨述其过去工作之经过、辞职之原因及将来革命方针》，《泰晤士报》1928 年 9 月 25 日，第 2 张第 6 页；《南桂馨述一年来工作经过》，《中央日报》1928 年 9 月 25 日，第 2 张第 2 面。后三文除标题有差异外，内容相同。

〔104〕《南桂馨卸任后之通电声明（续）》，《大公报》1928 年 9 月 21 日，第 3 版。

〔105〕参看《南桂馨日内赴平》，《泰晤士报》1928 年 9 月 27 日，第 2 张第 6 页；《南桂馨抵平进谒阎锡山》，《泰晤士报》1928 年 9 月 30 日，第 1 张第 3 页；《南桂馨昨赴平谒阎后将回晋》，《大公报》1928 年 9 月 30 日，第 5 版。

〔106〕《南桂馨启事》，《泰晤士报》1928 年 9 月 30 日，第 1 张第 2 页。

〔107〕《南桂馨谢绝政务，读书三年》，《益世报》1928 年 11 月 3 日，第 1 张第 3 版。

〔108〕《昨日之国务会议》，《申报》1929 年 1 月 12 日，第 2 张第 7 版；《中华民国政府令》，《国民政府财政部财政日刊》1929 年第 352 号，"法规、令"，第 2 页。

〔109〕《南桂馨辞职》，《大公报》1929 年 12 月 15 日，第 1 张第 3 版；《训令》，《国民政府财政部财政日刊》1929 年第 627 号，第 2 页。

〔110〕南桂馨：《1930 年阎锡山反蒋的一个起因》，中国人民政治协商会

议全国委员会文史和学习委员会编：《文史资料选辑合订本》第 3
卷，中国文史出版社 2011 年版，第 83 页。

〔111〕《郑州迎阎大会志盛》，《华北日报》1930 年 1 月 9 日，第 3 版。

〔112〕参看《南桂馨养疾北平态度消极表示不问时事》，《顺天时报》
1930 年 2 月 21 日，第 2 版。

〔113〕参看《南桂馨来津作寓公》，《新天津》1930 年 9 月 28 日，第
2 张。

〔114〕参看山西省政协文史资料研究委员会编：《阎锡山统治山西史实》，
第 144—145 页；梁航标：《一九二七至一九三一年的蒋阎关系》，
《山西文史资料》第 7 辑，1984 年，第 1—14 页。

〔115〕《南桂馨昨晚受惊不小》，《益世报》1931 年 7 月 28 日，第 1 张第 3
版；《南桂馨昨因误会被羁解释后已赴平》，《大公报》1931 年 7 月
28 日，第 1 张第 3 版；《丁春膏、南桂馨先后被捕经过》，《申报》
1931 年 8 月 3 日，第 3 张第 10 版。

〔116〕参看拙文《南桂馨和刘师培》，《近代史研究》2018 年第 3 期，第
129—140 页，已收入本书。

（原发表于《晋阳学刊》2019 年第 2 期）

辛亥前康、梁同袁世凯关系之一例

——从梁启超的一则佚文谈起

笔者前些日翻阅《时报》，无意中发现一则梁启超的佚文——《饮冰室启事》。[1] 该启事没有被包括《梁启超年谱长编》的编者，及梁启超佚文的收集者夏晓红教授等所注意，这里特移录启事全文，以供研究者参考，其内容如下：

> 顷得内地友人来书，言有人作匿名檄文遍寄各处，写"横滨梁缄"字样，中多诡诞之语。闻之不胜骇异。先帝龙驭上宾，凡有血气，莫不悲痛。矧如鄙人，曾受一日之知者，椎心泣血，更胡能已！幸而今上皇帝以正当之系统，绍登大宝，监国摄政王以亲贤行周公之事，宗社危而复安。先帝所诒谋之宪政，实行有期，此举国臣民于悲恸之余，继以欣慰者也。今观该檄文种种悖谬之语，实非鄙人所忍闻。鄙人虽无似，然素性不畏强御，且以光明磊落自矢，从不屑为鬼蜮之行，苟有所不慊于当道，自当直抒己见，不避怨敌，十年来之言论，无不与天下共见，岂肯为蝙蝠阴飞之行，作射工喷血之举。今见该伪檄文，文字芜杂，鄙人虽不文，当不至滥劣若是，稍有识者，应能辨之。况鄙人自两年前屏居日本某荒村，读书养志，与横滨相隔千余里，凡在知交，皆所深悉。而该伪檄乃写"横滨梁缄"字样，其心劳日拙之伎俩亦可笑也。要之，今日中国，万

不容再有内乱暴动之举，苟有之，则是自速其亡。鄙人年来于各报中所撰论文，痛论此义，已不啻痛口哓音，况当国恤叠遭，危疑洊起，岂可更为无谋之举，危及国家！诚恐中国中贤士君子或有同好鄙人者，误认作伪之言，谓为鄙人志事所在。三言市虎，致酿事端，爰登报章，以发其隐。鄙人所知，只有此檄，此外尚有他等文件与否，僻居海外，非所尽知，其有用贱名或匿名影响，以发函件者，皆属伪托。凡我同志，幸勿轻信！

从该启事的内容来看，再结合《梁启超年谱长编》中的有关记载，是有人在光绪、慈禧死后，假借"横滨梁"名义发布诽谤揭帖，"遍寄各处"，借机煽惑"内乱暴动"，挑拨梁启超同清政府新当权者载沣的关系——"内多侵及监国之语"，[2]欲擒故纵，以此影射曾居横滨办过《清议报》《新民丛报》的梁启超。

梁启超见到友人由上海寄来的该檄文后，认为系出自袁世凯人马所为，关系到他与清政府新贵刚刚建立的秘密合作及未来的政治规划，"不能不亟辩白"，[3]遂发表这一《饮冰室启事》辩诬。启事首先声明自己仍然忠诚于光绪皇帝，次又公开赞扬当今摄政王，继而表示自己不会为此阴狠之举，更不会写出如此芜杂、拙劣之文，再表明自己两年前已经不住横滨（梁启超实际在 1908 年初才由横滨迁到兵库县之须磨村麦氏别庄[4]），最后表明自己对革命与清政府的立场，认为匿名揭帖事所关重大，为避免误会，必须辩诬。故此，梁启超将启事"遍登各报"，表明此匿名檄文完全是有人蓄意伪造、诬陷。[5]

除发表此启事外，梁启超还托人"从内疏通"，打算通过张燕谋或载泽向载沣解释，并打算推行"和张"计划——主动向张之洞示好，写"上南皮书"。梁启超亦对善耆与载泽寄予莫大希望，并数次写信给肃亲王善耆，解释此次被诬陷事，并联络载泽，希望通过他们影响摄政王载沣，接受康、梁政治主张，同时也避免这些新当权者对梁启超及其政治派别产生误解，达到孤立进而帮助清廷除掉袁世凯的政治目标，只是梁启超不确信载沣是否愿意采纳其建议——"未知监国有此魄力能采用否耳"。[6]

实际上，联合清廷新贵打击袁世凯，为康有为、梁启超的既定策略，跟此匿名揭帖是否出自袁世凯的授意无关。而此既定计划大概在1908年3月时即已全面启动。康有为起始主张采用反间计，笼络清廷满洲新贵及汉人干将，孤立袁世凯，进而在宫内散布袁世凯要谋反的谣言，挑拨慈禧与袁世凯关系。[7]

其间，梁启超亦致信康有为建议联合善耆打击袁世凯。[8]康有为早前也认为可与善耆联合，[9]后除了亲自写信向肃亲王善耆示好、攻袁外，[10]亦专门派门徒汤觉顿去游说善耆。不久，汤觉顿写信给康有为汇报善耆情况，"肃邸纯为帝党，自戊戌以至今日，宗旨坚定，经千曲百折，曾不少变……"同时，汤还提及善耆同袁世凯的矛盾，以及善耆为人和对汤觉顿的态度，乃至善耆未来的政治前景，"此人他日纵不能得政权（有醇在，肃或不能不稍逊 等，然亦难言），必必占一重要之位置，可毋庸疑"。最后，汤觉顿表示可与善耆联合，"吾党今日得此人而联络之，天所赐也"。[11]汤这里很乐观，主张将善耆作为一笔长期政治投资来经营。康有为回信给梁启超、汤觉顿等，也认为袁世凯势力虽大，密探众多，但"若从宗室、满人下手，攻之亦不难，彼实在嫌疑之地"。[12]康有为还认为慈禧的多疑性格，也给攻击袁世凯得逞提供了便利。

政闻社之成立，康、梁本已预先向庆亲王奕劻通气，而奕劻"允不干涉吾社"，但政闻社成立后，积极进行立宪请愿活动，给清政府造成的威胁很大。政闻社领导人马相伯也极力主张倒袁。[13]因此，袁世凯对于政闻社的活动非常警惕，打算利用反间计摧毁政闻社，阴谋招降社中重要人物徐碧泉，可惜没有得逞。为此彭渊恂致书梁启超，叙述袁世凯针对政闻社的措施，以及马相伯与《时报》的反袁言论给政闻社造成的困境，主张"吾党"现在"党势脆弱，地不过一隅，人不过数百"，不堪打压，政闻社应该暂韬光养晦，积蓄力量，隐忍待时，"不宜稍露形迹"为他党所嫉。[14]但旋即，政闻社由张之洞出面奏请清廷查禁，梁启超等即怀疑系出自袁世凯背后的阴谋。[15]徐佛苏回忆中亦认为此举是袁世凯劝诱张之洞所为。[16]康、梁同袁世凯之间的矛盾愈发尖锐，互相视对方为最大敌人。实际上，在立宪问题上，康、梁等立宪派同袁世凯并非没有交集，尽管袁世凯在立宪问题上见风使舵，从个人利益出发过反复与后撤，但他也有过激进言论和具体操作实践，尤其是在执行地方自治等问题上，时任直隶总督袁世凯的所为，在清末封疆大吏中可能最有成效，不能完全以"伪倡立宪"目之。[17]无怪乎有时论在其罢官后称之为"其所系于国家大局者至巨，亦可谓抱负不凡、卓尔特出矣"！[18]亦有外媒称他"一直负责推动这个大清国的现代化进程"，"能让改革继续进行下去"。[19]后来，陈寅恪也说袁世凯1907年当上军机大臣后，"其意以为废光绪之举既不能成，若慈禧先逝，而光绪尚存者，身将及祸。故一方面赞成君主立宪，欲他日自任内阁首相，而光绪帝仅如英君主之止有空名……"[20]

光绪突然去世，民间纷纷猜测光绪死因。[21]尽管没有直接证据，但康、梁等仍怀疑系袁世凯使人所为。康有为甚至写有《揭袁世凯弑君公启》《请讨贼哀启》等，公开揭发所谓袁世凯的诸多罪状，如戊戌告密、致八国联军侵华、废立、通匪等，号召有志者讨伐和诛杀袁世凯这样的乱臣贼子，并希望摄政王载沣同保皇会联合讨伐袁世凯。[22]康有为、梁启超还一度打算发电报给各省总督，呼吁诛杀袁世凯，"两宫祸变，袁为罪魁。乞诛贼臣，以伸公愤"。[23]

十二月中旬，袁世凯失势去职，被迫"回籍养疴"。梁启超得知后，立即上书善耆，表达自己的喜悦与希望："监国英断，使人感泣，从此天地昭苏，国家前途希望似海矣。"他进一步希望清廷趁热打铁，"宜速以明诏宣其罪状"，防备袁世凯东山再起，因袁世凯罪大恶极——梁启超在上书中认为：甲午以来诸多外祸、内乱皆由袁世凯而起，其掌权十几年，结党营私、贪赃枉法、欺君误国，还勾结外人与革命党，[24]罪无可恕。在上书中，梁启超还献策，希望清廷不要为袁世凯去职事大肆株连，更要广招人才，招安革命党人，消弭革命。[25]与此同时，康有为也配合梁启超，直接上书载泽，明确将光绪之死归因于野心勃勃的袁世凯谋逆所致，历数袁世凯辜负光绪和朝廷的种种罪行，以及诛杀袁世凯对于"两宫"特别是对于"先帝"光绪的重要安慰作用，乃至对于举国官民的示范意义。[26]

稍后，康有为又致信梁启超，通报清廷中枢对袁世凯的立场，因无实据，清廷最高决策层不认为光绪之死系袁世凯所为，"北中不欲正名，极不欲认弑事"，康有为也无进一步证据，他所依据的只是汪大燮见他时的"密告"，为此，康特意询问梁启超有无进一步的袁世凯毒杀光绪帝的证据，"不审有铁证否"？以便提供给载沣，借刀杀袁。[27]

不仅如此，康、梁亦在自己所控制的报纸新加坡《南洋总汇》上，制造袁世凯弑君舆论，刊载袁弑君报道，接着在十二月二十五日（旧历）又刊载"北京特电"，揭出所谓要立即除掉袁世凯的光绪"遗诏"："即日下午一点三十五分钟接北京访员专电云：德宗皇帝弥留之际，遗下硃谕密诏约五百字，首句云'朕醇亲王长子也'，结句云'袁世凯宜即处斩'。"该报并在电文后加按语："观此电，则先帝自知遭袁毒手，遗密诏于摄政王，令斩袁世凯，以正其罪恶，彰彰明甚。袁世凯毒弑之阴谋渐渐发露矣！袁之正明国法，为期当不远矣！请拭目俟之。"[28]但是，康、梁这样制造袁世凯弑君议论的效果似乎不太显著，还招致时论的批评与怀疑，认为有关报道前后矛盾，不合常理，实际是在造谣与发泄私愤，"离于事实"，"为一党之言，妄逞一时之意气，胸臆者矣"![29]

故此，康、梁的努力最终并没有达到预期效果，尽管康、梁同包括载沣在内的清廷新贵建立了越来越密切的关系，但袁世凯还是得以全身而退，留等以后东山再起、收拾残局。[30]更为关键的是，以康、梁为首的立宪势力尽管在私下渠道同清政府新贵往来频繁，且在社会上以和平形式推行立宪请愿活动，然而他们热切盼望的开放党禁、尽速立宪以抑制革命等期望并没有达成，[31]清廷新贵只是开复已故的翁同龢与陈宝箴原官而已，所谓"'六君子'的抚恤，先生（梁启超）和南海的赦免问题，完全没有提及"。[32]由是，梁启超等人又将开党禁失败的部分原因归于已经失势的袁世凯头上。这样的认识出现，与其说是总结经验教训，某种程度上毋宁说是来自康、梁对袁世凯的忌惮及对其肯定会阻挠立宪的偏见与想象。

针对朝野的立宪吁请，更让康、梁等立宪人士不满的，是

清政府采取"阳托其名，而阴反其实"的策略，不但在 1910
年底严厉禁止国会请愿运动，还于次年四月组成皇族内阁和宣
布铁路国有政策，彻底让包括康、梁在内的立宪派势力失望。
故此，他们甚至想发起"联北军倒政府"计划，以武力手段推
翻清廷新贵。但辛亥革命的突然爆发和革命之火的迅速蔓延，
迫使清廷宣布开放党禁、解散皇族内阁，并最终启用袁世凯为
内阁总理大臣，以图解决危局。康、梁则迫于时势，及时调整
计划，也鼓动各地立宪派独立，进而选择"逼满服汉，和袁慰
革"策略，居然走上与昔日不共戴天的仇敌袁世凯的合作
之路。[33]

注释

〔1〕《时报》1908 年 12 月 27 日，论前广告版。该启事又见《申报》
  1908 年 12 月 27 日，第 1 张第 1 版。

〔2〕丁文江、赵丰田编：《梁启超年谱长编》，上海人民出版社 2009 年
  版，第 310—311 页。

〔3〕《梁启超年谱长编》，第 311 页。

〔4〕《梁启超年谱长编》，第 315 页。

〔5〕当时匿名揭帖现象比较普遍，所谓"近来民间禀诉冤抑，攻讦官绅，
  往往假捏姓名邮递"，揭帖内容"挟嫌泄忿，以及妄谈国政"，致使
  一些敏感的地方大员如两江总督端方、山西巡抚宝湘等非常敏感，
  遂发布禁令，严禁匿名揭帖。《中外日报》也发表评论，陈述匿名
  揭帖之害，为两大员的禁令叫好。《论匿名揭帖之宜禁》，《中外日
  报》1908 年 11 月 13 日。

〔6〕《梁启超年谱长编》，第 311—312 页。

〔7〕《与梁启超书》（1908 年 3 月 9 日），姜义华、张荣华编：《康有为全
  集》第 8 卷，中国人民大学出版社 2007 年版，第 376 页。

〔8〕《梁启超年谱长编》，第 293 页。

〔9〕康有为：《与梁启超等三子书》（1907 年 11 月 4 日），姜义华、张荣
  华编：《康有为全集》第 8 卷，第 321 页。

〔10〕康有为：《致肃亲王善耆书》（约 1908 年 3、4 月间），姜义华、张荣华编：《康有为全集》第 8 卷，第 379—380 页。

〔11〕《梁启超年谱长编》，第 293 页。引文标点有所改动。严复也曾高度评价善耆，认为他是满人中的"豪杰之士"，并为他遭受奕劻排挤鸣不平，"深为老肃危也"。参看《与张元济书》（十三），收入王栻主编：《严复集》第 3 册，中华书局 1986 年版，第 549 页；《与熊季廉书》（二十），孙应祥、皮后锋编：《〈严复集〉补编》，福建人民出版社 2004 年版，第 247 页。

〔12〕《与梁启超、麦孟华书》（1908 年 5 月），《康有为全集》第 8 卷，第 383 页；《梁启超年谱长编》，第 294 页。

〔13〕马相伯致梁启超函，《梁启超年谱长编》，第 295 页。

〔14〕彭渊恂致梁启超函，《梁启超年谱长编》，第 296 页。

〔15〕《梁启超年谱长编》，第 306—307 页。

〔16〕《梁启超年谱长编》，第 295 页。

〔17〕关于袁世凯对立宪问题的立场及有关情况，参看侯宜杰：《袁世凯全传》，当代中国出版社 1994 年版，第 144—161 页。需要说明的是，侯论中的一些观点笔者并不完全同意。

〔18〕《论项城开缺事》，《神州日报》1909 年 1 月 4 日。

〔19〕郑曦原编：《帝国的回忆：〈纽约时报〉晚清观察记》，三联书店2001 年版，第 149、137 页。

〔20〕陈寅恪：《寒柳堂记梦未定稿·戊戌政变与先祖先君之关系》，收入氏著《寒柳堂集》，三联书店 2001 年版，第 204 页。

〔21〕《论近日造谣者之悖谬》，《中外日报》1908 年 11 月 24 日；《论谣言之无关于大局》，《中外日报》1908 年 11 月 15 日。

〔22〕康有为：《揭袁世凯弑君公启》（1908 年 11 月 14 日后），《康有为全集》第 9 卷，第 11 页；康有为：《清光绪帝上宾请讨贼哀启》（1908 年 11 月），《康有为全集》第 9 卷，第 15 页。

〔23〕康有为：《致本国各省总督电》，《康有为全集》第 9 卷，第 13 页。

〔24〕梁启超说袁世凯串联革命党，也并非全是欲加之罪。据日本人宫崎滔天的记载，袁世凯一度曾有联合革命党的计划，1909 年 1 月曾密派特使与黄兴联系。参看毛注青：《黄兴年谱长编》，中华书局 1991年版，第 137 页；《黄兴在日活动密录》，天津人民出版社 1998 年版，第 79—80 页。

〔25〕《梁启超年谱长编》，第313—314页。

〔26〕康有为：《上摄政王书》（1908年12月中旬），《康有为全集》第9卷，第16—18页。

〔27〕康有为：《与梁启超书》，《康有为全集》第9卷，第84页。

〔28〕转见僇：《知言篇》，《神州日报》1909年2月9日。

〔29〕僇：《知言篇》，《神州日报》1909年2月9、10、11日。

〔30〕有关这段时期袁世凯为何未被清廷所杀，及背后清廷新贵与列强之间在"罢袁"甚至"杀袁"问题上的往还，乃至列强眼中的袁世凯和康、梁形象，可参看崔志海：《光绪皇帝和慈禧太后之死与美国政府的反应》，《清史研究》2009年8月号，第128—136页；崔志海：《摄政王载沣驱袁事件再研究》，《近代史研究》2011年第6期，第22—36页。

〔31〕在康有为看来，推动立宪的主要目的在于防范革命、消弭革命，避免中国因革命导致大乱乃至亡国的局面，"立宪与不立宪，尚其次，而革与不革，乃真要事……故立宪之事，但患其速，不患其迟也……"《与梁启超等三子书》（1907年11月4日），《康有为全集》第8卷，第321页。

〔32〕《梁启超年谱长编》，第322页。

〔33〕参看李永胜：《清帝退位前夕梁启超与袁世凯关系》，《历史研究》2000年第6期，第176—179页。

（原发表于《史林》2012年第4期）

清末的新性道德论述

——杨翥的《吾妻镜》及其读者*

一、导 言

提到民国时的"性学博士"张竞生，很多人都可能是如雷贯耳；但若提到杨翥（凌霄）其人，大概没有多少学者晓得；知道杨翥曾经著有另类的《吾妻镜》一书的，[1]更是屈指可数了。不过就是这本《吾妻镜》，其内容颇有迥乎时流之处，堪称近代性学史上一份重要的文献，尤其是它所标榜的新性道德，非常值得性学史、性别史与书籍史、思想史的研究者重视。但关于《吾妻镜》一书的主要作者杨翥个人的信息，迄今为止，我们都知道得很少，我们所能知道他的情况，最主要的就是通过孙宝瑄的《忘山庐日记》，才得以窥豹一斑。

在《忘山庐日记》里，孙宝瑄记载了不少他与杨凌霄（杨翥）的交往情况，[2]包括他阅读《吾妻镜》的一些感受和发挥。从中我们可以知道杨是江苏海门人；而从孙宝瑄所记杨凌

---

* 本文初稿《另类的论述——杨翥〈吾妻镜〉简介》，曾发表于台北《近代中国妇女史研究》第 15 期（2007 年 12 月，第 195—210 页）。这里是增订本，篇幅多出一大半，特别是增加了一些读者阅读和使用该书的材料。上海华东师范大学唐权教授曾在本文初稿的基础上，重点考察了杨翥此书内容的日本来源，但他讨论该书时所用的全部中文资料都已为本文初稿所用。参看唐权「『吾妻镜』の謎：清朝へ渡った明治の性科学」，国際日本文化研究センター、2014.2.12、1—71。

霄的自白——"肝胆撑开颍世界，心肠煎暖冷乾坤"句中，[3]
我们可以推知杨是一个很热心世事的人。在 1897 年时，杨凌霄
曾"欲在海门兴议院"，设计议员由官员考取，不是出自民
选。[4]杨还让孙宝瑄代拟论议院书，但孙认为议院制度在当下
条件下并不可行，因为"乡邑中多一议员，与多一邑长一也。
弄权颠倒，曲直不可禁，无益实事"。[5]杨凌霄也接受了孙宝瑄
这样的观点，不再坚持在家乡开设议院的做法。

大约 1900—1901 年，杨本人还在杭州的日本学堂学习过两
年日语，"凌霄在杭习东国语言文字两年矣"，杨凌霄并劝同样
正在学习日语的孙宝瑄购买日本字典《言海》一书备用，因其
"检字极便"。[6]杨凌霄还经常来往于上海、杭州之间，与孙宝
瑄是经常往还的好友，同时他与当时浙江名士宋恕、章太炎、
陈介石亦有不少交往。其中，杨凌霄可能与宋恕认识比较早，
宋恕 1895 年日记里即有杨凌霄来访的记载，"十三日，杨凌宵
来访，初见面也"。[7]他们见面的地点在上海东来升客栈。杨凌
霄能进入孙宝瑄的交往圈，也许就得益于宋恕的介绍和引见。
孙宝瑄非常推崇杨凌霄，把杨比喻为鹰，将之与章太炎、宋恕
并列："凌霄如鹰，枚叔如鹤，燕生如雁。"[8]

孙宝瑄与杨凌霄还非常投契，在互相的交谈中有许多共鸣，
特别是在对男女之间关系的看法上。在 1901 年 8 月 22 日日记
里，孙宝瑄曾记道：

> 九日，晴。凌霄来谈。男女交合，有肉体之爱，有精
> 神之爱。以肉体之爱而交合者，生子必愚；以精神之爱而
> 交合者，生子必慧。而人自择配偶，有男女为友数年而婚
> 配者，有为友十余年而始婚配者，皆精神之爱也。凌霄云：

> 人生有三乐：一男女之乐，一山水之乐，一读书之乐。[9]

后来，孙宝瑄在读到杨凌霄所著《吾妻镜》后，大为叹服，还在日记中详记：

> 夜，观剧，忽厌倦，遂闲步至第一楼品茶。买书二种：曰《吾妻镜》，曰《男女交合无上之快乐》。《吾妻镜》，通州杨凌霄著。凌霄与余旧相识也。其论人生三乐，与余不佯而合。又谓：凡欧洲自古大人物，强半野合而生。盖野合者，必两情相遂，故其种性精良，造成之人往往不凡。我国男女禁自择配偶，其交合皆用勉强，故种性不精良，而人才罕觌。国之不振，非一原因也。[10]

一部《吾妻镜》，[11]让博览群书的读者孙宝瑄这样戚戚于心，其内容究竟为何呢？

二、内　容　简　介

《吾妻镜》一书虽列为三十八章，其实每章字数都很少，多为 200 字左右，全书大约 6 000 字，参考各章的具体内容，以今日的"后见之明"来看，当时人比较难以接受的应该是"私奔为动物公理"、"一夫数妾之国亦宜一女数夫"、"男女贞淫无关品学"、"女子有外交，父母翁姑无问罪之理"、"情欲为生天地、生万物之起点"等章。这些章节的内容对于传统的礼教秩序和人们的思维惯性来说，不啻是大逆不道的背叛。比如"论私奔为动物公理"章言：

> 凡动物交合，皆阴阳二电相吸，电止不能自动，电动不能自止。惟人最伪，必告父母，必待媒妁，自贼其本性，不知阴茎与阴道之适合与否，己非亲历其境，且不能知，彼父母媒妁何能越俎代谋？我不解严禁私奔之国，以为两私相合，此固私事乎？抑公事乎？若固私事也，则私奔乃动物之公理，而不得为之邪僻也！

又比如"论一夫数妾之国亦宜一女数夫"章公然宣传"一女数夫"之合理性，其所据理由虽不妥当，但这种观点无疑也是对男权独大社会的一种抨击：

> 华人一妻数妾，大伤公理，为各国所鄙。倘使华女亦可一女数夫，则不独无伤公理，且有大同气象。夫造物聚数百年灵秀之气，生一才子、生一佳人，而使一人得之、千万人失之，使天下爱才爱色者齐抱不平之憾，有伤天地之和。此凡夫之陋见，而非动物之公理也，有志大同者，其三复我言焉可？

在稍后的"论一女数夫大近人情，一夫数妾不近人情"章，杨凌霄更进一步，从生理角度来建构"一女数夫"现象的符合情理，而"一夫数妾"不合人情：

> 夫妇者以合欢为目的也，女子一宵能迎数夫之欢，其数夫，情也。男子一宵不能迎数妾之欢，其数妾，非情也。

再如"男女贞淫无关品学"章，杨凌霄还将"男女贞淫"与否与人品区分开来，一反中国传统的见解：

> 夫男女之相爱，其血液中磁气相感耳。气之所感，物不能自主，浓者易感，淡者难感。米国为五洲最文明之国，且有自配之权，然每年男女逃亡之数尚有五百人。博士查其品学，未尝出于人下，不过一时电气吸力所致，及电气平流之日，又冰消瓦解，而不能自问者矣。

《吾妻镜》还公然鼓吹情欲解放的必要性与自然性，批判礼教纲常禁欲论的虚伪及无知，认为"情欲为生天地、生万物之起点"，社会不当禁欲，否则只会培养出更多道貌岸然的伪君子：

> 太阳与地球无爱力，即无天地，天地无爱力，即不生万物，万物无爱力，即不传种类。爱力作何？情欲而已。今日伪君子讳谈情欲，以淫书为痛恨，当先痛恨其父母，要知其父母亦以一点情欲结成。惟其父母情欲略淡，故其子孙性情中不能无伪气耳。虽然，若纵欲无度，则爱情亦败，而种类亦渐衰。试观荡妇与荡子，而恍然矣！自古及今，动植物之古有而今无者，不能以数计，推其灭种之由，非情欲过甚，必情欲过衰，将来灭此人种之起点，非节欲之伪君子，必纵欲之真小人欤？

以上所举的议论，如公开提倡婚前性行为、婚姻自由、情欲解放和共夫共妻，以及主张一女数夫，从自然进化论角度来反对男权独尊，主张情欲存在的合法性，将人品、学问与个人的性生活区分开来，这些主张无疑是在鼓吹一种新的婚姻观和"性道德"。其中有些见解即使放在今天，亦是很激进的，遑论清末社会的接受能力？难怪有人要对《吾妻镜》及其作者大相挞伐了（详后）！《吾妻镜》这里的观点实可与康有为在《实理公法全书·夫妇门》中主张的换夫换妻制有得一拼！[12]

康有为在此根据所谓《实理》：

> 今医药家已考明，凡终身一夫一妇，与一夫屡易数妇，一妇屡易数夫，实无所分别。凡魂之与魄，最难久合。相处既久，则相爱之性多变。

由此推出他主张的《公法》：

> 凡男女如系两相爱悦者，则听其自便，惟不许有立约之事。倘有分毫不相爱悦，即无庸相聚。其有爱恶相攻，则科犯罪者以法焉。

并在《按语》里用进化论观点继续阐释：

> 此乃几何公理所出之法。盖大既生一男一女，则人道便当有男女之事。既两相爱悦，理宜任其有自主之权，几何公理至此而止。若夫立约，则是增以人立之法，非几何公理所固有者。惟即以不立法为立法，斯为几何公理所出之法也。

但只有如此，却不足以使男女个个身体健康，必须有辅助举措，才能使之效果明显：

> 此法当多设医局以佐之。严限每人或三日或五日即赴
> 医局察验一次，以闻症筒验其血管有亏损否，亏损若干，
> 即其戒节色欲若干日。其有过于亏损者，则勒令其暂住数
> 天，略以药物调养，如此则民无夭札之患矣。然医局之宜
> 多设，岂徒用此法为然哉？

当然，男女之间不能无规则在一起，必须要加以立法保障，所
由之法亦要根据几何公理，可也要考虑到特殊性——“而外增
以人立之法”：

> 凡男女相悦者，则立约以三月为期，期满之后，任其
> 更与他人立约。若原人欲再立约，则须暂停三月，乃许再
> 立。亦许其屡次立约，至于终身。其有数人同时欲合立一
> 约者，询明果系各相爱悦，则许之，或仍不许。
>
> 凡男女立约久暂，听其自便。约满则可更与他人立约，
> 亦可再与原人换约。其有数人同时欲合立一约者，询明果
> 系各相爱悦，则许之，或仍不许。

而一夫一妻制则主张：

> 凡男女立约，必立终身之约。又有故乃许离异。又一
> 人不得与二人立约。男女各有自主之权。

该制度虽然也是人立之法，揆诸（法国 1891 年的）事实，其

不合乎"实理","无益于人道,更不及以上诸法"。至于由父母包办婚姻,以及传统纲常规定的男为女纲、夫为妇纲、一男可以有数妇、一妇不能数夫等不公平现象,更与几何公理相悖,无益人道。为预防此种弊端,所以要"禁人有夫妇之道",原因即在于夫妇之道与"实理全反,不惟无益人道,且灭绝人道矣"。鉴于资料的匮乏,我们不能确定《吾妻镜》与《实理公法全书》(及《大同书》)之间的关联性,不过两书此处具有相似性则是毋庸置疑的。

另外,金天翮有本在中国近代妇女运动史上地位极高的书——《女界钟》,在该书里,金天翮就撰有一章《婚姻进化论》,[13]这章很可能也受到了《吾妻镜》等书的影响。在《婚姻进化论》章里,金天翮先谈"爱力"的重要性,"爱力之于世界大矣!一切诸天、行星、地球、生物、无机物、有机物所运行、所簸荡、所生灭而结集构造,而胚胎,而孳乳,而成立,而悲欢离合……"[14]对比《吾妻镜》中关于"爱力"的描绘,"太阳与地球无爱力,即无天地,天地无爱力,即不生万物,万物无爱力,即不传种类",两段表述颇多类似之处。

在《吾妻镜》一书里,杨凌霄还结合西方的一些粗浅自然科学知识和进化论观念,加之他掌握的中国传统房中术,对很多问题都提出了他自己的看法,其中一些观点不之远见卓识,但也有许多观点有失片面,甚或充满荒唐。如书中"论男女相爱即磁石之理"章:

> 吸铁石因电气有阴阳而相吸,男女亦因电气有阴阳而相吸。其交合时生电气三种:一摩擦电,即摩擦而生;一酸碱电,即男女精中二味制成;一化合电,即二物化合而

生。电气有浓淡，爱力因之而浓淡。电浪有大小，快味因
之而大小。电之至数有迟速，呼息因之而迟速，不明电学
之理者，不能深知男女相爱之因也。

又比如"论男女宜同饰同服，可减电力，可消恨海"章：

> 凡光尖等物，最易引动电气。女子媚发华服，男子短
> 发粗服，电浪不均，吸力最大，电生乐，乐生情，情生恨，
> 世间不能无电，即生人不能无恨，消其电力，即填其恨海
> 也。男女同饰、同服，华则同华，朴则同朴，则电气平流，
> 吸力减，则爱力弱，爱力弱，则恨海枯矣。

从以上杨凌霄这些良莠并见的见解中，我们可以感受出社会进
化论对当时中国趋新人士的影响力，而从《吾妻镜》作者在光
绪二十七年（1901）写的自序中所言"治人之学，治心而已。
治心之学，培种而已。是书专讲培种之道"，我们也可看出作
者赋予该书的目的是"培种"，正是反映出了进化论思想的影
响。他在第一章夫妇"恩义为培种第一要事"中又引申此义，
认为夫妻恩爱结婚，关系甚大，不可以轻忽看待：

> 夫妇以爱水结成子女，倘恩爱不浓，则爱水自薄，结成
> 之子女其性情才力亦因此而薄。古今大人物，半出于私孩，
> 其父母之爱情浓也。今地球各国，男女不能自择者，国势必
> 弱、人心必坏。君相欲家国之治，而男女无自配之权；父母
> 欲子女之贤，而夫妇无恩爱之实，犹欲西行而东其马首也。
> 有治人之职者，甘自弱其种类，而为强之食焉！哀哉！

杨凌霄该书里还有许多将性、感情、婚姻等与传宗接代、国家兴亡联系起来的论述，还谈及男女乏嗣原因、避孕、怀孕、缠足等多种问题，许多表达都基本符合现在认可的卫生与健康常识。如"论卧房"章：

> 卧房为我人半世栖留之地，为小儿成胎分娩之区，最宜讲求，以防疾病夭亡愚弱诸患。其所宜之事如左：宜三四面皆琉璃大窗，以通风日；宜少置器具，以多养气；多安花草，以吸炭气；宜每人得室内空气一百立方尺，能愈多则愈妙；宜室内干洁，室外近地无腐烂物。

又如"女子缠足伤身"章认为缠足危害性很大，是"戕贼黄种之一大恶习"：

> 运动可增气血，不待智者而后知。女子缠足，步履艰难，运动必少，亦不待智者而后知。欲快男子一时之心目，而灭女子毕生之气血，亦戕贼黄种之一大恶习也。

《吾妻镜》对于社会上流行的禁止同姓为婚的现象也大不以为然，在"论禁同姓为婚之非理"章对此进行了批驳，认为创此说者罪大恶极，"创此说者使同族男女不能亲爱，真涣散伦类之罪大恶极人也"。杨凌霄并援引"米国医学博士也独鸦路笃氏"关于肺病患者的实验，从而推论只要在两三代以后，同族结婚就不再是近亲结婚。"该患者一千人中，同族结婚之儿女不过六人，其事著明，各国遂驰此禁。今东西国法二三服中即可结婚，于是一族中脑力性理非常者，即可维持不败，此第一便利，且益奋发。"甚至还在该章最后诅咒禁止同姓结婚的人"无后"："中国腐儒沉昏，不悟伦类多而治理难，亲爱少而争端起。创同姓不婚之说者，其无后乎？其无后乎？"

同样，《吾妻镜》的作者还反对同性恋行为，他在"论股淫宜禁"章认为，同性恋伤害身体，中国应该效法西方各国禁止这种现象。

《吾妻镜》中还有一些谈及普通生活常识的内容，如"论鸦片与酒遗祸后裔"章和"论小孩食米粉有害智慧"章等，其内容兹不再详引。

《吾妻镜》中还有一些在现在看来是非常想当然的见解，根本就缺乏相应的"科学"依据，完全属于作者臆想的结果，如"申论精神之爱生豪杰、淫欲之爱生豚犬理由"章：

> 夫妇交合之念即子女之起点也，起点于淫欲即传淫欲于子女，起点于恩爱即传恩爱于子女，故夫妇平日固宜恩爱，而交合之时恩爱宜尤笃，恩爱笃则精神之感动深，呼息紧则血液之循环速，遍体之精神俱注，则传其遍体之精神于子女，有一部之精神不到，其子女即有一部之精神缺乏。今中国之夫妇，本不相识，全凭媒妁而成，苟能动两人之嗜欲，亦已幸矣。精神之爱，何可望哉！以我人一生之心血，天地生民之大事，而尽付于三姑六婆之手，星卜命相之口，而复决之于木雕泥塑之前，真可为痛哭而流涕者也！

尽管杨凌霄此章所据理由有些荒唐，但他批评当时中国夫妇结合"本不相识，全凭媒妁而成"这样危害很大的现象，却很有针对性。杨凌霄在"论聪明人好色之理由"章，将智愚程度同好色挂钩，并以此作为"天地自然之理由"；在"论太阳光线为斯人知愚之大原"章，把太阳光线作为黄白红黑诸种区分的原因，以及将气候热冷与否作为人种智慧的差别所在。凡此则足见作者知识之局限。

再从《吾妻镜》的其他内容来看，杨凌霄在该书中还提倡讲究交合之道的观点，如"论受胎之理并得胎之术"章，这远早于民国时期张竞生的类似主张[15]：

> 夫犬羊鹿豕之交，每年数次，蓄精至厚，得其道也。必待牝者孕蛋成熟之际，得其时也。必舐其阴具，使牝者春心先发，而后子宫膨胀，宫口下垂，阳精易入，得其术也。故男女多淫，子女必少，蓄精未厚也。女子春心未动，而男子泄精必难成胎，宫口未下也。女子孕蛋成熟之时，在经尽一日之后，十四日之前，几经尽七日之内，女子春情多盛于男，故胎易孕女。自七日至十四日，女子之情少衰，男子盛其情以交，合胎易成男。故蜂蛋与鸡卵，初生者必牝，后生者必牡，理可推也。又经前三日孕蛋再熟，亦可成胎。男子尿道既窄，精出无力，不能射入子宫，或年高力弱，泄精太早，不能待女子春情发动者，必在未合之前先用一手挑动女子之春情，然后交合，或泄精于水节，使水节之温度适宜，然后射入，方能得胎。然交合之际，但炽淫情，而无脑筋之爱力，则所生子女必愚蠢无知，或狡诈可鄙。泰西各国故必先亲爱，而后订为夫妇。若先订夫妇，使成亲之夕，先交合而后亲爱者，此禽兽交合之道，为伐贼黄种之莫大恶习也。

《吾妻镜》一书中的这些主张和见解，今天看来自然是卑之无甚高论，但在当时的认知脉络下，此书里的许多论述不可谓不激进。考虑到该书出版于 1901 年，再参之以孙宝瑄的读书、购书记载以及他与杨凌霄的交往情况，当时书籍市场上生理卫生类书籍、进化论书籍、自然科学类书籍都已出版不少，而且在上海等地还可以方便地购买到日文书籍。杨凌霄《吾妻镜》中的主要观点是来自于这些翻译出版的西学书籍以及他所能阅读到的日文生殖医学书籍，[16]也有可能来自友朋之间的交流。

其实，类似杨凌霄在《吾妻镜》中的某些表达，时人也都有一些，如孙宝瑄在《忘山庐日记》中就对同姓为婚现象发表过议论："同姓为婚，其生不善，此我国古语也。见于《左氏传》。余初不得其实据，今见伊东琴次郎所考得血统婚姻之害，始恍然矣。"[17]蔡元培在 1900 年写的《夫妇公约》中亦曾有过某些类似杨凌霄的看法，[18]如他亦认为："男子之欲，阳电也；女子之欲，阴电也。电理同则相驱，异则相吸。其相驱也，妨于其体也大矣；其相吸也，益于其体也厚矣。相吸之益，极之生子，而关乎保家，且与保国保种之事相关矣。……"蔡元培这里同样认为"野合之子""智于家生"，主张禁止缠足，注意居处环境；也同意"生子之事，第一交合得时""第二慎胎教"等观点，其中许多见解都与杨凌霄《吾妻镜》中的主张有相似之处。由这些情况我们可推知，杨凌霄在《吾妻镜》中的表达绝非独行的孤雁，当时一些趋新人士如孙宝瑄、蔡元培等人都有类似见解，更早的康有为、谭嗣同等人也有相仿所见，这些人或可能阅读过相同的书籍、分享过同样的思想资源、吸纳过彼此的意见，而杨凌霄在《吾妻镜》中的表达，不过是当时这些趋新士人声音的集中体现，反映了明治日本出版的大量生殖医学书籍对晚清中国知识分子的影响。

三、读 者 反 应

综合来看，《吾妻镜》的作者实际是在提倡一种新的性道德或性文化，将西方生理卫生、进化论知识，推广到婚姻和中国人种问题上，将性与政治和种族结合起来，揭露讳言性的虚伪与不必要，并强调新式性文化的重要，凸显由于讳言性所导

《中外日报》1902 年 6 月 30 日   《中外日报》1902 年 6 月 21 日

致的中国种族及国民的"赢弱"现状，同时借西方的优种现实，来衬托或对比中国种族在与西方竞争中的不利地位，以建构弱国国民需要强种和新式性文化的急迫，进而宣称自己写作此类书籍的目的亦在此。通过这样的修辞策略，杨凌霄水到渠成地为自己获得了写作此书的合法性，同时也获得了读者应该阅读此书的必要性。而报刊上刊载的《吾妻镜》的出版广告，亦如此建构《吾妻镜》的著述目的和阅读该书的正当性：

> 是书海门大思想家杨凌霄先生所著，细讲夫妇合欢失欢之理，子女贤不肖之由，及得胎、避胎、保胎之术并养育之方，欲我黄种转弱为强，变其昏伪浮佻之气。全书分三十八章，辞简意赅，惟求妇竖共晓，毫不炫文耀博，有志之士不可不读者也。每部定价大洋二角五分。杭州图书公司发售，《中外日报》馆及各书坊均有代售。[19]

该书和梁启超所撰《康南海》一书，往往一起在《中外日报》上的一个固定方块里连续作广告，且《康南海》一书广告词在前，《吾妻镜》的广告词在后。这大概不是偶然的巧合，可能系出自书商的促销策略与特意的安排吧，企图让《康南海》与《吾妻镜》互搭便车，来增加双方的销量及知名度。

可以说，《吾妻镜》一书之所以得到孙宝瑄的青睐，其内容尽管不怎么具有原创性，但确有振聋发聩之处，这使其足以成为晚清新学史上的一个另类。而从孙宝瑄读了《吾妻镜》后的发挥、评论中，我们也可以发现，孙宝瑄这样的读者应该是最符合《吾妻镜》的著译目的及其广告词中所预设的那种类型。当然，潜藏在孙宝瑄阅读《吾妻镜》这些书背后的关怀，依旧是他关于中国种族问题的忧虑以及对改良传种问题的关注，期待中国人能和白种结合，所谓"通种"，产生一个新种族，摆脱被列强轻视的"劣种"状态，像他在日记中所表露出的担心与希望：

> 吾始也谓黄种虽不能自立，亦不必灭亡。或与白种人媾和，另化出一种人在黄白之间者，亦未可知。今乃知其难。盖读观云《中国兴亡一问题》，内有云：优种人与劣种人结婚，往往能失优种人之性质。吾恐西人入我国后，有鉴于此，遂悬为厉禁，使黄白人不许为婚，则化种一说亦无望矣。虽然，我国人究不得全谓劣种，其聪明能力有突过西人者，或冀西人之不之禁也。[20]

不过杨凌霄的标榜以及他在《吾妻镜》一书中的表达，虽然得到了像孙宝瑄这样的读者的拥护，但也招来另外一些读者的口诛笔伐。如1903年2月11日出版的《新民丛报》第25号"群俗时评"栏，发表了一篇《青年之堕落》的未署名短文。该文针对清末出版的一本"淫书"《吾妻镜》及其作者大加挞伐，全文如下：

> 顷见有恶少年某某两人著一书，题曰《吾妻镜》者。吾今为誓言于此，吾若无杀人之权则已，苟有此权，不杀著此书之人，传其首于十八省，非丈夫也。书局遍上海，新出书目告白，充斥报纸。而东西大哲之书，有关学术道德者，未见一部，惟见所谓《男女交合新论》《男女婚姻指南》等书，不下数十百种。其书中岂无一二关于卫生、

关于哲理者，然劝百讽一，其害人心固已不少，然犹日其中有一二言卫生、言哲理者存也。何物枭獍，乃作此等明目张胆、诲淫诲盗之语。彼以是为言女权、以是为言平等、以最（应为"是"）为言文明，彼岂知女权、平等、文明三字作何写法？以狗彘不食之败类，乃敢摇笔弄舌，以播其毒于血气未定之少年之脑中，若此等人不杀何待？不杀何待？此等之人、此等之书本，何足以污《新民丛报》之片纸，然吾深恫乎近日有新中国之新少年者，皆此类也。记曰：国家将亡，必有妖孽。盖有此等腐败社会，然后此等妖孽之人、妖孽之书出焉。见被发于伊川，知百年而为戎，吾安得不为中国前途恸也。吾为此评，于彼何损焉？彼之《吾妻镜》必骤多销万数千部，而彼花酒之费，又可阔数月矣。吾且恐艳羡彼二人而步其后尘者，将日出而未有已也。廉耻道丧，一至此极。国之亡也，复何慰焉？复何慰焉？[21]

此文发表后，马上引起了时人不少的反响，大家争论的焦点主要是该文对《吾妻镜》一书的批评是否为双重标准及其中存在的随意和自相矛盾问题。

非常吊诡的是，这时梁启超麾下的广智书局与《新民丛报》支店也经常出版和代售一些类似《男女卫生新论》《处女卫生》《胎内教育》这样的性学书籍，且梁启超所著的《康南海》一书与《吾妻镜》，曾长期在《中外日报》上一起作捆绑广告。既然如此，梁启超居然还肯在《新民丛报》上发表这篇立场偏激的反对文章，实有些自相矛盾和让人费解！[22]

进言之，在《新民丛报》的创刊宗旨中，梁启超曾悬鹄甚高，号称"持论务极公平，不偏于一党派；不为灌夫骂座之语……不为危险激烈之言"，[23]而《青年之堕落》这样的评论显然与此宗旨自相矛盾。这个批评同样也与梁启超在《新民说》中关于新道德的标榜相柄凿："今世士夫谈维新者，诸事皆敢言新，惟一不敢言新道德。此由学界奴性未去，爱群爱国爱真理之心未诚也。"[24]

有意思的是，这篇评论发表后，虽然未曾署名，仍被大家公认为系出自梁启超之手。像梁启超的旧时好友宋恕就认为此文乃梁启超所为，但梁这里对《吾妻镜》及其作者的指责有些过分，同梁素日主张方枘圆凿："任公大骂上海新少年不留余地，于杨君《吾妻镜》，尤怒目切齿而骂之。任公素唱思想自由、议论自由，而乃若此，难明其故！"[25]再如经常阅读《新民丛报》的皮锡瑞对此处梁启超批评《吾妻镜》的言论也印象非常深刻。当皮在天津朋友"受明处"知道受明藏有《吾妻镜》一书，马上推断出，此《吾妻镜》应该是"新民以为著者可杀"的那本《吾妻镜》，"必非朝鲜（应为日本，引者注）之《吾妻镜》也"。[26]

梁启超批评《吾妻镜》及其作者产生的回响并非仅止于上述人等。如一署名"公人"的知情读者就曾特意投函《新民丛报》为《吾妻镜》及其作者辩护，认为梁启超对《吾妻镜》看法有失公允、太过偏激，他并提醒梁启超注意留学生在日本的困境及要尊重他们的言论自由权，同时对留学生的翻译作品不能要求过高：

中国今日人心道德之堕落，可叹可叹！贵报以药石之言振之，所以转移风俗者不少，诚敬诚敬！如贵报批评门中，语语值万金，何敢异言？然某更欲进一言于中国之新民，弗以某辱附学生乃阿留学生。某知彼二人者，乃为彼二人解罪，不过曾读法理学，知有言论之自由。有所知，故欲言之耳。学生中日译数千字，以易数金，供其游学之资，若而人者，比比皆是，诚以今日游学界之困难也。彼等抛父母妻子，离故国，赤手空拳来游日本，亦可怜矣。其有不逮，纠之正之，固主清议者任也。然我辈知甘苦者，必谅其苦而不言。且我国民资格卑下，言者弗讳，译书虽不佳，灌输于内地人之脑中，亦非毫无影响。某来东京一年，未译一书，诚以译书任重事艰，为此言者，明非为私，为中国之新民知苦者也。倘愿闻之，夫英雄豪杰之异人者，以其不欲等于常人耳。当其事业未成潦倒之时，其所作为，必有骇常人耳目者，败名丧检，亦所不顾，彼卢骚、毕斯马克可为之证。某非曲护其短，以为若而人者，或非无为之人欤？况今日中国之无教育，必不能比受教育完全之国民。

彼著《吾妻镜》之二人，为之主者，年已三十余，生平好奇，有僻见。盖其脑质，已铸成矣。学日文日语，已三年余，非若仅读和文汉读法而操笔者；遍学欧美物质上学问，而无一卒业。然其制作程度，在日本高等学校上，心不可谓不热，而识不足以济之，故为事往往失当，所见往往过度，所语往往过偏。惜乎生于三十年前，无教育以济其才。若为之附者，年不过十余，其脑质之聪灵、学术之猛进，蔚然异日之大人物，我敢言之。且不徒富于思想，而兼有记臆力者也。《吾妻镜》即销数万千部，彼不得一钱。吾观中国青年，持道德心如彼者盖匙！非夸语也，他

日出现于世界，观之可知。中国之新民誓有权杀此二人，
毋乃过乎？某非党彼二人为之讼冤，公言也，幸察之。[27]

较之上文尚心平气和的解释、说明与劝说，对梁启超更激
烈、更全面的质疑来自持比较激进立场的《大陆报》。该报先
后发表四篇文章来回应梁启超的《丛报之进步》与《青年之堕
落》两文，以其人之道还治其人之身。其中一自谓为昔日梁启
超熟人的"新民之旧友"讽刺梁启超为"乡愿"，"既无自知之
明，又加之以嫉恨"，[28]揭发梁启超之所以撰写《丛报之进步》
一文，[29]借点评上海和东京各杂志名义苛评《大陆报》，其目
的在于"无非欲以此塞各报之销流，期贵报（指《新民丛
报》）之发达"。[30]另外一人则说是由于早前《大陆报》第3
期《论文学与科学不可偏废》一文有不点名挖苦羞辱梁启超
处："即当世共称为通人，而彼亦自命为通人者，亦不过剽窃
东籍中一二空论，庞然自豪于众。至询其根底之学，则亦盲然
未有以应也。"[31]因是之故，梁启超以私怨报复《大陆报》。而
梁启超之所以专文批评《吾妻镜》，乃是因为《新民丛报》、
《新民丛报》支店出版的《百美图》、广智书局出版的《男女婚
姻卫生学》等书，同各杂志及《吾妻镜》等书有比较激烈的商
业竞争关系：

盖该主笔以为自有《吾妻镜》，而吾之《百美图》不
能畅销。自有《男女交合新论》等书，而吾之《男女婚姻
卫生论》（当为《男女婚姻卫生学》，原文如此，引者注）
必至于滞塞，于是该主笔乃不得不作乡愿，而持哲理、道
德、学术等字样以期压倒人。岂知彼手制之《百美图》，

宁非导淫之广告乎？彼岂知哲理、道德、学术三字作何写法？"以狗彘不食之败类"，乃敢摇笔弄舌，以播其毒于血气未定诸少年之脑中，而复作乡愿以自文。此等之人，不杀何待？不杀何待？[32]

值得注意的是，据该文作者自承，他之所以写作这篇《〈新民丛报〉批评之批评》，乃是因为友人"忧亚子""持近出之《新民丛报》来索鄙人指摘其批评之不得当，以昭布于阅者"。[33] 此"忧亚子"这时也在从事同样的译介工作，包括翻译一些性学书籍，故此他在看了梁启超对《吾妻镜》的批评后，难免会有物伤其类的感觉，所以特意请"与该报主笔（即梁启超）相接近者数年"的该文作者"新民之旧友"撰写回应意见。

《大陆报》上另外一篇评论同样针对梁启超在《丛报之进步》一文中表现出来的导师心态与优越感，挖苦他"责任有余而自知尚不足"，并特意就梁启超关于《吾妻镜》一书的看法反驳道：

即如足下之诋恶少年，笔伐口诛，亦云至矣！何至以《吾妻镜》一书而欲传其首于十八省，然此为风俗人心计，发为深恶痛疾之辞，犹可言也。彼译书不佳者，奚至课以欺骗杀人之罪？足下岂将以戊戌年之威势施之于今日之译界乎？[34]

而且如果以梁启超的"杀人"标准来要求广智书局推出的译书[35]：

所出《理学钩玄》《支那开化小史》等书，其中误谬者几居其半……凡此皆足下之入室高足所为。足下苟欲实行欺骗杀人之政策，胡不援大义灭亲之例，先杀一二贵族以警其余，而顾于《新民》广告中听其铺张扬厉乎？[36]

之后，一位署名"东京留学生今世楚狂来稿"的文章，又继续挖苦梁启超看待《吾妻镜》等书的双重标准：

彼所深恶而痛疾者，莫《吾妻镜》等书若，而广智书局、《新民丛报》支店所恃以觅大利者，非《婚姻卫生学》，即《男女生殖器病秘书》，甚且费十余年之心力，百计搜求。二十年来之名姝秀媛小影，公诸普天下情人，使少年后生旷其正务、不胜见影相思之感。[37]

该函最后还就梁启超针对别家杂志、别家书商、其他译者的批评感叹道："若《新民丛报》、广智书局等，固诩诩以噶苏士辈大豪杰之事业自比，而天下亦谬认之者也，今若此！其欺骗之工，贼害之甚，吾虽欲为当事者讳，吾安得不为天下正告之乎？"[38]另外一个号称系读者投函的文章《论第六期〈大陆报〉》则对梁启超及《新民丛报》的批评更为激烈与全面，因其并没有针对梁启超对《吾妻镜》的批评进行反驳，这里不赘述其内容。[39]

《大陆报》上这些针对梁启超的批评虽然有同《新民丛报》和梁启超立场相左及互相竞争的因素在，但也有其道理，确实抓住了梁启超论述和行为之间的矛盾，"非敢吹毛求疵故为攻击，实因足下于学界时评尝陈忠恕之义。仆等心佩其言，而又

悲足下之能言而不能行也"。[40] 故此梁启超对此完全没有回
应,[41] 只有其属下的《时敏报》实在看不下去,才针对《大陆
报》第六期中对梁启超连带对康有为的批评进行了辩护与回
应,却激起《大陆报》更激烈的反弹。[42]

不过,《大陆报》上发表的这些针对梁启超的批评被温州
一个趋新读者张棡读到。张是一个喜欢阅读《新民丛报》和梁
启超著作的人,当他看到《大陆报》上这些批评文字后,在日
记里写下了偏袒梁启超的议论:"晨阅《大陆报》一节,攻诘
梁任公《丛报》书,然语皆皮毛,不足损梁氏之价值也。"[43]
而从梁启超将"公人"的投书直接在《新民丛报》上刊出的情
况看,梁本人可能业已意识到那篇评论中的问题,已经在有意
在纠正自己之前立论的偏颇。

还有别的读者如张棡一样站在梁启超的立场上,赞成梁启
超的批评并对之作了修正。如稍后的《新世界小说月报》第6、
7期(1907年)合刊有《读新小说法》一文,[44] 就回应了梁启
超这个批评,认为书的内容如何不重要,关键在于读者是否会
读书。对于善读书的人而言,"《美人手》[45] 可读,即荒唐如
《吾妻镜》,亦何尝不可读"?对于不善读书的读者来说,"微特
《吾妻镜》不可读,即孟德斯鸠之哲理、斯宾塞尔之学说,亦
何尝可读"?孙宝瑄在《忘山庐日记》里也表达过相仿意思,
"以新眼读旧书,旧书皆新书也,以旧眼读新书,新书亦旧书
也。"[46] 该作者也认为此类翻译书中所谈的内容并非全无道理、
全无必要,但在表述时却剑走偏锋,只及一点不及其余,实际
是歪曲了西方学说的本来意义:"言女权,必致一妻多夫;言
平等,必致父不能有其子、子不能有其父。其崇拜则金钱而已,
其敷衍则唾余而已,其希望则无赖少年、嗜淫大腹贾而已。"

该文又说梁启超要杀这些作者，其实并不必要，因为"文不能只有韩海苏潮，而不有牛鬼蛇神"。只要读者善于读书，提高自己的分辨力，这些坏人心术的作品或译作自然没有市场，梁启超如此计较《吾妻镜》的危害，正表明他其实仍不善于读书，"仍是梁启超之不善读！仍是梁启超之不善读"！[47]

与梁启超充满激情的批判不同，当时一个趋新的旗人士大夫贵林则试图从学理层面对《吾妻镜》一书进行批评，并直接致信作者表达自己的意见，只是作者杨蓥的回信却不能让其满意。他认为该书系作者自著，但虚妄之处太多："杨君《吾妻镜》书，非译笔，乃渠自著者。立论近西人伯拉图之说，而幻妄过之。如云：宜于一女数夫，宜同姓为婚，私奔不宜禁，交合大益人等说。"为此，贵林还写了读后感寄给作者杨蓥进行商榷，并引来杨蓥的答辩。但贵林认为杨的答辩为"妄辩"，可笑之至。"弟曾著一《书后》径致杨君，复书妄辩，谓时至大同，舍一女数夫之道，虽以孔子为君，佛耶为相，亦不能治，并引妓女多夫则不生为比例。可谓笑语之至！"贵林一度还打算将杨蓥复函抄给好友宋恕一观，"弟录有底稿，暇时当再钞呈，以博一笑"。[48]

其实，面对梁启超如此严厉的批评，最该站出来捍卫杨蓥的应该是之前对杨蓥本人及《吾妻镜》书都非常赏识的孙宝瑄。然而有意思的是，在读了《新民丛报》第25号后，经常喜欢在日记中品评梁启超文字及主张的孙宝瑄在日记中并没有留下记录表达其对梁启超批评《吾妻镜》一文的看法，他却评论了同期杂志刊载的梁启超的另外一篇文章。[49]而通过孙宝瑄这一时期的日记记载还可以看出，他也阅读过同时期出版的《大陆报》，并有一些摘抄评论，《大陆报》上批评梁启超与

《新民丛报》的文字他应该阅读到了，只是孙宝瑄在日记中并没有对此评点回应。此后孙宝瑄在日记里不再有阅读或提到《吾妻镜》之类书籍的记载，亦没有再提及杨鬻之处，这或表明孙宝瑄受到了梁启超此文的影响，改变了之前对《吾妻镜》的看法，转而认同梁启超对《吾妻镜》的批评。

可以说，透过诸人对梁启超批评《吾妻镜》的各种回应可知，梁启超在主编《新民丛报》时期的影响力巨大，其一言一行几乎均会引起读者的注意与重视，特别是在对当时的趋新读者影响方面，无人能出其右。[50]即便是如《大陆报》这样的批评者，虽然不断刊发攻击梁启超与保皇党人及《新民丛报》的刻薄评论，但从其栏目设计、体例、刊载的文章内容等方面来讲，亦是将梁启超的《新民丛报》作为模仿的对象。

故此，在一些情况下，读者的阅读反应与趋新人士对《吾妻镜》读者的期待，或存有契合之处，更多也许还是方枘圆凿。像孙宝瑄那样将《吾妻镜》这类书作为新学理而接受的，应该属于比较少的个案。而从梁启超上述的愤激表述中，我们可以知道许多读者确实是将《吾妻镜》作为"淫书"来购买或阅读的，这种情况的存在或是无可避免，以当时普遍盛行的关于两性关系的规范以及一般人的认知程度，像《吾妻镜》这样的书被大多数人视为"淫书"来接受也是正常的，一定程度上，这正说明该书对于人们新式性道德建构的影响。如到民初还有人援引该书，戏谑地将之作为制订"多夫会"章程的学理依据：

> 试观某君所著《吾妻镜》一书，谓一弱女子类能连敌数男，一健男子辄难连敌数女；女子多夫，实天演之常例。

名言至理，足为吾党发明；后列各条，尤足备章程之
采择。[51]

当然，这种现象并不只发生在《吾妻镜》身上，像当时出版的
与《吾妻镜》有类似著译目的及内容表达的其他书籍，如《男
女交合新论》《婚姻指南》《婚姻卫生学》《婚姻进化论》《男
女卫生新论》等，也有类似被视为"淫书"的遭遇，但亦是清
末新性道德论述的重要构成部分。[52]

四、结　　语

《吾妻镜》曾在《中外日报》《南方报》等清末报刊上作了
大量的广告；[53]再据《吾妻镜》在《中外日报》上刊登的书
籍简介也可知道，该书在杭州图书公司、《中外日报》馆及上
海各书坊均有销售。另外，该书也曾被列入开明书店的新书目
录附在《金陵卖书记》后，[54]很可能还被开明书店带到了南
京、开封等地销售。于此可推知，该书在当时的销量应该很大
（只是由于资料的缺乏我们不可能获得确切的销售数据），只可
惜《吾妻镜》在之后的出版市场上就迅速地消失了，不但没有
引起民国以后人们的注意，亦未引起后来相关研究者的重视。
但这并不意味着该书没有产生影响，较之其他生殖医学书籍，
《吾妻镜》引起的反响显然很大，围绕它一度曾产生了不少的
讨论，读者也留下了不少关于此书的评论记录。而且应该是在
《吾妻镜》的影响下，1902 年后一批相继以"镜"命名的书和
文章（主要是小说）不断在清末文化市场上出现，如《国民内
长镜》《现世支那镜》《新孽镜》《孽冤镜》《襟绅镜》《青年镜》

《医界镜》《蒙学镜》《蒙养镜》《学界镜》《生活镜》《无师自通照相镜》《国民镜》《女儿镜》《新宝镜》《立宪镜》，等等。

不仅如此，《吾妻镜》还是清末五十多种生殖医学书籍中比较少见的标明中国人自著的书籍，尽管它的确受到日本的影响，抄袭和改编了不少来自日本书籍的相关论述，但这并不影响《吾妻镜》在近代中国性学史、卫生史乃至思想史上的重要地位。

事实上，"五四"时期兴起的"新性道德"，以及在1920年代大力提倡性学的张竞生，其论述并没有大家想象中的那样先知先觉，在很多方面，张的观点早已经为杨矞的《吾妻镜》率先揭橥，只是由于历史记忆的遗忘，杨矞及《吾妻镜》倒不太为后人所知。故此，把张竞生说成是"中国出版史上的失踪者"，[55]将其视作近代中国性学第一人，实际是在割断过去、发明传统，我们暂不必遵循"没有晚清，何来五四"之类的内在理路或思想史逻辑，仅以杨矞的《吾妻镜》、孙宝瑄的日记、《大陆报》等材料为例，就足以使我们能重新了解杨矞在《吾妻镜》中的表述及其在当时产生的社会影响，乃至其在近代中国新式性道德论述中所起的导夫先路作用。

注释

〔1〕此《吾妻镜》非日本古代史书《吾妻镜》。关于日本古代史书《吾妻镜》及其在中国的流传情况，可看冯佐哲、王晓秋：《〈吾妻镜〉与〈吾妻镜补〉》，收入北京市中日文化交流史研究会编：《中日文化交流史论文集》，人民出版社1982年版，第208—217页。

〔2〕参看孙宝瑄：《忘山庐日记》（上），上海古籍出版社1983年版，第90、99、273、302、324、325、342、382、383、384、409、410页等多处。

〔3〕孙宝瑄：《忘山庐日记》（上），第 90 页。

〔4〕孙宝瑄：《忘山庐日记》（上），第 90 页。

〔5〕孙宝瑄：《忘山庐日记》（上），第 99 页。

〔6〕孙宝瑄：《忘山庐日记》（上），第 324 页。

〔7〕宋恕：《乙未日记摘要》，《宋恕集》（下），中华书局 1993 年版，第 934 页。

〔8〕孙宝瑄：《忘山庐日记》（上），第 273 页。

〔9〕孙宝瑄：《忘山庐日记》（上），第 382—383 页。

〔10〕孙宝瑄：《忘山庐日记》（上），第 598 页。

〔11〕《吾妻镜》原书仅署"中国杨翥著、王晟校"，没有附其他出版信息。但根据该书中杨翥简单的《自序》及该书在《中外日报》上的广告、孙宝瑄的阅读情况等可知，该书是由杭州图书公司在 1901 年出版的。另外，据当时知情人言，《吾妻镜》系一三十余岁之人与十余岁之人合著，以年龄大者、学过三年日文者（应为杨翥）为主，另一人似应为"校者王晟"。参看公人：《与〈新民丛报〉记者书》，《新民丛报》第 29 号，光绪二十九年三月十四日，第 103 页。

〔12〕康有为：《实理公法全书·夫妇门》，收入钱锺书主编、朱维铮编校：《康有为大同论两种》，北京三联书店 1998 年版，第 10—12 页。

〔13〕金天翮：《女界钟》，陈雁编校，上海古籍出版社 2003 年版，第 67—80 页。

〔14〕金天翮：《女界钟》，第 67 页。

〔15〕关于民国时期张竞生的主张，可参看张竞生：《张竞生文集》，广州出版社 1998 年版；还可参看彭小妍：《五四的"新性道德"——女性情欲论述与建构民族国家》，《近代中国妇女史研究》第 3 期，1995 年 8 月，第 86—92 页。

〔16〕杨翥此书不少内容是改编自日本稍早大量流行的《造化机新论》之类书籍。参看唐権「『吾妻镜』の謎：清朝へ渡った明治の性科学」、国際日本文化研究センター、2014.2.12、1—24。有关明治时期日本此类书籍的情况，可以参看赤川学「開化セクソロジーの研究」、人文科學論集。人間情報学科編 32、21—39、1998—02；赤川学『明治の「性典」を作った男謎の医学者·千叶繁を追う』、筑摩書房〈筑摩選書 99〉、2014 年 9 月。赤川学的研究得自东京大学杨力女士的提示。

〔17〕孙宝瑄：《忘山庐日记》（上），第612—613页。

〔18〕蔡元培：《夫妇公约》，收入高平叔主编：《蔡元培全集》第1卷，中华书局1984年版，第101—104页。

〔19〕《中外日报》1902年6月21日。

〔20〕孙宝瑄：《忘山庐日记》（上），第721页。蒋观云与孙宝瑄这里的"化种"思想很可能受到了唐才常"通种说"的影响，参看唐才常：《通种说》，收入湖南省哲学社会科学研究所编：《唐才常集》，中华书局1980年版，第100—104页。

〔21〕《青年之堕落（二）》，《新民丛报》第25号，光绪二十九年正月十四日（1903年2月11日），第78—79页。

〔22〕曾有时论揭示梁启超为何喜作夸张之言的原因在于："卓如有心之士，固非有意于欺，而气习所结，自不知其作夸张之言耳。"参看阙名：《论中国文章首宜改革》，原见蔡元培编：《文变》，转见庄建平主编：《近代史资料文库》，上海书店2009年版，第9卷，第442页。

〔23〕《与康有为书》，丁文江、赵丰田编：《梁启超年谱长编》，第273页。

〔24〕中国之新民：《新民说三·论公德》，《新民丛报》第3号，光绪二十八年二月一日，第6页。

〔25〕宋恕：《致瑶女书》（1903年4月12日），见胡珠生编：《宋恕集》下册，中华书局1993年版，第714页。

〔26〕皮锡瑞1903年6月9日日记，见吴仰湘编：《皮锡瑞全集》第11册，中华书局2015年版，第1651页。

〔27〕公人：《与〈新民丛报〉记者书》，《新民丛报》第29号，光绪二十九年三月十四日，第103—104页。

〔28〕新民之旧友：《与〈新民丛报〉总撰述书》，《大陆报》第6期，光绪二十九年四月初十日，"寄书"，第45页。

〔29〕梁启超该文见《新民丛报》第26号，光绪二十九年正月二十九日，第81—83页。

〔30〕新民之旧友：《与〈新民丛报〉总撰述书》，《大陆报》第6期，"寄书"，第45页。

〔31〕《敬告中国之新民》，《大陆报》第6期，"论说"，第8页。该引语又见《论文学与科学不可偏废》，《大陆报》第3期，光绪二十九年正月初十日，"论说"，第5页。

〔32〕《〈新民丛报〉批评之批评》，《大陆报》第 6 期，"批评"，第 72 页。

〔33〕《〈新民丛报〉批评之批评》，《大陆报》第 6 期，"批评"，第 69 页。夏晓虹教授判断"忧亚子"即罗普，从此处情况看"忧亚子"即不可能是与梁启超为万木草堂同学的罗普，其时罗普还正与梁启超合作担任《新民丛报》的译述工作。参看夏晓虹：《和文汉读法》，收入《晚清的魅力》，百花文艺出版社 2001 年版，第 88—91 页。

〔34〕《敬告中国之新民》，《大陆报》第 6 期，"论说"，第 8 页。

〔35〕此处乃是针对梁启超在另外一篇文章中批评一些译者连基本的日语都不懂，"而贸贸然日从事于翻译，徒以麻沙燕石耗读者之目（原文为日，引者注）力，损读者之脑筋，虽科以欺骗杀人之罪，不为过也"。《祝震旦学院之前途》，《新民丛报》第 26 号，光绪二十九年正月二十九日，第 73 页。

〔36〕《敬告中国之新民》，《大陆报》第 6 期，"论说"，第 8—9 页。

〔37〕东京留学生今世楚狂来稿：《论广东举人梁启超书报之价值》，《大陆报》第 7 期，光绪二十九年五月初十日，"寄书"，第 1 页。

〔38〕东京留学生今世楚狂来稿：《论广东举人梁启超书报之价值》，《大陆报》第 7 期，"寄书"，第 3 页。

〔39〕东昭昭子：《论第六期〈大陆报〉》，《大陆报》第 8 期，光绪二十九年闰五月初十日，"寄书"，第 43—46 页。

〔40〕对于为何梁启超不作反击的原因，史家吕思勉后来曾有解释，他认为梁启超"辩品"很高，不护短，"虽与人辩论，绝不肯作人身攻击。人家对他作人身攻击者却不少，他从不肯作一次的报复，只是晓示人家以辩论不当如此而已……"吕思勉：《从章太炎说到康长素梁任公》，吕思勉：《吕思勉遗文集》上册，华东师范大学出版社 1997 年版，第 390 页。

〔41〕东昭昭子：《论第六期〈大陆报〉》，《大陆报》第 8 期，"寄书"，第 43—46 页。

〔42〕原《时敏报》未见，笔者是根据《大陆报》上的回应文章才知道《时敏报》曾为梁启超辩护过。参看《读时敏报》，《大陆报》第 8 期，"论说"，第 7—11 页。

〔43〕《张棡日记》手稿本，光绪三十二年六月三十日条，温州图书馆藏。此材料蒙华东师大瞿骏教授惠赐。

〔44〕转见陈平原、夏晓虹编：《二十世纪中国小说理论资料》（第 1 卷），

第 273—279 页。

〔45〕《美人手》为连载在《新民丛报》上的翻译小说,题为法国某著,
译述者署名为"风仙女史",该小说从《新民丛报》第 36 号开始连
载,到第 85 号止,中间偶有几期没有刊登。《美人手》为言情侦探
小说,常被归入鸳鸯蝴蝶派小说之内。后曾出单行本,"书共三册,
六十一章……情节离奇,虽非小说中上乘,亦佳构也"。《叶圣陶日
记》,收入《中国近代文学大系·书信日记集》(2),上海书店 1993
年版,第 788 页。该单行本曾在《时报》刊出过广告,广告详细介
绍了该书的情况,其中曾说道:"是书一出,不胫而走,凡数十版,
欧洲诸国争翻译之,其声价可想。"《〈美人手〉全书出现》,《时
报》1907 年 1 月 31 日。关于《美人手》的情况,可参看蒋瑞藻:
《小说考证》,古典文学出版社 1957 年版,第 455 页。

〔46〕孙宝瑄:《忘山庐日记》(上),第 526 页。

〔47〕以上引文均见陈平原、夏晓虹编:《二十世纪中国小说理论资料》
(第 1 卷),北京大学出版社 1989 年版,第 273—279 页。

〔48〕该段引文均见《贵林致宋恕函》(二),收入胡珠生编:《东瓯三先
生集补编》,上海社科院出版社 2005 年版,第 273 页。引文标点有
所更动。

〔49〕从其光绪二十九年三月十二日(1903 年)日记中看,孙宝瑄对于第
25 号《新民丛报》肯定是读过,还从中摘录和评论了梁启超发表在
该期的《近世第一大哲康德之学说》一文。参看孙宝瑄:《忘山庐
日记》(上),第 663 页。

〔50〕关于梁启超对当时读者的影响情况,可参看拙书《种瓜得豆:清末
民初的阅读文化与接受政治》,社科文献出版社 2016 年版,第
317—344 页。

〔51〕了青戏拟:《发起多夫会宣言书》,《申报》1913 年 2 月 27 日。

〔52〕有关这些书籍的较详细情况,可参看拙著《出版与文化政治——晚
清出版的"卫生"书籍研究》(上海书店出版社 2009 年版)第
四章。

〔53〕一新书局曾在 1905 年 8 月 26 日《南方报》及以后多期《南方报》
上刊载《吾妻镜》等书的广告。

〔54〕需要说明的是,公奴的《金陵卖书记》书后所附的"开明书店出版
新书目录",不是开明书店在南京卖书时的书目,因为该书目所标

的书籍价格与开明书店在《中外日报》《新闻报》等报刊上所作书籍广告的价格是相同的，而这些书籍不可能在被长途跋涉运输到南京等地后，仍会被保持在上海发卖时的价格水平。这个目录应该是《金陵卖书记》出版时开明书店的新出书籍目录。

〔55〕周彦文：《张竞生：中国出版史上的失踪者》，张竞生：《张竞生文集》（上），第1页。

（原发表于《近代中国妇女史研究》第 15 期）

晚清思想家何启、胡礼垣行迹述考

晚清思想家何启、胡礼垣以其合著的《新政真诠》知名于世，该书呼吁效法西方，变法改革，推行宪政，在晚清时颇受时人瞩目，尤为后来的思想史研究者重视。但有关两人，特别是关于何启本人的第一手资料非常欠缺，既有研究多根据二手、三手资料或传闻，有不少错误及缺乏推敲之处。以下笔者根据既有的原始资料、时人记载和相关的研究成果，对两人生平行迹进行一番钩沉考辨，或有利于加深对两人的认知。

一、何　　启

何启（Sir Kai Ho Kai），原名何神启，字沃生，原籍广东南海，咸丰九年二月十七日（1859 年 3 月 21 日）于香港出生。其父何进善，共育有五子六女，何启排行第九，为第四子。[1]进善长于经商，亦是伦敦传道会牧师。[2]故何启出生后即由传教士及汉学家理雅各（James Legge，1815—1897）牧师施行洗礼。[3]

五岁时，其姐何妙龄嫁与伍廷芳。十一岁，入香港当局所办八年制中学中央书院（Central School）求学，此校为当时香港最有名之中学，是新式英语学校，1889 年改名为维多利亚书院（Victoria College），1894 年改名为皇仁书院（Queen's College），孙中山在 1884—1886 年曾就读于此。因何启聪颖，直接越四级进入四年级（Class 4）。两年后，十三岁时，何启父死，何启从中央书院提前毕业。[4]应该是在这段时间，何启结识了时在中央书院任教的胡礼垣。之后，何启赴英国肯特（Kent）入读 Palmer House School。离开该校后，何启开始学医。

十六岁（1875 年 9 月），何启在 Aberdeen University 注册，四年后毕业，其间何启成绩优异，被授予过奖学金，最后顺利获得医学学士、外科硕士学位。大概这期间，认识了长于自己七岁的英国女友雅丽氏（Alice Walkden）。随后何启在英国当时最负盛名的医院之一 St. Thomas's Hospital 实习，复经考试获得外科医生执业资格；同年被吸收为英国皇家外科学会（Royal Collehe of Surgeons of England）会员。[5]后来时论曾评价说，"华人之出洋习医考到上等者，如黄宽、何启、颜永京，皆是也"。[6]

光绪三年四月十七日（1877 年 5 月 29 日），大概在姐夫伍廷芳介绍下，何启曾去中国驻英国使馆拜会，正好见到刘锡鸿与张德彝。刘、张两人日记中对此均有记载。其中刘锡鸿记载道："是日，有南海人何沃生者来见，年二十岁，伍秩庸之妻舅也。寓伦敦西南荣布定地方，在议院对门之大医院充学徒，人亦聪慧。"[7]张德彝的记录大致相仿："壬寅，晴。未初，有粤东南海人何沃生来拜，年二十岁，伍秩庸之妻弟也，现在议院对面大医院学医。"[8]

1879 年，可能受到雅丽氏的劝说（两人于 1881 年正式结婚，这可能是近代第一对正式的跨国华英婚姻，在种族主义盛行的维多利亚英国非常罕见），[9]何启暂舍医学改学法律，进入英国四大法学院之一的伦敦林肯法学院（Lincoln's Inn）学习，这种由医学到法学的陡然转变，在当时并不常见。不过，何启在法学院的表现不逊色于他在医学院，"以医道可济世，律学能治心，乃先考医学，列高等……再数年考律学，列第一"。[10]因为这种杰出表现，在1882年2月7日召开的立法会上，何启受到时任港督轩尼诗（Sir John Pope Hennessy）的称赞："这个已经获得林肯法学院最高等荣誉的年轻绅士（指何启），即将返回香港殖民地。"[11]此人也是第一位支持华人参与香港公共生活和公共服务的香港总督，他于1877年4月—1882年3月在任，故他能对何启如此关注。

光绪七年辛巳（1882年1月），何启从法学院毕业，获得律师资格。此段留英经历，对其后何启的政治主张与政治理想影响很大，日后何启受到港英当局重用，与其英国教育生涯特别是林肯法学院的经历有密切关系。

随后，何启携雅丽氏返回香港，先进入私人医院工作，成为香港第一个华人西医。不久他发现他的中国同仁与病人并不相信西医，遂改行做大律师（a barrister）。在进行诉讼时，"他坚持公正、严谨与廉洁。经常说富人不会好心肠，反而往往居心险恶。每当他处理兄弟争产案件时，首先在打官司前就据理阻止他们对簿公堂。由于这些原因，虽然何启身为律师多年，但他依然光景不好。"[12]何启同时积极参与公共生活，还被港英当局委任为"太平绅士"（Justice of the Peace）。对于香港中文报纸《华字日报》的经营运作，何启也积极襄助。[13]

1884年6月8日，妻子雅丽氏病逝，留有一女，送到英国外公家哺养。[14]何启续娶华侨女子黎玉卿为妻。二十七岁，何启被港督任命为"公众卫生委员会"非官方委员（1886—1896），为改善香港华人社区的医疗事业作出很大贡献。他尤其反对按照西医和西方的卫生标准来对待本地华人居民，提倡尊重中医和华人的生活习惯。之后，何启还先后获得多种官方和非官方的职务与称号，如 the Standing Law Committee，the Examination Board，the Medical Board，the Po Leung Kuk Committee，The Dustrict Watchmen Communite，a knighthood，等等；何启同时还是香港医学院的创建者之一。[15]

光绪十三年丁亥（1887 年 2 月 26 日），为纪念雅丽氏，何启出资支持伦敦传道会开办雅丽氏纪念医院（Alice Memorial Hospital），附办西医书院，何启出任医院名誉秘书，兼授高级课程。[16]此医院培养人才甚众，孙中山即为其中之一，他于光绪十三年八九月间入西医书院，光绪十八年（1892）毕业；同学有陈少白、王宠益等人。[17]这段学医经历对孙中山日后事业影响很大，除结识后来援助他的老师康德黎（James Cantlie）医生与不少同道外，孙中山日后思想也颇有受何启影响之处，如何启女婿傅秉常所言："孙中山总理为该校（指西医书院）第一班学生，后余随侍总理左右，总理于暇时常谈起受何启教益之种种，自谓其革新思想颇受何启启发。"[18]何启对日后孙中山的事业也多有赞助，[19]即肇始于此师生关系。[20]

光绪十三年正月，曾纪泽在 1887 年 2 月 8 日香港英文报《德臣西报》（China Mail）上发表《中国先睡后醒论》（"The Sleep and the Awaking"），何启以"华士"（Sinensis）笔名在 2 月 16 日《德臣西报》上发表了回应文章《曾侯论书后》（"China the Sleep and the Awaking：A Replay to Marquis Tseng"），批评曾纪泽在《中国先睡后醒论》中的观点。[21]稍后该文由胡礼垣译增为中文《中国先睡后醒论书后》发表，此后他和胡礼垣合作发表了多篇政论，系统阐述改革的新思想，抨击有关的保守言论与行动，呼唤"真自由"。如光绪二十年（1894）联合发表的《新政论议》、光绪二十四年（1898）的《新政始基》

《康说书后》、光绪二十五年（1899）《新政安行》《〈劝说篇〉书后》、光绪二十六年（1900）的《新政变通》等，这些文章多由何启先用英文表达，胡礼垣再用中文加以发挥扩充，先后发表在《德臣西报》《知新报》《亚东时报》《中国旬报》等上面。[22]个别文章还为国内的报纸转载与介绍，如《新政论议》一文就被《申报》进行了介绍，并加以西学中源式的解读，鼓吹"新政之行，正古法之复也"。[23]该文还曾被某读者读后特意登报致谢，实际是为之作广告宣传："昨承香港中华印务总局以何君沃生、胡君翼南所著《中国宜改革新政论议》一帙见贻，受而读之，觉议论崇宏、见识远到，贾谊《治安》三策，未必能专美于前。两君诚今之有心人哉！为跋数言，以志钦迟！"[24]另外，《〈劝说篇〉书后》一文还出版有单行本，定价一角五分，在上海由格致书室、广学会、《游戏报》馆发售。其广告曰："此书为大律师何启所著，于古今中外政治学术之源流了如指掌，其驳正南皮尚书原本处义正辞严，不少假借，尤足为尚书诤友。凡百君子，不可不读也。"[25]

何启、胡礼垣将1899年前的六篇文章收在一起，由朋友赐名为《新政真诠》在香港出版，后该书补充了《新政变通》和《前总序》《后总序》，在上海再版。[26]书中的个别篇目，像《曾侯论书后》等被收入《皇朝经世文三编》《皇朝经世文新编》中，《新政论议》则被梁启超列入《新学书目表》中，《〈劝说篇〉书后》则被收入《皇朝蓄艾文编》中。后者受到日本学者内藤湖南的高度评价，他在1899年11月27日与张元济的笔谈中说："《劝学篇》文字老成，然其议论，于泰西事情则一知半解，有贻笑于识者。何君启《书后》，虽攻之过于刻薄，而其切当之处，则张尚书难措辨者，且何君泰西学术深邃精博，盖非张尚书之流也。"[27]内藤同时还关注了何启的《新政安行》等著作的出版情况。何启、胡礼垣的思想也被日本人白河次郎、国府种德在所著《支那学术史纲》中提及，并为在1907年底读到《支那学术史纲》的士人徐兆玮注意并摘录："其说我朝学术，谓发挥汉宋之学不遗余力，惟以忠君之说，献媚朝廷，是其所短。独南海何启、胡礼垣唱导自由民权，于张之洞所著《劝学篇》，排击痛快。广东一隅最为进步云云，尤独具只眼。旁观者清，盖逆知专制之不足以自立，而民权必有发达之一日也。"[28]

除了何启与胡礼垣合作的这些文章，何启还用英文对当时局势发表过一些评论，有时还与韦玉（Wei Yuk）合作发表文章。[29]亦曾在香港商会开会时发表演说，陈述中国周边形势，鼓吹中国改革的重要性。[30]

从光绪十六年（1890）到1914年因健康原因退休，何启一直是香港立法会的非官派议员，在前六年，何启甚至是唯一的华人成员。在职期间，他积极地参加有关活动并表达意见，获得时论与官方好评。[31]光绪二十年，香港发生了一次非常严重的鼠疫，在应对瘟疫过程中，作为立法会和公共卫生委员会的成员，何启很好履行了自己的职责，充当了港英当局与华人居民之间的桥梁，维护了华人社区的利益。[32]

光绪二十一年（1895年10月），兴中会图谋发动广州起义，对清廷统治不满的何启亦进行了襄助，"于对外宣传及起草英文宣言，大得其（何启）力"。[33]光绪二十二年（1896），何启在伍廷芳的陪同和推荐下，因经济窘境赴上海求职，违心地充当了盛宣怀两个月的客卿。[34]这时，他同伍廷芳的政治观点愈发分歧，何启认为清廷的腐败与无能使其已经不能成为改革的依靠，他开始支持孙中山的革命事业，伍廷芳则仍然选择相信清廷。[35]

光绪二十六年（1900）七月，英敛之路经香港，曾数次访问何启寓所。第一次访问不遇，第二次访问则遇到胡礼垣，因语言不通（英不会粤语，胡不太会讲国语），双方以笔进行交流。此次见面，英获胡赠《新政要行》一本，及向胡出借《康学书后》一本。直到英敛之第三次来访，才遇到何启、胡礼垣同在，双方终于订交，但沟通语言"只可达意"。其中，英敛之对何启印象尤为深刻，"乃作西装，年四十许，微须，状貌魁梧"，"而何公尤轩昂"，英敛之甚至"愿执弟子礼"。当时交往情形在英敛之日记里都有比较详细的记录。[36]以后何启、胡礼垣二人著作在内地印行、销售，多赖英敛之的努力和揄扬。[37]之后，英敛之为创办《大公报》，亦经常写信向何启、胡礼垣问询，并请代为物色翻译等人选。[38]

光绪二十五年（1899）时，美国国务卿曾提出对华的门户开放政策，美国开始大举插手中国内政，并主动干涉义和团事件。随后，何启以 Sinensis 笔名在 1900 年 8 月 22 日《德臣西报》上发表了一封致美国国务卿海约翰的公开信（"An Open Letter to Mr. John Bull on the Situation"），讨论义和团问题。他批评海约翰对中国国情不够了解，不理解义和团事件，认为义和团事件起因不在于传教士及其信徒的作为，而是由于高级官员及其部属、士大夫的煽动，他并指陈中国现状的糟糕，点出解决危机之道，希望美国、英国等列强能督促腐败的清政府改革，联络有能力的中国志士，与清廷进行和平谈判。[39]在义和团运动期间，何启亦曾联合孙中山、港督等人积极游说两广总督李鸿章独立，但未获成功。[40]

光绪二十六年年底，增补本《新政真诠》在英敛之帮助下，由上海著易堂印刷、格致新报馆发行。该书销量不少，影响颇大，曾出现盗版。[41]

光绪二十七年，上海《同文沪报》馆收到香港中国报馆赠送的《新政真诠》一书，特意在该报登载《赠书志谢》，高度评价该书："《新政真诠》一书为南海何君沃生、三水胡君翼南所同撰，计《曾论书后》……七种，其书条理蕃护，精义岑奥，决破罗网，荡除榛秽，非有卓识巨力、精思博学，不能翔实若是。真维新之钤键、变法之津梁也。昨承香港中国报馆以一帙见惠，合志数语以鸣谢忱，并为当时留心新学者告焉。"[42] 而所赠此书的版本很可能就是英敛之代为出版的版本。

光绪二十八年（1902），何启创办 St. Stephen's Boy's College。

光绪三十一年，该年阳历 9 月初，"美国陆军卿他付地"访问香港，与何启、韦玉等华绅六人"在香港总督议君席前会谈"，记录发于 1905 年 11 月 7 日《大公报》，内中有何启答词，《大公报》对此进行了转述，从中可见何启对美国禁止华工条例及中国内地抵制美货的看法：

> 本港议例局员何启君答之，略谓与同僚各君于他付地君抵制流弊，终归威胁恐吓，致生枝节之议，甚表同意，然于华人所以举行抵制之感情，尤表同情也。彼以为美人施行禁工之例，未免过于严酷，且有伤及商人、游学等人之权利。何君等欲以所见四款陈之他君之前，深望约章条例妥为删改，以徇华人之所求云。第一款，何君以为华工二字宜分别清楚，美国商工局之举动，间有失之不公，如能将华工二字之界限画清界限，使在美国行法之官及华人，

于将离祖国求入美境执照之前，彼此心内了然，自无误会留难之流弊。何君盖以为华人之风俗，其经商外国者，每欲有人瓜代，故其携往美国之伙伴，查视为生意局内之人，店中所用之司事、抄写、卖手等等，盖有长远安置之意在也。此等人员阅历既深，即为店中之合伴，故若辈日间之工夫，或有类于工人之作动，如取货、示客及收拾各货等等，然亦不能视为工人等语。他君甚韪其言……第二款何君谓领事所发之执照，若无冒名欺骗之事，即应视为终局之凭证。他君谓于其私见甚以此议为然……第三款，何君又谓所宜注意者，香港南洋各英属之地，多有英籍之华人，又如安南之法籍华人，入南洋之芜籍华人等等，其中类多殷富饱学之辈，所以不肯往游美国者，盖不欲因呈验执照而受种种之欺凌也。何君以为宜令其向该管之政府领取路照，登明身份国籍，携至该处美领事盖印认可，美国即应视为可行之实据，能得此等办法者，人数必不多，且又可信无弊，盖有公正美领事之签押，又有该地政府之证凭，则美国不妨视为可靠者也。如能准携有路照者入境，则其人之中情必深为感激，且条例之增改不多，已令其人之视听大为不同矣。他君深望将来于修例之时有此等条款添入例内，俾将所有凌虐之事删除。伊尤愿将此说告大总统及国务卿。第四款，何君又谓凡华工路经美国而往他埠者，因候船之故，逗留美国，每受美人监禁木屋之苦，尤宜改良此等条例约章。他君谓此中详细未得，而闻惟必将此情形告之大总统，务施行慈祥之条款，以免被困之华人受种种凌辱害之待遇云。

光绪三十二年（1906 年 9 月 1 日），孔天增在《寰球中国学生报》英文版发表文章，将何启同严复、林文庆、辜鸿铭、伍廷芳、唐绍仪、梁诚、沈敦和一道，归为受过外国教育的最杰出中国人之列。[43]

光绪三十三年（1907）起，何启又参与创办香港大学。宣统元年（1909），又与胡礼垣共同发起为香港大学募捐活动。胡礼垣称："沃生兄所办公事，当以此为第一。"[44]在此次募捐活动中，清廷的外务部和两广总督都捐款不少，被时论称之为"豪举"，"今之衮衮者，视吾全国之学校皆如粤督、皆如外部，皆如其所以赞助香港大学者，吾国教育之进步，宁患不一暝千里乎？然而不能吾国之学校多矣，其如非外人建设者何？"[45]

因为何启对香港公共事业的参与及贡献，乃至他与港英当局的良好关系，1912 年，英国政府授予他爵士称号，这是首位华人获得此爵位，甚至让何启母校中央书院（皇仁书院）与有荣焉。[46]毕竟，对于殖民化时期香港的不少华人居民来说，这是梦寐以求的荣誉。

另外，据 1912 年 4 月 24 日《申报》上《学生会欢迎何启君》的报道可知，何启亦曾于 1912 年 4 月底再次短期造访上海，并借住于伍廷芳公寓，上海著名学生组织寰球中国学生会还邀请其去参观访问。该报道还简单介绍了何启过去之事迹及主要著述，以及其对于香港的贡献而获封爵一事。在对寰球中国学生会的访问中，何启发表了"一中时之久"的演说，演说内容主要是团体与个人之关系，据报道说该演讲"议论精辟，闻者击节称赞"，旁听者有伍廷芳、李登辉、陈贻范、梅殿华等诸多人士，"颇极一时之盛"。[47]

1912 年年底，作为香港华人领袖的何启，曾劝说华人不要抵抗港英当局为地方治安制订的电车条例，更不要抵制电车。[48]

何启不善治生，尤其是在光绪二十一年（1895）其次兄何神添（又名何添，非后来创办恒生银行之何添）破产后，何启受到牵连，要为之还债。加上何启子女众多（十子六女），应酬也多，负担极重，入不敷出，经常举债度日，直到他去世，这种生活状态都没有改变。

1914 年 7 月 21 日，何启突然病逝，留下许多欠债，子女教育亦成问题。尽管有朋友和港英当局的资助，何启一家人还是于四年后迁往上海，依于伍廷芳。何启则葬于只有英人和华人精英才能安葬的跑马地坟场，今其墓及墓志铭尚存。[49]

二、胡　礼　垣

胡礼垣，字荣懋，号翼南，晚年号逍遥游客。[50]道光二十七年丁未（1847）生于广东三水县三江乡。因父亲经商于香港，遂随父流寓香港。虽然寓居香港，但科举的吸引力依旧很大，少年胡礼垣还是如中国绝大多数士子一样，走的是科举之路，科举不成才去经商和改从别业。只是有关胡礼垣生平的一手资料，同何启一样，也是非常之少。目前最可以依靠的，就是陆廷昌所作《胡翼南先生事略》，该文的描述尽管存在不少不够准确或过分美化、夸张、渲染胡礼垣之处，但仍是相关研究者必须依据的文献。

据该文所言，胡礼垣"少颖异，读书过目成诵，十岁通四书五经能为文。未冠，应童子试，辄冠其曹"。从这段稍显夸大的描述可以看出，胡礼垣少年时期所走之路和所读之书，不过，"辄冠其曹"或未必然，否则胡礼垣就不至于"屡试不售，即弃举业"了。这一时期，据胡礼垣写给伍廷芳的信中所述，"先生为垣五十四年前英文之业师"，[51]他大概在十三四岁时一度追随伍廷芳学过英文。抛弃举业后，胡礼垣不得不另辟道路，选择西学就是必然了，所谓"专研经史，肆力于诗、古文辞，复研西学"。1862 年 2 月 1 日，进入所谓"香港大书院"即中央书院读书。[52]在该校读书期间，胡礼垣"凡西国文学、政治，无不考求"，打下了较为厚实的西学基础。同治九年庚午（1870），或许是因其中西兼通，"以优等毕业，为政府所委任"，[53]胡礼垣毕业后留校担任中央书院中文教师，"充院教习"，恰逢何启入校就读。二年后，胡礼垣去职经商。

同治十二年十一月十七日（1874 年 1 月 5 日），王韬在香港创办《循环日报》。[54]胡礼垣在光绪五年癸卯（1879）任该报翻译员，到光绪七年（1881）离职赴沪。[55]这期间，年轻的胡礼垣目睹时弊，又受科举不第的折磨，或许会受到力主改革的王韬一定影响。离开《循环日报》后，胡礼垣一度到郑观应主持之上海电报分局任职。广东老乡陈兰彬、郑藻如分别于1878、1881 年奉命出使美国等国，曾邀请胡礼垣为随员，"聘往襄赞"，但胡本人"辞不就"。[56]后人认为其原因在于胡平素"淡于荣利"。但此说比较牵强，因胡屡曾自述"身居物外，心切寰中"，[57]那时候不像现在的外交官是肥缺，做随员其实并没有多少"荣利"，社会亦轻视之，故一般人视为畏途。1882年（壬午八月），胡礼垣同友人一起去东南亚一带游历与经商，其间，他曾致信友人叙述这一带的物产民情与商机。[58]胡礼垣亦同冯明珊等人一起，请求英国当地总督给予中国农民一定田地，让其开垦谋生。[59]由此，遂有不合常情的苏禄国王让国与之的神话诞生。[60]致个别研究者不查，竟信以为真，揄扬不已。[61]

光绪十一年（1885），胡礼垣又到罗鹤朋创办的香港《粤报》任职，因经营不善，《粤报》不久就倒闭，胡礼垣复经商。[62]礼垣这时还翻译出版了《英例全书》，但没有得到官方重视，礼垣引为至憾，"光绪十一年，鄙人曾将《英例全书》译印，西法精意，多所发明，海内之士，深以为趣。无如在官者虽明知其善，而耻于效人也"。[63]

光绪十三年正月，曾纪泽在 1887 年 2 月 8 日香港英文报《德臣西报》（China Mail）上发表《中国先睡后醒论》（"The Sleep and the Awaking"），何启以"华士"（Sinensis）笔名在 2 月 16 日《德臣西报》上发表了回应文章《曾侯论书后》（"China the Sleep and the Awaking: A Replay to Marquis Tseng"），批评曾纪泽在《中国先睡后醒论》中的观点。稍后，该文由胡礼垣译增为中文《中国先睡后醒论书后》发表。从此确立了两人之间的合作议政生涯。

大约光绪十九年（约 1893 年年底），胡礼垣东游日本，"癸巳之岁，予游日本"。[64]礼垣来日意图何为？这时粤人颇多到日本神户等地经商者，《郑孝胥日记》里有多处相关记载。礼垣目的亦可能是为了经商。经商之余的文人赏玩必不可少，他在神户写下《题神户大铜佛诗》。该"诗非佳构"（其实胡诗虽多，但不守"诗法"，多用新名词入诗），还是表现了他对信佛的否定态度及浪漫气质，说明此时之礼垣尚积极入世，决非"淡于荣利"。

光绪二十年三月（1894 年 4 月），胡礼垣卷入一场官司当中，事情源于五年前，他是王宠益借款的三个担保人之一，当时他是一航运公司职员，后来王破产，律师曹善允（1868—1953）便起诉胡，要其代为偿款 16 600 元。久已不为人做辩护律师的何启挺身而出，为胡礼垣打赢了官司。曹其实也是何启的好朋友，在何启晚年照顾何很多，是一战之后香港的风云人物。[65] 同年，胡礼垣、何启合著的《新政论议》发表。

光绪二十年七月初二日（1894 年 8 月 2 日），礼垣于神户拜见驻日领事郑孝胥，据郑日记记载："胡翼南来，其人年四十余，颇恳直。"[66]《胡翼南先生事略》中曾言胡礼垣在中日失和时，由于驻日官员均归国，各国领事遂举胡礼垣暂代，"先生固辞不获，遂权摄焉。兵事方棘，调合抚戢，商民赖之，其为外人所信服如此"。[67] 张学华的《胡翼南先生墓志铭》亦云："中日构衅，朝使归国，侨商举君暂时摄领事，绥怀安定，市肆宴然。"[68] 这样的说辞恐系陆廷昌和张学华的想象或夸大之辞，因胡乏实际政治功业，故在其死后进行粉饰溢美。据郑孝胥记载，中日战起，当时官员被命返国，"在倭华民""允托美国保护"，至于商人"去留听之"，且"不必留西翻译，仍于商家中公举通英文及汉文一人，月给三四十元，作为通事"，选中的这个通事则是与郑孝胥关系密切的广东人"黄槐三"。[69] 文人好名，礼垣也不例外。在胡礼垣自己留下的材料中，对于自己受到的赞扬，几乎都是有闻必录，且到处宣告友朋，但从未述及他曾经在日本暂代领事这件事情；加上按常理推测，以胡礼垣当时的身份地位，他似乎不太可能受到各国领事瞩目，故陆、张的这段说辞应该不确。

大概因为甲午战起，经商不成，礼垣也离开日本返回香港。在香港经商之余，开始担任文学会译员，"任事三载"。[70] 之后，就过起赋闲生活，"退隐于家"，专事著述，"日惟闭户著书，考察列国政治得失，与何君启研究法律，至于哲学、宗教，莫不穷其要理"。[71] 胡礼垣与何启的文字合作进入鼎盛期，以礼垣为主，两人合作发表多篇主张新政文章，后收入《新政真诠》一书，先后在香港和上海出版。[72]该书中部分篇目还曾被译为日文，在日本《东邦协会报》发表。"忽忆十二年前，日本《东邦协会报》曾将鄙人与何君沃生所著《新政真诠》诸编，译登报中，大肆评论，影响所及，中国学士大夫乃始折节究心实学。"[73]《新政真诠》确立了两人在中国近代史上的政论家与思想家地位。

光绪二十四年（1898），胡礼垣致信给时在北京观察中国政情的伊藤博文。"己亥之岁，日本伊藤侯博文在北京时，予尝致书劝侯当爱人而及人之邦，毋徒顾己而私己之国。"[74]

光绪二十五年（1899）二月十六日，英敛之读了《新政论议》等文章后，佩服不已："是晚始句读何沃生、胡翼南两先生《新政论议》讫，服其立言明白晓畅，说理渗透切中，直欲向书九叩，不止望空三揖也。其《新政始基》，尤觉为中国之顶门针、对症药，非抄袭陈言、偏执一见者之能望其项背。惜余过香港时未能拜谒，一伸钦挹之忱。并恨未能多购若干，分赠朋友，使多欣赏奇文也。"[75]三月一日，英敛之又读了《新政始基》诸篇后说："予极服其剀切详明，爱莫释手；但觉其冗句太多，不免词费，恐人阅未半，而欠伸思睡耳。然较其前作之《新政论议》尚少，前作几近四万言，何其洋洋洒洒，如长江大河之一泻千里耶！真近世有数文字。"[76]

光绪二十五年（1899）七月，胡礼垣为即将出版的香港版《新政真诠》撰写了《前总序》。[77]

光绪二十六年（1900）七月，胡礼垣、何启与英敛之订交。[78]英敛之到上海后还替胡礼垣购《明夷待访录》等书寄胡。[79]以后双方文字、书信往还不断。光绪二十六年（1900）孟冬，胡礼垣与何启写成《新政变通》，胡礼垣又写成《新政真诠》的《后总序》。稍后英敛之在上海两次重印《新政真诠》。

光绪三十二年（1906）丙午，胡礼垣开始写作《梨园娱老集》，丁未（1907）之春写成，次年出版。胡礼垣撰写该书虽早有计划，但更缘于作者内地游的刺激："前年偶游内地，见竹棚歌舞所演戏文，阻塞进化之机，降低人格之品，中国之不能变，未始不由于此。怅触于怀，不能自已。"[80]改良戏曲是清末启蒙人士中比较普遍的呼声，胡礼垣身体力行，借用戏曲这个流行文类来宣传其政治思想与政治理想："此书虽曰娱老，实小则为少年男女修德育，大则为齐家治国平天下而作。以梨园者人所同乐，故借其题以为发挥。人老则事无能为，只写其心以为愉快，此《梨园娱老集》之所以名耳。"[81]全书分两册，自许甚高："第一册破专制，开大同之基也。第二册箴自由，立大同之极也。"[82]书出版后，胡礼垣将其挂号分赠达官显贵、名流、各报馆和广东绅商："拙集自告成时，即以挂号法分寄王公大臣、督抚大吏、驻外公使、外国名流、诸家报馆，并粤省绅宦以及拥皋比而司觉世牖民之责者。如有介绍，亦必寄呈。无他，为欲开风气之故也。"[83]胡礼垣亦赠书百部给香港皇仁书院（即胡所谓香港国家大书院），还给英敛之写信表达了自己与何启的区别："沃生兄勇于立学，鄙人务在立言。异曲同工，和无二致。"[84]胡礼垣并托英敛之将此书转赠严复一本，求其品评。[85]严复在回信中礼节性地给予该书很高的评价。[86]

光绪三十四年（1908），粤东特大水灾，香港女界、澳门女界为水灾捐款捐物，"中国数千年来所未闻"，胡礼垣为此分别写诗十二首记之。[87]

宣统元年（1909），胡礼垣发表英文公开信，说明赠《梨园娱老集》给皇仁书院及一女校的原因和著述宗旨，并遗憾自己大量用中文书写导致限制了英语读者，他亦对"自由"之义进行了学理阐发。[88]之后该书广告频频出现在《大公报》中。同年，胡礼垣撰写了《香港创设大学堂劝捐序》。[89]与何启共同发起为创办香港大学的募捐活动。一些香港名流也纷纷撰文称颂创办香港大学的意义，所撰部分文章即见于1909年的《黄龙报》（*The Yellow Dragon*）。该年9月16日，胡翼南《读吴芝瑛女士传记事略贴感而有言》发表于《大公报》。9月25日，《梨园娱老集叙言》又在天津《大公报》上发表，一并发表的还有胡礼垣致英敛之第一函，该函连载于25、26、27日《大公报》。接着，《大公报》9月28日又连续发表了《胡翼南先生论娱老集第二书》，9月29日发表《胡翼南先生论娱老集第三书》，9月30日、10月1日连载《胡翼南先生论娱老集第四书》。之后《梨园娱老集》部分内容也先后在《大公报》（1909年10月10日、11月18日）上连载。

宣统二年（1910），胡礼垣感于当年日本正式吞并朝鲜和上年日本朝鲜总督伊藤博文被刺事件，写作《伊藤叹》诗一百二十五首，提倡爱人、和平，反对战争与为私利的帝国主义行径，先后在香港《循环日报》与天津《大公报》发表，年底辑印成书出版。[90]

1911年，邵浦源在庚戌十一月为胡礼垣《伊藤叹》诗写作《辑印伊藤叹诗序》，发表于1911年1月13日《大公报》。序中高度评价《伊藤叹》："近著《伊藤叹》一篇，卓识鸿裁，夐绝千古，诗才史笔兼擅，其长于哲理关键，大放光明，读者知天下环球各国之必将趋于大同之道也，实有不得不由之势。"七月中旬，胡礼垣开始撰写《满洲叹》，共一百五十首，反对开明专制，大力挞伐专制政治和清廷的黑暗统治，先后刊登于天津《大公报》，复辑印成书出版。

宣统三年九月二十三日（1911 年 11 月 13 日），胡礼垣感于辛亥革命进展如此迅速，遂写作《民国新乐府》，歌颂革命事业，期望获取更大成功，"非徒志喜也，且以惩前毖后之词，为进化文明之劝"。[91]

1911 年 3、4 月间，李提摩太发起全球弭兵会的报道，由香港《华字日报》率先刊出。胡礼垣看到后遂致书李提摩太，并同时寄给李《梨园娱老集》《伊藤叹》等书，希望李能帮助中国改革弊政，弘扬自由真义，推动全球弭兵计划。[92]胡礼垣该信还以《胡君翼南与李提摩太论全球弭兵书》之名被上海《时报》连载。[93]

武昌起义爆发后，革命的迅速推进颇让胡礼垣激动和兴奋。约 1911—1912 年之交，胡礼垣写信给伍廷芳，表达对共和肇建的喜悦及愿意为革命出谋划策的热情，提出对清的政策和注意事项，希望伍廷芳能够发挥作用，"为中华植平等自由之福，为寰宇立大同至治之基"。[94]随后，胡礼垣致信孙中山献计献策，表达自己对时局的见解，阐发其大同思想，并送《梨园娱老集》《伊藤叹》《寄李提摩太书》《民国新乐府》给孙中山。[95]但孙中山只是礼节性地简单回信，未有进一步表示。胡礼垣遂再次致信伍廷芳，提出对时局的规划，阐发其乌托邦空想，认为中国革命乃"天下和战转折之机关"，中国现在应该抓住机会，"约环球各国，永订和好，从此修文偃武，只凭公理而行，惟以道德相尚……"。[96]胡礼垣亦寄书给伍廷芳，请伍代为送书给温宗尧等人，以扩大自己声名。

1912 年 2 月 29 日，胡礼垣的《世界反正篇·新汉乐府》

发表于《大公报》。

1913 年 2 月 13、14、15 日，《大公报》先后发表胡礼垣为《达辞大字典》所撰序言。据序言中胡礼垣自谓，该文实际撰于 1912 年 5 月。12 月，黄潜夫为胡礼垣《道学辨正篇》撰写序言，该序言后发表于 1914 年 1 月 7 日《大公报》。《道学辨正篇》也于稍后连载于《大公报》1914 年 1 月 8、10—17 日。

1914 年 7 月 2 日，何启出殡当日，胡礼垣作《灵魂不死》，回忆往事，怀念何启及另一亡友区氏，并感慨欧战酷烈，阐发进化论、基督教和佛教杂糅的灵魂不死观念及信仰。[97]

1914 年年底（甲寅冬月），胡礼垣开始写作《德王叹》，诗成共三百首，主旨为呼吁和平，主张国家之间应该争胜于道德而非血气，谴责德国破坏中立，穷兵黩武，发动战争。同时开始写作《宗教略义》，批判、反思欧战，阐发宗教作用。此文或可被视为开欧战后中国科学与人生观论战中玄学派的先声。

1916 年 10 月 14 日（丙辰年九月十八日），胡礼垣病逝于香港，葬于香港铜锣湾加路连山，妻梁氏先逝，遗有子三、女一。著书二十三种，文集汇为《胡翼南先生全集》，凡六十卷，在 1920 年出版。

三、小　　结

以上大致钩沉了何启、胡礼垣两人的行迹及相关的著述情况，应该能对既有的研究作些纠正补充，并能提示若干资料线索和研究信息。但囿于笔者所见资料，像同何启有关的香港立法会的档案，不但发表何启文章、还可能会报道何启行迹的英文《德臣西报》（*China Mail*），何启在英国求学学校的档案，同何启、胡礼垣有关的香港大学档案，胡礼垣发表过文章的《循环日报》《华字日报》等等，除了保存不完整的《循环日报》外，其余资料笔者几乎皆未曾寓目。故此，本文在叙述两人生平行迹中的关键部分时仍旧比较简单，很多只能靠旁人的记载或报刊报道中偶尔的涉及来拼凑，希望以后能有时间继续为两人生平行迹增补资料。

注释

〔1〕有研究者说何启为第二子，亦有研究者说何启为第五子，实际上，何启墓志铭标其为第四子。

〔2〕余启兴：《伍廷芳与香港之关系》，《寿罗香林教授论文集》，香港万有图书公司1971年版，第266页。

〔3〕参看李志刚：《民国以前香港基督教之本色化事业及其影响》，收入氏著《基督教与近代中国文化论文集》（一），台北宇宙光出版社1989年版，第247页。

〔4〕G. H. Choa, *The Life and Times of Sir Kai Ho Kai*（Second Edition），Hong Kong：The Chinese University Press, 2000, p. 20.

〔5〕当然，如何启传记作者所言，获得这些学历与资格并不意味着何启在外科学上造诣多深，因为对于当时一个普通英国外科医生来说，这些都是最基本的条件。G. H. Choa, *The Life and Times of Sir Kai Ho Kai*（Second Edition），p. 21.

〔6〕《论西药渐行于中土》，《申报》1888年1月29日。

〔7〕刘锡鸿：《英轺私记》，岳麓书社1986年版，第143页。

〔8〕张德彝：《随使英俄记》，岳麓书社1986年版，第404页。

〔9〕G. H. Choa, *The Life and Times of Sir Kai Ho Kai*（Second Edition），p. 22.

〔10〕罗香林：《香港与中西文化之交流》，香港中国学社1961年版，第159页。

〔11〕G. H. Choa, *The Life and Times of Sir Kai Ho Kai*（Second Edition），p. 22.

〔12〕G. H. Choa, *The Life and Times of Sir Kai Ho Kai*（Second Edition）， pp. 43—44. 有关何启这段律师经历，可参看该书第 35—48 页。

〔13〕据时任《华字日报》总理的陈止澜说，在《华字日报》创办之初的同治三年，伍廷芳、何启等即参与其中。陈这里应系将何启后来的参与活动提早了。参看陈止澜：《本报创造以来》，《〈华字日报〉七十一周年纪念刊》，香港《华字日报》编辑部 1934 年版，第 1 页。

〔14〕有研究者说此女早殇，但何启女婿傅秉常说他 1919 年在伦敦还见过。沈云龙等：《傅秉常先生访问记录》，"中研院"近代史所 1993 年版，第 10 页。时人孔天增（Kung Thies-Cheng）在为何启所写的英文传记中，也说此女被送往英国。Kung Thies-Cheng, "Prominent Foreign-Educated Chinese," *The Word's Chinese Students' Journal*（《寰球中国学生会报》），Vol. 1, No. 2（Sept., 1906），p. 22。

〔15〕G. H. Choa, *The Life and Times of Sir Kai Ho Kai*（Second Edition），p. 25.

〔16〕罗香林：《国父在香港之历史遗迹》，香港珠海书院 1971 年版，第 15 页。

〔17〕参看吴伦霓霞等编：《孙中山在港澳与海外活动史迹》，香港中文大学联合书院 1986 年版，第 18—30 页。

〔18〕沈云龙等：《傅秉常先生访问记录》，第 10 页。关于何启与孙中山之关系，可参看方豪：《清末维新政论家何启与胡礼垣——兼记〈新政真诠〉二次重印的经过》，《方豪六十自定稿》（下），台北学生书局 1969 年版，第 2108—2109 页。

〔19〕据刘成禺记伍廷芳言："沃生为律师，兼港绅，领华民政务司事。沃生之友胡礼垣，最善中文，同发表驳张之洞《劝学篇》书后，传诵一时。沃生又与陈少白等著《盛世危言》，中山先生曾参以己意。孙先生与陈少白来沪，将此稿售于粤人上海招商局总办郑观应，由观应出名刊行，售价二万金。《盛世危言》全部最后一篇，则孙先生与陈少白所补录也。孙先生携此两万金，草就上北洋大臣李鸿章书，未果行。予在港，理律师事，皆未与闻。沃生则颇有兴味，然始终未作清朝之官，此沃生高尚过人处。沃生死矣，其手创之亚理士医院学堂，即借此以纪念其英国夫人者，得学生如孙中山、尤烈、陈少白等，皆为建造中华民国之伟人，亦足慰沃生之志愿矣。"见刘成禺《世载堂杂忆》，中华书局 1997 年版，第 163—164 页。此处说何启、孙中山等人著《盛世危言》卖与郑观应，恐不确，或系刘

之杜撰，否则诸多孙中山研究者恐早如获至宝，将郑氏版权剥夺矣！清末革命派人士也有另外一种说法，认为《盛世危言》"为皖人吴汉涛所撰。吴昔与孙逸仙交，其书半皆成于孙。后吴应郑之请，故执其说以售之，获多金。"《近四十年世风之变态》，《国民日日报》1903 年 10 月 21 日，转引自张枬、王忍之编：《辛亥革命前十年间时论选集》第一卷下册，三联书店 1960 年版，第 741 页。引文标点有所更动。

〔20〕参看吴伦霓霞：《兴中会前期（1894—1900）孙中山革命运动与香港的关系》，《中央研究院近代史研究所集刊》第 19 期（1990 年 6 月），第 220—221 页。

〔21〕有关情况可参看 G. H. Choa, *The Life and Times of Sir Kai Ho Kai* (Second Edition), pp. 195—201。

〔22〕各篇文章写作或发表时间，参看《胡翼南先生全集》，收入沈云龙主编：《近代中国史料丛刊续编》第二十七辑，台北文海出版社影印本，第 74—75 页。

〔23〕《中国宜行新政论》，《申报》1895 年 6 月 10 日。

〔24〕《赠书鸣谢》，《申报》1895 年 5 月 31 日。

〔25〕《〈劝学篇〉书后》，《游戏报》1899 年 8 月 24 日、《中外日报》1899 年 10 月 17 日。

〔26〕参看方豪：《清末维新政论家何启与胡礼垣——兼记〈新政真诠〉二次重印的经过》，第 2107—2108 页。

〔27〕内藤湖南、青木正儿：《两个汉学家的中国纪行》，王青译，《光明日报》出版社 1999 年版，第 71—72 页。

〔28〕见李向东等标点：《徐兆玮日记》第 2 册，黄山书社 2014 年版，第 823 页。日文原文参看国府种德、白河次郎编述：《支那学術史綱》，東京博文館 1900 年版，第 129 页。

〔29〕有关篇目可参看 G. H. Choa, *The Life and Times of Sir Kai Ho Kai* (Second Edition), p. 193。

〔30〕《再续香港华商会议情形》，《申报》1899 年 2 月 2 日。

〔31〕有关何启在立法会中的表现和作用，可参看 G. H. Choa, *The Life and Times of Sir Kai Ho Kai* (Second Edition), pp. 135—164。

〔32〕G. H. Choa, *The Life and Times of Sir Kai Ho Kai* (Second Edition), p. 115.

〔33〕冯自由：《革命逸史》（第三集），台湾商务印书馆 1978 年版，第 5 页。

〔34〕G. H. Choa, *The Life and Times of Sir Kai Ho Kai* (Second Edition), p. 30. 关于何启去上海的时间与意图也存在争议，G. H. Choa 之书的表述与前文也存有矛盾之处，可参看该书第 30、190—191 页。关于何启在上海的这次停留，还可参看 Linda Pomeratz-Zhang, *Wu Ting fang (1842—1922): Reform and Modernization in Modern Chinese History*, Hong Kong: Hong Kong University Press, 1992, pp. 101—102。

〔35〕Linda Pomeratz-Zhang, *Wu Tingfang (1842—1922): Reform and Modernization in Modern Chinese History*, p. 5.

〔36〕参看方豪编录：《英敛之先生日记遗稿》，沈云龙主编：《近代中国史料丛刊续编》第三辑第 21 种，台北文海出版社影印本，第 142—145 页。

〔37〕参看方豪：《清末维新政论家何启与胡礼垣——兼记〈新政真诠〉二次重印的经过》，第 2110—2118 页。

〔38〕参看方豪：《英敛之先生创办〈大公报〉的经过》，《方豪六十自定稿》，第 2035—2054 页。

〔39〕G. H. Choa, *The Life and Times of Sir Kai Ho Kai* (Second Edition), pp. 227—231.

〔40〕参看冯自由：《革命逸史》（第四集），台湾商务印书馆 1978 年版，第 92—100 页。

〔41〕关于《新政真诠》的出版情况及影响，可参看方豪：《清末维新政论家何启与胡礼垣——兼记〈新政真诠〉二次重印的经过》，第 2111—2118 页。

〔42〕《同文沪报》1901 年 5 月 21 日。

〔43〕Kung Thies-Cheng, "Prominent Foreign-Educated Chinese," *The Word's Chinese Students' Journal*（《寰球中国学生报》），Vol. 1, No. 2 (Sept., 1906), pp. 21—22.

〔44〕胡礼垣：《复英敛之书》，《胡翼南先生全集》，第 2877 页。

〔45〕《时事小言》，《神州日报》1909 年 7 月 25 日。

〔46〕《团体魄》，*The Yellow Dragon*（《黄龙报》），Vol. XIII, No. 7 (April, 1912), p. 309.

〔47〕《何启君参观学生会》，《申报》1912 年 4 月 25 日。

〔48〕《旅港华商公局会议记事》，《申报》1913 年 1 月 14 日。

〔49〕G. H. Choa，*The Life and Times of Sir Kai Ho Kai*（Second Edition），pp. 33—34，271—272.

〔50〕陆廷昌：《胡翼南先生事略》，见胡礼垣：《胡翼南先生全集》，第 53 页。

〔51〕胡礼垣：《致伍秩庸书》，《胡翼南先生全集》，第 2856 页。

〔52〕Ed. Y. D.，"Note，" *The Yellow Dragon*，Vol. X，No. 8（May，1909），p. 149.

〔53〕《胡翼南先生墓志铭》，《胡翼南先生全集》，第 57 页。

〔54〕《本报略历》，收入《循环日报六十周年纪念特刊》，香港《循环日报》社 1932 年，第 13 页。关于《循环日报》的创刊时间，一直存在争议，本文以《循环日报》自己所言为准，研究过王韬的美国学者柯文（Paul A. Cohen）亦采此说。周振鹤教授根据范约翰（John Marshall Willoughby Farnham）在 1890 年所编的《中文报刊》目录，认为《循环日报》创刊于 1874 年 2 月 4 日，特意纠正柯文的看法，但此日期可能不确。参看周振鹤：《范约翰和他的〈中文报刊目录〉》，《出版史料》1992 年第 3 期，第 26—34 页。

〔55〕《本报历届主要职员事略》，收入《循环日报六十周年纪念特刊》，第 14 页。

〔56〕陆廷昌：《胡翼南先生事略》，《胡翼南先生全集》，第 54 页。

〔57〕胡礼垣：《致伍秩庸书》《寄日本东京早稻田大学校大隈伯重信书》，《胡翼南先生全集》，第 2856、2901 页。

〔58〕《婆罗洲游记》，《申报》1882 年 11 月 8 日；《节录胡君翼南自沙略隣埠山打根八月十八日寄予其友信稿》，《申报》1882 年 11 月 15 日。

〔59〕《舣乌近闻》，《申报》1882 年 12 月 20 日。

〔60〕陆廷昌：《胡翼南先生事略》，《胡翼南先生全集》，第 54 页。

〔61〕参看张礼恒：《何启胡礼垣评传》，南京大学出版社 2005 年版。张氏该书太多想象附会之言，又缺乏史料辨伪，许多关键介绍虽有所本，但多不注出处；且从近代化角度有选择评析何、胡，不及其余；甚至认为王韬在 20 世纪还在主编《循环日报》，不知道王韬在 1897 年即已去世。

〔62〕关于《粤报》创办经营情况，可看麦思源：《六十年来之香港》，

收入《循环日报六十周年纪念特刊》，第 65 页。关于香港华人报业
情况，还可参看麦思源：《七十年来之香港报业》，《〈华字日报〉七
十一周年纪念刊》，第 1—6 页。陆廷昌说胡礼垣创办《粤报》，但
结合别的资料，可发现此事不确。不过陆说也有所本，如范约翰的
中文报刊目录，即说香港《粤报》的创刊时间为 1886 年，创办人为
Mr. Woo Li-yuen（即胡礼垣，周振鹤教授将之译为吴立元），参看周
振鹤：《范约翰和他的〈中文报刊目录〉》，《出版史料》1992 年第
3 期，第 33 页。故此，我们不能全然相信范约翰的说法。

〔63〕《康说书后》，《胡翼南先生全集》，第 795 页。

〔64〕《梨园娱老集弁言》，《胡翼南先生全集》，第 1276 页。

〔65〕G. H. Choa, *The Life and Times of Sir Kai Ho Kai*（Second Edition），
pp. 32—33，46—48.

〔66〕劳祖德整理：《郑孝胥日记》（第一册），中华书局 1993 年版，第
430 页。

〔67〕陆廷昌：《胡翼南先生事略》，《胡翼南先生全集》，第 55 页。

〔68〕《胡翼南先生墓志铭》，《胡翼南先生全集》，第 57 页。

〔69〕《郑孝胥日记》（第一册），第 428 页。

〔70〕陆廷昌：《胡翼南先生事略》，《胡翼南先生全集》，第 55 页。

〔71〕陆廷昌：《胡翼南先生事略》，《胡翼南先生全集》，第 55 页。

〔72〕据时人言，《新政真诠》中泰半文章系胡独著，为"动当道之听"，
才"冠以何君之名"，"首两篇，乃两君商榷而成，余皆先生（胡礼
垣）自著。盖本大同之主义，而揭立宪之精神者也"。黎乙真：《灵
魂不死序》，《胡翼南先生全集》，第 2348 页。

〔73〕《寄早稻田大学大隈伯书》，《胡翼南先生全集》，第 2911 页。

〔74〕《伊藤叹诗一百二十五首并序》，《胡翼南先生全集》，第 1751 页。
此处胡礼垣记忆容或有误，伊藤 1898 年 9 月到北京，月底前往上海
等地考察，11 月中旬即离开中国，故他致信伊藤事应系 1898 年。
至于胡信的内容，参考民国初年胡礼垣写给孙中山、伍廷芳的信，
恐怕也非胡礼垣此处所言，因为当时伊藤刚从首相任上退下，到中
国后受到维新人士热捧与光绪破格召见，一时舆论有伊藤将为"帝
师"暨新政顾问的风传。胡致信或与此有关。

〔75〕方豪编录：《英敛之先生日记遗稿》，第 19 页。

〔76〕方豪编录：《英敛之先生日记遗稿》，第 21 页。

〔77〕《胡翼南先生全集》，第 119 页。

〔78〕方豪编录：《英敛之先生日记遗稿》，第 142—145 页。

〔79〕方豪编录：《英敛之先生日记遗稿》，第 146 页。

〔80〕《致志尧书》，《胡翼南先生全集》，第 2921 页；参看《复英敛之书》，《胡翼南先生全集》，第 2880 页。

〔81〕《示外孙黄临初书》，《胡翼南先生全集》，第 2933 页。

〔82〕《胡翼南先生全集》，第 1248 页。

〔83〕《覆英敛之书》，《胡翼南先生全集》，第 2927 页；《示外孙黄临初书》，《胡翼南先生全集》，第 2934 页。

〔84〕《复英敛之书》，《胡翼南先生全集》，第 2879、2882 页。

〔85〕《复英敛之书》，《胡翼南先生全集》，第 2886 页；《寄严幾道书》，《胡翼南先生全集》，第 2898—2900 页。

〔86〕《与胡礼垣书》，收入王栻主编：《严复集》，中华书局 1986 年版，第 594 页。

〔87〕《戊申粤东水灾香港女界售物赈灾诗》等，《胡翼南先生全集》，第 2301—2313 页。

〔88〕参看 "Correspondence," *The Yellow Dragon*, Vol. X, No. 8（May, 1909），pp. 147—151。

〔89〕收入《胡翼南先生全集》，第 2571—2579 页。

〔90〕《伊藤叹诗一百二十五首并序》，《胡翼南先生全集》，第 1751 页；邵浦源：《伊藤叹诗序》，《胡翼南先生全集》，第 1750 页。

〔91〕《民国新乐府并序》，《胡翼南先生全集》，第 2271 页；参看《与孙中山书》，《胡翼南先生全集》，第 2851 页。

〔92〕《寄李提摩太书》，《胡翼南先生全集》，第 2864—2875 页。

〔93〕《时报》1911 年 6 月 9 日、10 日、11 日、14 日，等等。因笔者所见《时报》有残缺，胡信剩余部分未见。

〔94〕《致伍秩庸书》，《胡翼南先生全集》，第 2856 页。

〔95〕《与孙中山书》，《胡翼南先生全集》，第 2847—2851 页。

〔96〕《再答伍秩庸书》，《胡翼南先生全集》，第 2859 页。

〔97〕黎乙真：《灵魂不死序》，《胡翼南先生全集》，第 2347 页。

（原发表于《或问》2015 年 7 月号）

图书在版编目(CIP)数据

叶落知秋：清末民初的史事和人物/张仲民著. —
上海：上海人民出版社,2020
（论衡）
ISBN 978 - 7 - 208 - 16380 - 5

Ⅰ.①叶… Ⅱ.①张… Ⅲ.①中国历史-近代史-史
料-研究 Ⅳ.①K250.6

中国版本图书馆 CIP 数据核字(2020)第 079790 号

责任编辑 张钰翰
封面设计 陈酌工作室

论衡

叶落知秋
——清末民初的史事和人物
张仲民 著

出　　版　上海人民出版社
　　　　　（200001　上海福建中路193号）
发　　行　上海人民出版社发行中心
印　　刷　常熟市新骅印刷有限公司
开　　本　889×1194　1/32
印　　张　10.5
插　　页　5
字　　数　234,000
版　　次　2020 年 6 月第 1 版
印　　次　2021 年 2 月第 2 次印刷
ISBN 978 - 7 - 208 - 16380 - 5/K · 2940
定　　价　65.00 元